U0847041

第四册目録

日晷圖法

日晷圖法

新製靈臺儀象志（卷一至卷四）

許潔　姚大勇　整理

明清之際西方傳教士漢籍叢刊 ④

周振鶴　主編

【第三輯】

鳳凰出版社

新製靈臺儀象志

日晷圖法

龐迪我口譯
孫元化筆授
許　潔整理

提要

西式天文儀器在明末耶穌會士來華傳教的過程中，曾扮演了十分重要的角色，甚至可以説是至關重要的角色。没有西式天文儀器的引介，就不會有後來中國人對於西方天文學理論的認可，利瑪竇也就無法借着精通天文曆法的名聲，打着幫助中國修訂曆法的幌子走出廣東，明末天主教在華傳播的局面由此也必將大爲不同，由明末來華耶穌會士所開啓的中西交流歷程也肯定會呈現出不一樣的景色。

翻翻中國的歷史與基督教的歷史，我們就會知道，中國與西方基督教世界的交流，並不始於明末，在明末之前，基督教至少有過兩次大規模傳入中國的記載。第一次是唐代貞觀年間，被中國稱爲『景教』的基督教聶斯托利教派傳入中國，還曾受到唐太宗的熱情支持，於貞觀十二年（六三八年）頒詔稱其『宜行天下』，鼎盛時期曾達到『寺滿百城』〔一〕。爲了討好朝廷，神父們也曾在廣州『廣造奇器異巧』，通過廣州市舶使周立慶，晋獻朝廷〔二〕。但到會昌五年（八四五年）武宗滅佛時，幾乎是連根拔起，以後全無了消息。

蒙元時期，意大利聖方濟各會修士孟德・高維奴曾受教皇尼古拉四世派遣到中國傳教，從而掀起了第二次來華傳教的序幕。他於一二九四年抵達當時的元大都北京，經過多年的不懈努力，不僅在北京建立了一座教堂、一座鐘樓，皈化了數千人，還曾派人去刺桐（今泉州）成功地建立了傳教點。他的熱情與勇氣不僅感動了教皇，從而被任命爲住北京的中國總主教，而且也受到元朝皇帝的寵信，蒙古汪古部的闊裏吉思王還受其影響皈依了天主教〔三〕。看上去也是一派繁榮興旺的景象，但是僅僅不到百年，隨着元朝的覆滅，天主教在中國的影響也灰飛煙滅，不見了踪影。

〔一〕周寧《去東方，收獲靈魂——中華帝國的福音之路》，山東畫報出版社，二〇〇六，一一頁。
〔二〕周寧《去東方，收獲靈魂——中華帝國的福音之路》，山東畫報出版社，二〇〇六，一三頁。
〔三〕周寧《去東方，收獲靈魂——中華帝國的福音之路》，山東畫報出版社，二〇〇六，五六頁。

與前兩次基督教入華不同，明末基督教再次傳入中國，不僅站穩了脚跟，而且能够在明清易代的情形下，幾乎不受影響。受到兩個王朝上至某些王公大臣、乃至皇帝的寵信，下至一些普通士大夫階層的接受，且對於明末、清代的學術、科技等諸多方面的發展影響深刻。究其發展的源頭，關鍵的人物就是利瑪竇，他也是明末向中國人引介西式天文儀器的第一人和最重要的人物。

利瑪竇與西式天文儀器的引介

向中國人引介西式天文儀器僅僅是耶穌會士們傳教的手段之一，不是目的，所以説來，明末由傳教士向中國人引介西式天文儀器的歷史進程，其實具有很大的偶然性。

事實也正是如此，明末第一個被允許進入中國内地定居的耶穌會士羅明堅，是中國傳教事業的開拓者，他就不具備多少西方天文學知識。但他通過學習中國語言與文化來有意識地拉近與中國人的距離，又利用贈送自鳴鐘等西方奇物來賄賂官員，並通過易服改容、冒充『天竺僧』來掩飾身份，最終於一五八二年獲准在廣東肇慶定居傳教。但當時的中國人，無論是士大夫階層的知識份子，還是一般的普通百姓，都對這種外來的宗教没有多少興趣，不僅傳教效果十分有限，而且地位也相當不穩，常有被驅逐出境的危險。

一五八三年利瑪竇的到來，逐漸改變了這種局面。他具有和羅明堅不一樣的知識背景，利瑪竇曾受過良好的科學教育，曾在羅馬攻讀了幾年數學，得到了當時的科學博士兼數學大師丁先生（Christophoro Clavius）的指導〔一〕，具有較高的科學素養，他的天文、地理、數學等學科造詣都相當不錯。他最初是作爲羅明堅的助手被派到肇慶，協助工作，但由於基督教文明與中國文明差異明顯，雖經傳教士們多方努力，成效仍十分有限。據利瑪竇一五八五年十月二十五日致羅馬總會長阿桂委瓦神父的信中提到：『直到目前，爲避免發生枝節只歸化了十二位教友。』〔二〕傳教事務的閒暇，使得利瑪竇有時間發揮自己的特長與愛好。應肇慶知府王泮的要求，

〔一〕利瑪竇，金尼閣（著），何高濟等（譯）《利瑪竇中國札記》，中華書局，二〇一〇，一八〇頁。

〔二〕利瑪竇（著），羅漁（譯）《利瑪竇全集》，臺灣光啓出版社、輔仁大學出版社聯合發行，一九八六，六四頁。

他於一五八四年繪製了第一幅中文的世界地圖——《山海輿地全圖》，隨後王泮將此圖予以刊印，作爲禮物分贈給自己的親朋好友。就在同一年，他還用白鐵做了『許多渾天儀、地球儀和日晷以備日常使用，也可以作爲禮物送給一些重要人物，就連總督也包括在內。』〔一〕不過利瑪竇的這些工作，在當時的教會人士看來，乃是屬於瑣事、雜事，可有可無，只有傳教才是正事和大事，『我正忙於這些瑣碎之事，而把重要的事留給別人去做』〔二〕。

但令人意想不到的是，正是這些瑣事、雜事，最終成就了利瑪竇，也成就了耶穌會在華的傳教事業。

首先通過這些瑣事、雜事，爲利瑪竇贏得了廣泛的聲譽，『他們都認爲神父是全世界一流的數學家』〔三〕需要注意的是，首先，利瑪竇時代的數學概念與當今大不相同，涵蓋的範圍要廣得多，天文、地理也都包括其中。其次，利瑪竇聲譽的贏得，並

〔一〕利瑪竇（著），文錚（譯）《耶穌會與天主教進入中國史》，商務印書館，二〇一四，一一〇頁。

〔二〕利瑪竇（著），羅漁（譯）《利瑪竇全集(3)》，臺灣光啓出版社、輔仁大學出版社聯合發行，一九八六，七〇頁。

〔三〕利瑪竇（著），文錚（譯）《耶穌會與天主教進入中國史》，商務印書館，二〇一四，一一〇頁。

不僅僅是由於繪製了一幅中文的世界地圖，以及製作渾天儀、地球儀和日晷等西式天文儀器作爲異域奇器贈送達官顯貴，而在於在做這些動作的同時，他還有意識地把西方的宇宙觀、地球概念等天文基礎知識作爲背景引介給國人，『這些東西是中國人聞所未聞、見所未見的，可以展示星辰運行的軌迹』〔一〕并且通過實際天象的觀察來予以佐证。有明確的記載，他早在一五八三年十一月二十九日和翌年五月二十四日就在肇慶進行過兩次月食的觀測活動〔二〕。

其次，通過這些瑣事、雜事，使得利瑪竇對中國文化逐漸有了更深的理解與認識，在體認到天文學在中國傳統文化中地位獨特的同時，也意識到『天』在中國文化中的多義性與複合性的特點，既指自然之天、也指主宰之天與義理之天。這一特點也成爲日後利瑪竇調和西方文化與中國文化的主要武器，通過有意識的文化誤讀，他將基督教的宗教文化與西方天文學糅合爲一體，統稱爲『天學』引介給國人，着意

〔一〕利瑪竇(著)，文錚(譯)《耶穌會與天主教進入中國史》，商務印書館，二〇一四，一一〇頁。

〔二〕馮錦榮《明末西方日晷的製作及其相關典籍在中國的流播》，榮新江，李孝聰《中外關係史：新史料與新問題》，科學出版社，二〇〇四，三三九頁。

渲染基督教文明與中國古代文明的内在一致性。同時還通過對一些中國名詞概念的借用，來對天學進行中國化，這其中既包括基督教的中國化，也包括天文儀器與天文知識的中國化。所有的這些努力既爲科技傳教策略的形成奠定了基礎，同時也爲西方文化與中國文化的交流摸索出了一些有益的經驗。

正是有了以上的這些認識，利瑪竇才逐漸在後來的傳教生涯中，把向中國人引介西方天文學知識與天文儀器，當作了傳教活動中的有力武器。

事實上，在一六一〇年他於北京去世之前，幾乎所有向中國人引介西式天文儀器的工作都是由他一個人完成的，所有明末時期傳入的西式天文學儀器也幾乎都是由他最先引介並予以適當中國化的。傳教士裏的龐迪我、熊三拔、湯若望等人，也爲西式天文學儀器在華傳播的工作做出了不同程度的貢獻，但他們的工作主要是在利瑪竇去世之後進行的。

正如上面提到的，自從進入中國之後，利瑪竇就開始發揮自己的特長，向中國人引介西式天文儀器。最初大概是無意的，但在嘗到甜頭之後，他就逐漸開始把向中國人贈送西式天文儀器當成了與中國人拉攏感情，打通關節、贏得聲譽的重要手段。比如他剛到南昌後不久，需要結交一些有身份的人物來幫助自己提昇聲望，因此就有目的向建安王贈送了他製作的西式日晷,結果使得『建安王對日晷産生了極大的興趣,這也增進了我們之間的友誼。利神父還爲他做了一架標注着中國字的地球儀和一架渾天儀』〔一〕,爲了解決能够在南昌定居的問題,他又做了一架日晷、一架地球儀和一架四分儀送給總督並獲得了他的默許,而具體操辦此事的布政司則向利瑪竇索要了兩架日晷,一架放在他的老家浙江寧波,另一架則放在他江西的府中〔二〕。

一五九九年在南京期間,他不僅向一些中國弟子教授西方的數學知識,如讓張養默學習瞿太素翻譯的歐幾裏得《幾何原本》等等,而且在弟子的幫助下製作了了很多日晷送給大人物。另外他還自己製作了很多做工非常精美的天地儀、地球儀、象限儀、紀限儀送人〔三〕。

一六〇一年一月到了北京之後,利瑪竇依然熱衷於西式天文儀器的製作,只不

〔一〕利瑪竇(著),文錚(譯)《耶穌會與天主教進入中國史》,商務印書館,二〇一四,二〇四頁。
〔二〕利瑪竇(著),文錚(譯)《耶穌會與天主教進入中國史》,商務印書館,二〇一四,二〇八—二〇九頁。
〔三〕利瑪竇(著),文錚(譯)《耶穌會與天主教進入中國史》,商務印書館,二〇一四,二四六頁。

過此時贈送的人地位更高罷了。比如在給當時内閣首輔沈一貫送的各種厚禮中，最讓他情有獨鍾的就是一架做工精美的烏木日晷〔一〕。後來，又給刑部尚書蕭大亨、禮部尚書馮琦各做了一架地球儀和一架石質日晷，上面有星宿的刻度，都被他們視爲珍寶〔二〕。由於主管利瑪竇進獻方物的部門是禮部的主客司，因此他對於和禮部官員的結交更是在意，爲先後擔任禮部侍郎的郭明龍與楊荆岩二人都各做了地球儀和日晷以及其他的天文儀器，『有了他們二人在，神父們在北京就非常安全，那些經常出現的對神父們的誹謗中傷都被他們擋了回去』〔三〕。

由於這樣的舉措屢試不爽，因此直到他去世爲止，利瑪竇一直都把向中國人贈送西式天文儀器當成傳教的重要手段之一。爲了使中國人對這些西式天文儀器不僅僅是當作异域奇器看待，最好還能够方便地使用，他也花了一番功夫，不僅僅是在上面標上中國字，而且還進行了一些中國化的改造，比如對於日晷，利瑪竇就對

〔一〕利瑪竇（著），文錚（譯）《耶穌會與天主教進入中國史》，商務印書館，二〇一四，二九九頁。
〔二〕利瑪竇（著），文錚（譯）《耶穌會與天主教進入中國史》，商務印書館，二〇一四，三〇〇頁。
〔三〕利瑪竇（著），文錚（譯）《耶穌會與天主教進入中國史》，商務印書館，二〇一四，三〇〇頁。

日晷晷面時刻線進行了中國化，引入了符合中國傳統的二十四節氣和十二時辰的計時系統，『然而更令他們感到驚奇的東西是我們把他們最常用的一年二十四個節氣刻畫在一個日晷上，上面還刻着些拋物線、雙曲線和交錯的直線，日晷上指針的影子總能不差分毫地指對節氣，而日晷上的日子全是用漢字書寫的』〔一〕『中國的一個時辰等於我們的兩個小時，不用數字，而用「地支」之名代替。上面我還把有關「時間」的格言寫出』〔二〕。

除此之外，他還向一些中國人傳授西方天文知識以及教授他們如何製作西式天文儀器。早在一五九〇年底時，他就在廣東的韶州向瞿太素傳授如何製作西式天文儀器，『他又學習了丁神父的地球儀以及歐氏幾何原理。……他不僅著書，還模仿我們西方書籍親手繪製了插圖，毫不遜色於我們所做的，他還製作了六分儀、地球儀、天球儀、四分儀、日晷和羅盤，以及其他非常精美的儀器，有的是木制的，有

〔一〕 利瑪竇（著），文錚（譯）《耶穌會與天主教進入中國史》，商務印書館，二〇一四，二四四頁。

〔二〕 利瑪竇（著），羅漁（譯）《利瑪竇全集（3）》，臺灣光啓出版社、輔仁大學出版社聯合發行，一九八六，二二九頁。

的是銅制的，還有的是銀制的』〔一〕。其後，在南昌期間，利瑪竇爲了想方設法討好當地的民衆，曾『對衆多前來看望他的人談論起他們從未聽説過的數學問題，教他們如何製作日晷，告訴在哪裏可以測量到比這裏更精確的時間』〔二〕。

在不斷地製作各種西式天文儀器，作爲結交中國人重要利器的同時，利瑪竇還有意識地運用西方宇宙理論來向中國人闡釋一些天文現象，如月食、日食的成因等等，最終還通過一些實際觀測來加以校驗。比如一五九六年『陰曆上月（九月）曾有日蝕，是我數月前已告訴中國人，他們由朝廷欽天監公佈，以便召集官吏，根據中國的習慣，屆時擊鑼救援受難的太陽或月亮，直到陰影消失爲止。但他們因計算錯誤，日蝕出現較實際情形爲早。很多人前來問我，爲什麼有日蝕、月蝕？我怎樣會知道蝕的正確時間？藉這個機會，我告訴他們，日蝕並非全球各地同時出現，有些地方蝕度大，有些地方蝕度小，江西座於帝國中部，所見蝕度不够大』〔三〕。天文現象

〔一〕利瑪竇（著），文錚（譯）《耶穌會與天主教進入中國史》，商務印書館，二〇一四，一六一頁。

〔二〕利瑪竇（著），文錚（譯）《耶穌會與天主教進入中國史》，商務印書館，二〇一四，二〇〇頁。

〔三〕利瑪竇（著），羅漁（譯）《利瑪竇全集（3）》，臺灣光啓出版社、輔仁大學出版社聯合發行，一九八六，二三〇頁。

是一種自然現象，它的檢驗標準是客觀的，幾乎不受人的主觀影響，因此當欽天監的預報被實証是錯誤的，而一個外國人的預測却是正確的，并且當此類事件還在不斷重複發生時，怎能不令當時的中國人折服！

根據記載，一五九九年到了南京之後，利瑪竇就曾利用西式天文儀器來有目的向中國人傳授西方天文學的知識，『盡管他們對天球也有一些瞭解，但却從未見過這樣的地球。中國人還見到了星盤及其模版和地球居於正中的天球儀，天球儀上分爲兩極，一極固定，一極可以移動。對於中國人來講，這些儀器簡直是不可思議的。這激起了他們對瞭解天體運行的濃厚興趣。他們還見到了置於水平面上的日晷，除了各種各樣的鐘錶外，他們還想在每一面墻上都掛上這樣的日晷』〔一〕，與此同時也向他的一些弟子傳授了日晷製作的技術。一六〇〇年到了北京之後，除了傳教與其他科技傳播活動之外，有明確記載的，利瑪竇至少還曾向李之藻傳授過西式天文儀器的製作與使用方法，除此之外，徐光啓所擁有的多種西式天文儀器的知識與操作能力很可能也是源自於利瑪竇的傳授。

〔一〕利瑪竇（著），文錚（譯）《耶穌會與天主教進入中國史》，商務印書館，二〇一四，二四四頁。

但可惜的是，利瑪竇流傳下來有關西式天文儀器製作的著作並不多，迄今爲止，只有他與李之藻合著的《渾蓋通憲圖説》，這也是我國第一部系統介紹星盤製作與使用的專著，所介紹的是一種經典式星盤，中文名稱爲『渾蓋通憲平儀（簡稱平儀）』。至於利瑪竇製作最多的各種日晷，它的各種製法，却没有任何撰著流傳下來。直到近年，才在羅馬耶穌會檔案館一組未署名手稿中發現了題爲《日則訣》的短文，經研究後判定該文的作者爲利瑪竇，是他於廣東肇慶期間所寫的草稿，介紹的是一種百游摺疊式面東西日晷的製法與使用方法。

《日晷圖法》作者的生平概況

除了利瑪竇與李之藻合著的《渾蓋通憲圖説》之外，明末耶穌會士與中國學者合著的幾本介紹西式天文儀器的著作大概都是爲崇禎改曆所作的準備工作之一。關於這點，我們可在周子愚爲《表度説》所寫的序言裏見到一些端倪，『是故大宗伯欲依洪武壬戌故事，以譯大西洋諸書，請明上聞，業已有成緒矣，盡傳其書，以裨履端考正之功，而佐我國家敬天勤民之政，是亦千古一快事也』〔一〕，其中『是故大宗伯欲依洪武壬戌故事，以譯大西洋諸書，請明上聞』指的應該就是萬曆三十八年（一六一〇年）的禮部第一次改曆奏疏事件，周子愚本人就是這次奏疏的上書人。大宗伯是禮部尚書的尊稱，而『業已有成緒矣』一句顯然表明當時翻譯完成的著作肯定已不止《表度説》一部了。

另外，還可以從這幾部著作編撰與出版時間上得到一些明顯的佐証，它們都是在一六一〇年之後編撰出版的：熊三拔著的《簡平儀説》於一六一一年刊刻出版；龐迪我口譯、孫元化筆授的《日晷圖法》初稿，大概完成於一六一〇至一六一二年之間；熊三拔口授，周子愚、卓爾康筆録的《表度説》於一六一四年刊刻出版。

我們可以發現，除了龐迪我口譯、孫元化筆授的《日晷圖法》之外，其他幾種介紹西式天文儀器的著作，不僅都得到了及時的刊刻出版，而且後來還都被《四庫全書》收録了，影響都很大。

而歷史的記載又明確地告訴我們，無論是利瑪竇還是其他耶穌會士，當時向中

〔一〕　徐宗澤《明清間耶穌會士譯著提要》，中華書局，一九四九，二八二—二八三頁。

國人介紹與贈送最多的西式天文儀器就是日晷，其影響面與傳播面都不是其他幾種西式天文儀器——《渾蓋通憲圖説》所述的平儀（星盤）、《簡平儀説》所介紹的簡平儀和《表度説》所介紹的柱晷等所能及的，但介紹各種西式日晷製法最全的一部著作——《日晷圖法》，事實上，不僅幾百年來一直没有得到刊刻出版，只有一些少量的寫本在流傳，而且它的作者，也幾乎都要湮滅與被人們遺忘掉了。

如此坎坷的歷程，與同期其他幾種著作命運的巨大反差，顯然是無法僅僅從一本技術書籍的内容中去找尋答案，作者的身份與他們的人生際遇才應該是造成這部著作坎坷經歷的背後因素。

《日晷圖法》的兩位中外合作者，西班牙的耶穌會士龐迪我與中國學者孫元化，都是明末中西交流過程中的傑出人物，但在明末那種詭譎變幻的政治形勢下，最終都因政治因素，導致兩人先後都以悲劇人生收場。他們兩人的政治命運才是《日晷圖法》一書坎坷歷程的根本原因。

龐迪我（Didace de Pantoja，一五七一—一六一八），一五七一年生於西班牙，一五八九年四月在托萊多加入耶穌會，並在修道院中接受嚴格的訓練。不僅學習神學、教規、修辭學、拉丁文、希臘文等，而且還廣泛地學習各種自然科學，這爲他以後來華配合利瑪竇『科技傳教』奠定了學術基礎。懷着到東方傳教的夢想,一五九六年四月他與其他十八位神父一起離開裏斯本,於十月底抵達印度的果阿,次年七月抵達澳門。一五九九年十月,龐迪我與郭居静夾雜於參加廣州中外貿易集市的葡萄牙商人中間秘密潛入中國内地,并於一六〇〇年三月抵達南京,與利瑪竇相會。隨後龐迪我就與利瑪竇一起,帶着他與郭居静從澳門帶來的經費以及準備呈獻給萬曆皇帝的『貢品』進京進貢。此後,他就與利瑪竇一起留在北京活動,利瑪竇當時主要側重與中國士大夫們的結交以及從事中文著述活動,而龐迪我則側重於在北京地區的宣教工作,兩人相互配合,較爲融洽,并且在伴隨利瑪竇多年傳教的過程中,也逐漸地認同利瑪竇的文化『適應』策略與『科技傳教』方針。

一六一〇年五月,利瑪竇在北京去世,作爲耶穌會北京會院的代理監督,龐迪我接受了孫元化,也就是《日晷圖法》另一位作者的的建議,向萬曆皇帝上了一份奏章,爲利瑪竇申請一塊墓地。經過龐迪我的多方努力,以及與傳教士友好的中國官員們的幫助,最終使得萬曆皇帝批准了利瑪竇墓地的申請。爲了致謝,龐迪我曾經製作了幾個精美的象牙日晷分别贈送給閣老葉向高與禮部尚書,并親自教會他們如何正確地使用〔一〕。此後，龐迪我還曾於一六一二年製作兩個象牙日晷進獻給萬曆皇帝，『以爲皇上宵衣旰食之一助』〔二〕。

雖然利瑪竇已於一六一〇年五月病故，但龐迪我、熊三拔等傳教士的天文學水準也依然得到了中國知識階層的普遍認可。據《明史》所載〔三〕，一六一〇年十一月日食時，由於曆官們的『推算多謬』，引起朝野不滿。第二年，五官正周子愚就向朝廷建議，讓龐迪我、熊三拔等翻譯他們帶來的西洋曆法書籍，以備采用，而禮部侍郎翁正春等則建議，仿照回回曆科的辦法，讓龐迪我等人也進行天文測驗工作。此後龐迪我等人得以參與修曆、改曆的準備工作，並在此期間，核定出了中國主要城市的地理緯度〔四〕，前面提及的幾部介紹西式天文儀器的著作，也都是在此後幾年陸續完成的。

在中西科技交流日漸熱絡的同時，中西文化間的差異與衝突，也隨著利瑪竇的

〔一〕利瑪竇（著），文錚（譯）《耶穌會與天主教進入中國史》，商務印書館，二〇一四，二四四頁。

〔二〕韓琦、吴旻（校注）《熙朝崇正集、熙朝定案（外三種）》，中華書局，二〇〇六，二七頁。

〔三〕（清）張廷玉，等《明史》，中華書局，一九七四。

〔四〕張鎧《龐迪我與中國》，北京圖書館出版社，一九九七，四五七頁。

去世，逐漸浮現出來。接替利瑪竇擔任耶穌會中國傳教團會長的龍華民，急於創建救世功業，改變了利瑪竇所倡導的文化『適應』策略，嚴厲禁止中國教民祀天、祭祖和拜孔子的活動，由此激起了中國士大夫階層的强烈憤怒，引發了最初的『禮儀之争』。同時，龍華民還改變了利瑪竇側重與士大夫階層接觸，以『科技傳教』來吸引中國知識精英，注重擴大基督教的影響而不急於追求入教信衆數量增長的方針，開始重視在普通民衆間的傳教，追求信徒數量的增長。日益活躍的宣教活動，頻繁舉行的宗教聚會與宗教儀式，讓中國社會普遍感到了不安與緊張，特别是士大夫階層的知識精英，在對基督教文化没有多少瞭解的情形下，很容易將基督教看成是類似於『白蓮教』的邪教。矛盾的累積，終於在一六一六年爆發，由當時的南京禮部侍郎沈漼率先對來華傳教士與基督教發起猛烈的攻擊，并且很快得到了南京與其他地方反教會人士的響應和支持，很多朝廷的重臣也紛紛上書萬曆皇帝，要求將以龐迪我爲首的所有來華傳教士驅逐出境，釀成了震驚中外的『南京教案』。在這場反對基督教的風潮中，龐迪我於一六一七年三月被押解離開北京，同年八月抵達廣州後，又被羈押數月，然後被驅逐到澳門，不久就於一六一八年七月病逝於澳門，時年四十七歲。

相較於龐迪我，《日晷圖法》另一位作者孫元化的結局則更爲悲慘。據《明史》所載〔二〕，孫元化（一五八一—一六三二）字初陽，號火東，上海嘉定人，爲徐光啓的入門弟子。由於受老師的影響，孫元化較早就對傳教士們所引介的西方科技知識産生了較爲濃厚的興趣，可能是受此分心，雖然孫元化天資聰穎，但科舉之路並不順暢，直到萬曆四十年（一六一二年）才中了舉人，其後三考進士未中，遂放棄了科舉之路而潛心於西學的研究。依據孫元化在《太西算要》中的『自識』所載：『丙午（一六〇六）之前，語「九九」恐卧矣。丁未（一六〇七）留都門，徐師食之、教之，授以《幾何》，因得旁及曆法、算術諸書，蓋入門而跬不自持也。不三年，利先生死；又數年龐、熊諸先生去，從遊星散。無能相見，即聞者鮮矣。』我們可以知道，孫元化大約是一六〇七年在北京期間，開始比較有系統地接觸西學，在跟隨徐光啓學習了《幾何原本》之後，才開始致力於對數學和曆法的研究，就是在這段時間裏，他也逐漸與利瑪竇、龐迪我、熊三拔等傳教士相熟絡起來。當利瑪竇於一六一〇年去世時，龐迪我就是聽從了孫元化的建議，才向萬曆皇帝上奏章申請墓地的。

〔二〕（清）張廷玉等《明史》，中華書局，一九七四。

隨着後金在東北的崛起,明王朝逐漸感受到越來越大的壓力,在此情勢下,徐光啓、李之藻等一些最早接受西學的有識之士,逐漸對西方砲術産生了興趣,認爲可以藉助西方先進的火砲技術來在抵禦後金的軍事衝突中佔據優勢。徐光啓在天啓元年(一六二一)七月的《略陳臺銃事宜並申愚見疏》中就提到,『京師固本之策,莫如製造大銃、建立敵臺,可以一勞而永寧……古之遠器不過弓矢,五代以來變爲石砲,勝國以後變爲火器,每變而趨於猛烈,則火器者今日之時務也。……夫兵器之烈至一發而殺百千人,如今日之西銃極矣,無可加亦』[一]。在論述歷史上武器裝備進步所帶來的戰争形態的變化後,重點指出了西式火砲的先進性,希望藉助西式火砲技術在與後金戰争中贏得優勢。可能是受徐光啓的影響或安排,孫元化的研究興趣也從最初的曆數之學轉向西方的火器技術。天啓二年,兵部尚書孫承宗(徐光啓同年好友)出任薊遼經略,在他的協助下,孫元化獲授經略衙門贊畫軍需一職,正式踏入仕途。在此期間,孫元化積極貫徹徐光啓的築臺製砲主張來搆築寧遠城,其後又協助袁崇焕駐守寧遠,給袁崇焕予較大的幫助。當天啓六年,努爾哈赤親率

[一] (明)徐光啓撰,王重民輯校《徐光啓集》,中華書局,一九六三,二〇六—二〇八頁。

六萬大軍號稱二十萬猛攻寧遠時，明軍憑藉城頭共配置的十一門威力巨大的西洋火砲，給後金的進攻予以重創，努爾哈赤也身受重傷，七個月後病死，史稱『寧遠大捷』。事實證明了徐光啓的築臺製砲乃是當時抵禦後金的最佳方略，而孫元化則是這個方略的最佳實施者，被徐光啓給予了厚望。

崇禎三年（一六三〇），孫元化被提昇爲右僉都御史兼登萊巡撫，在登州期間，他不僅積極采用西式火器裝備與訓練部隊，而且還聘請了二十多人的葡萄牙雇傭軍，準備在抗擊後金的軍事鬥争中大展身手。但不幸的是，這一歷史進程由於第二年部下孔有德發動的『吴橋兵變』而被打斷。由於在這個事變中孫元化應對不當，最後不僅造成登州丢失，外籍雇傭軍基本全部陣亡，而且許多西洋火器與訓練有素的操作人員也隨着叛軍投向後金而變成了後金的軍事優勢，徐光啓所設想的藉助西洋火砲技術來抵禦後金的方略也由此化爲烏有。登州城破之時，孫元化自盡未成，被叛軍俘獲，後被叛軍放還，但終被崇禎皇帝以禍亂之首追責，判處棄市。首輔周延儒欲免元化死罪，求救於徐光啓，但最終還是未能挽回。崇禎五年（一六三二）七月，孫元化在北京西市斬首，年僅五十一歲。正如有學者評論的那樣，『光啓學術特以兵、農、曆算見長』，而孫元化則『盡其軍事科學、數學二者，皆能邃精其藝，西洋火器，尤能用之有方』[一]。一生著述頗豐，可惜在獲罪被殺之後，文稿喪失殆盡，『至其事功、學術亦湮而弗顯爲可悲也』[二]。

孫元化的悲慘結局、龐迪我人生的黯然落幕，無疑是造成《日晷圖法》這部著作坎坷經歷的根本原因，一個是犯下重罪遭到棄市的政府官員，另一位是傳播邪教圖謀不軌而遭到驅逐出境的西洋夷人，他們合作的著作，在當時的情况下，肯定是不會有任何中國人有這個膽量與意願冒着巨大的政治風險來予以刊刻出版的，而西方傳教士們的根本目的就是在中國傳教、皈化信徒，向中國人傳播西方的科技知識只不過是他們傳教的一種手段，則也無意於這部著作的去向。

幸運的是，《日晷圖法》雖然一直没能刊刻出版，但在此書基本完稿之後的數百年間，出於收藏者的不同目的與愛好，該書稿一直得到了小範圍的傳鈔，這使得我們今天仍然能够有機會一窺該書的風貌與内容。

[一] 胡道静《孫元化著述目》，薄樹人《中國傳統科技文化探勝》，科學出版社，一九九二，二一七頁。
[二] 胡道静《孫元化著述目》，薄樹人《中國傳統科技文化探勝》，科學出版社，一九九二，二一七頁。

《日晷圖法》鈔本的概況

到目前爲止，本人共見過四個《日晷圖法》鈔本，通過對這四個鈔本全面的比照研究，我們發現這四個鈔本的原稿並不完全相同，而是分屬於三種不同的編輯整理狀態，或者説是三種不同的版本，它們在出現時間的早晚上有差别，對其進行整理與編輯的人員也有所不同。

目前發現最早的一個鈔本是由中國國家圖書館收藏的，題爲陸仲玉鈔本的《日月星晷式》，係明代鈔本的轉鈔本，不著撰者，一册不分卷。它的内容大致可分爲三個部分。其中第一部分爲《日晷圖法》。根據該鈔本末尾的跋文内容，我們可以知曉該鈔本最初是由明代上海的陸仲玉鈔録於天啓壬戌年（一六二二）之前。這個鈔本的影印本已由河南教育出版社於一九九三年收録在《中國科學技術典籍通匯》（天文卷）中出版發行。

從鈔本的内容上看，現收藏於湖北省圖書館的鈔本則是在陸仲玉鈔本的《日晷圖法》基礎上，進行了一些增删整理，并且該鈔本明確題寫了該書作者龐迪我和孫元化的名字。該鈔本的《日晷圖法》被鈔録在叢書《經武秘要》鈔本之中，因此一直未被注意與發現，軍事博物館的李斌先生在上個世紀九十年代初的資料調研過程中，偶然發現了該鈔本的存在。本人在中國科學技術大學求學期間，從導師石雲里教授處得到這一條線索後，曾對此鈔本進行了仔細研究。另外，與此版本基本相同的一個鈔本，是現收藏於中國國家圖書館，收録於鈔本《列象步天》之中的《日晷圖法》，與湖北省圖書館的鈔本一樣，全書也是不分卷，但該鈔本没有題寫作者的名字，是由我的師弟褚龍飛在國家圖書館資料調研中所發現並告知於我。經仔細比較後發現，《經武秘要》鈔本之中的《日晷圖法》與《列象步天》之中的《日晷圖法》基本相同，除了有無題寫作者名字之外，僅有兩處不同，一是《經武秘要》中的《日晷圖法》比《列象步天》之中的《日晷圖法》多了附録『正弦切交線約算立成圖解』；少了《列象步天》之中的《日晷圖法》正文之前增加的『勾陳大星』和『星晷』的内容，但這兩處的内容都與《日晷圖法》没有什麽關聯。星晷是夜晚測時的一種天文儀器，製作與使用都與日晷完全不同，『正弦切交線約算立成圖解』實際就是正弦、正切和正割函數表，與《日晷圖法》裏介紹的各種日晷製作方法也無任何關係。

第三種版本的《日晷圖法》出現的最晚，它是經由湯若望與朱確進一步增删整理後的一個版本。該版本的一個鈔本現收藏於北京大學圖書館，收録於鈔本《崇禎曆書五種》之中，該書進行了分卷處理，共分四卷。該鈔本中並没有註明撰著者是誰，但由於此鈔本的後面附有一段跋文，根據其内容，可以知道北大的這個鈔本是鈔録自日本。經過與日本京都大學人文科學研究所藏的題爲湯若望校、朱確補的《日晷圖法》鈔本細目〔二〕的比較後，我們確認北京大學的這個鈔本與該本完全相同，就是題名湯若望校、朱確補的的《日晷圖法》。

三種《日晷圖法》版本間的關係

三種《日晷圖法》版本中，湖北省圖書館的鈔本最爲重要和關鍵，首先，在該版本的鈔本中明確無誤地題寫了該部著作的作者信息，這是其他兩種版本鈔本中都没有的内容，這對於我們今天確定《日晷圖法》的作者身份提供了至關重要的證據。

〔二〕馮錦榮《明末西方日晷的製作及其相關典籍在中國的流播》，榮新江，李孝聰《中外關係史：新史料與新問題》，科學出版社，二〇〇四，三六一頁。

其次，該版本的《日晷圖法》是經過作者整理編輯後的作品，相比中國國家圖書館收藏的陸仲玉鈔本裏面的錯誤更少、文字細節推敲上也有一些細微的改動，其後出現的湯若望校、朱確補的《日晷圖法》的也是在該版本基礎上校補完成的。

下面就以湖北省圖書館藏《日晷圖法》爲基礎，概述《日晷圖法》的内容並比較三種版本間的差异

（一）湖北省圖書館藏《日晷圖法》

湖北省圖書館藏的《日晷圖法》鈔本，被收録於鈔本叢書《經武秘要》之中。該套叢書中共收録九種書籍、共三十六卷，分别爲：①《握機經》一卷，題爲明王應電傳、林兆珂校；②《火攻挈要》三卷，題爲湯若望授、焦勗纂、趙仲訂；③《象數寄言》一卷，題爲李自樞撰；④《玄精碧匣靈寶聚玄經》三卷，不著撰者；⑤《天文鬼料竅》一卷，不著撰者；⑥《干支占》一卷，不著撰者；⑦《大六壬軍門占課》十八卷附録一卷，題爲卓世彦注；⑧《大六壬明體經》六卷，題爲高修纂輯；⑨《日晷圖法》，一册不分卷，題爲龐迪我口譯，孫元化筆授。這些書卷都經硃筆點校過，鈔寫者和點校者都不詳，鈔寫的年代也不詳。但從書籍的紙張和其保存的狀況來看，應該不早於清代。據《中南、西南地區省市圖書館藏古籍稿本提要》介紹，該套叢書未見有

刻本，其中《象數寄言》、《干支占》《大六壬軍門占課》《大六壬明體經》《日晷圖法》五種爲國内所僅見〔一〕，因此十分珍貴。每種子目圖書均鈐『沔陽歐陽瞻園珍藏印』，但收藏者的生平不詳，該書在五十年代被湖北省圖書館所收藏。

作爲一本介紹天文測時儀器的專著，《日晷圖法》被收進一套兵書裏而得以保存下來，這在很大程度上應該與孫元化在軍事技術方面造詣傑出與影響大有關，他的這部著作應當是被看成了一種與軍事有關的秘籍而被收録於《經武秘要》之中。

湖北省圖書館藏《日晷圖法》鈔本全書一册，不分卷。書卷之前單獨列出一節，爲『北極出地度數』，首先介紹了一些天文基礎知識：周天三百六十度及其四個象限的劃分、天赤道和天北極的位置、黄道及冬、夏至太陽到天赤道的最大距離、北極出地度（地理緯度）等概念；給出了京都、南京、山東、山西、陝西、河南、浙江、江西、湖廣、福建、廣東、廣西、四川、雲南、貴州等地的北極出地度數。

《日晷圖法》作者題爲『泰西龐迪我口譯，嘉定孫元化筆授』。正文一開始首先

〔一〕 蘭秀英《經武秘要九種三十六卷提要》，陽海青《中南、西南地區省、市圖書館館藏古籍稿本提要》，華中理工大學出版社，一九九八，二〇四頁。

介紹了圓規和直尺兩種基本作圖工具、基本的幾何作圖方法以及子午線方向和北極高度的測量在日晷製作中的重要性，然後以二十二個條目叙述了日晷製作的基礎技術。全部條目可以分爲以下三個部分：

第一、二兩條依次介紹圓規和直尺的製法和要求；

第三到第十四條則講述了一些必備的幾何作圖方法，計有：作引長線式（即作直線延長線）、作平行線法、作垂線法、平分直曲線諸法、平分圈爲細分秒法（即在圓周上求得給定的度以下單位的數值）、求不平行兩直線之交法、分直線與依圈所分之直線分比例等法（即按 $\cos(n+1)\theta-\cos n\theta$ 的比例劃分一直線段的方法）、作一直線與圈等及作一直線與圈等法（即作定周長圓的方法）、作截度捷法（即作象限儀）、平分圈法（即按等角度劃分圓周）、隨圈大小截幾何度且知某圈分爲幾何度分法（即作類似象限儀的器具，然後用它來量取角度）、量幾何分法（即圓周上度以下單位的刻度劃分法）；

從第十五到第二十二介紹了必備的測量法和日晷面上一些曲線和圖形的作法，分別是：隨地隨日測北極出地度分、量太陽高於地平度分以測北極出地度分法、測太陽高以測北極度又法及測子午向法、定子午線又法、範天圖分節氣作法（即咼捺楞馬捷法，是一種日晷、星盤、簡平儀等測時儀器的盤面線繪圖方法，用此法來繪製節氣線）、隨圈大小分節氣線捷法（即一種根據日晷盤面大小繪製盤面上節氣線的方法）、分百遊晷極出地度法（即用度板、度梯、度柱三種類似於象限儀的儀器，根據所在地的地理緯度，隨時隨地調節日晷的晷面與地平的夾角）、作節氣曲線捷法（即繪製晷面上節氣線的一種方法）、正表法（即一種判定晷針位置是否準確的方法）。

繼這些基本條目之後講述的是各種日晷的具體作法，共介紹了地平晷、面南天頂晷、赤道晷、百遊方晷、百遊空晷、盤晷、百遊十字晷、百遊四向正晷、百遊輪晷、面東面西面南晷、面南北偏東西晷、偏晷、東西向上向下晷、南北向上向下晷、偏方向上向下晷的作法，其中多種晷都給出了不止一種的作法供選擇。另外還談到了如何製作『節尺』和測偏度的方法，其中『節尺』就是節氣尺，它是一種帶有雙耳的直尺形器具，節氣標注在兩邊的雙耳上，配合赤道晷使用，來定節氣和時間。測偏度法則是先製作一種帶有指南針和象限儀功能的器具，然後用它來判定晷面和地平的夾角，以及晷面子午線方向和實際南北方向的偏角。

全書的最後是附録，題爲『正弦切交線約算立成圖解』，給出了零度到八十九度的正弦、切線、交線表，并且對表的用法給予了説明，其中提到的切線和交線就是現代三角函數裏的正切和正割函數,但這些函數表與正文裏介紹的日晷製作方法並無直接關係。

與湖北省圖書館藏《日晷圖法》基本相同的國圖藏《列象步天》本《日晷圖法》,從書中正文内容與分卷處理等方面判斷,差異甚小,這兩個鈔本應是源於同一個稿本,其差異之處,前面已有比較,這裏不再贅述。

(二) 國圖陸仲玉鈔本《日晷圖法》與湖北省圖書館《日晷圖法》的關係

中國國家圖書館收藏的題爲陸仲玉鈔本的《日月星晷式》,係明代鈔本的轉鈔本,不著撰者,一册不分卷,它的内容大致可分爲三個部分。其中第一部分爲《日晷圖法》,將它與湖北省圖書館的《日晷圖法》進行比較後發現,陸仲玉鈔本的前面也列有『北極出地度數』,其中介紹天文學基本知識的内容完全相同,也列出了與湖北省圖書館《日晷圖法》中相同的十五個地方,不同的是,僅給出了京都一個地方的北極出地度,其他十四個地方的北極出地度數都没有列出來。另外,在書中前面介紹日晷製作工具與日晷製作的基礎技術部分,兩個鈔本雖然文字與圖的内容幾乎完全一樣,但陸仲玉鈔本的《日晷圖法》中没有像湖北省圖書館《日晷圖法》中那樣進行編目叙述,條理上顯得稍差些。書中其他部分的内容,除了偶有個别字差異之外，文字部分幾乎完全一樣，圖也基本相同，僅在兩處有所不同：

一是在『百遊四偏向晷』處，湖北省圖書館《日晷圖法》中比陸仲玉鈔本多了一幅圖（圖一），按照陸仲玉鈔本的文字描述，可以知道此處是漏缺了該圖。圖中的儀器是配合百遊四偏向晷使用的，它其實是由兩種功能的部件所構成，一是象限儀、一是羅經。該儀器與百遊四偏向晷通過一軸進行聯結，用時按當地的北極出地度，用象限儀調整晷體和地平的傾角，用羅經（該羅經應經過偏度校正的）定子午方向，不用時就收起來。

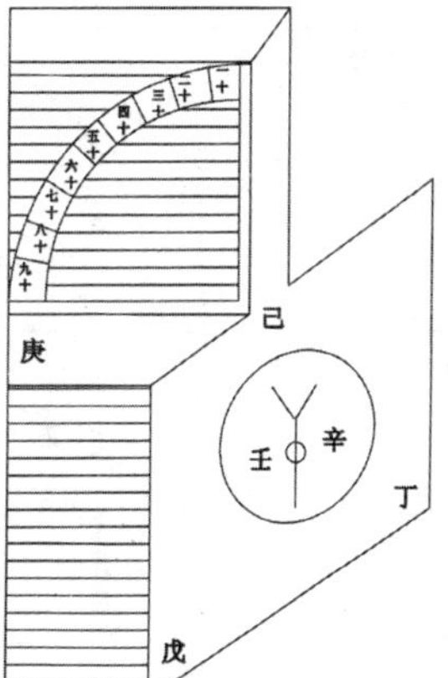

圖一　百遊四偏向晷角度、方向調整儀

二是陸仲玉鈔本中的面東面西面南晷第二式圖中的表位畫錯了（圖二），表位本應該是在赤道線的中點『土』點上，但圖上却畫到下面的節氣線上去了，而湖北省圖書館《日晷圖法》中（圖三）則是正確的。

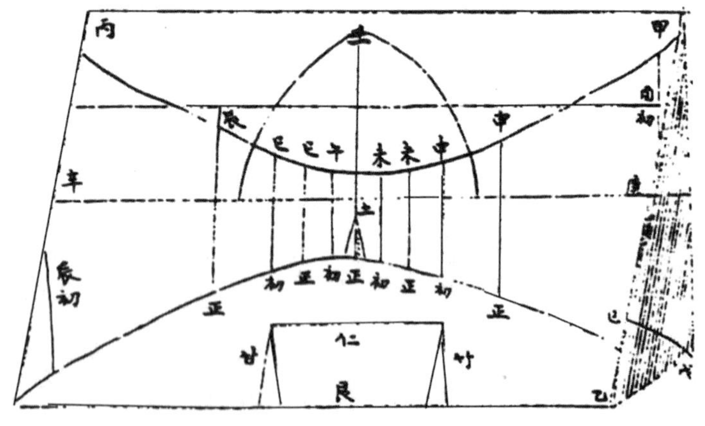

圖二　國圖陸仲玉鈔本《日晷圖法》中的面東面西面南晷第二式圖

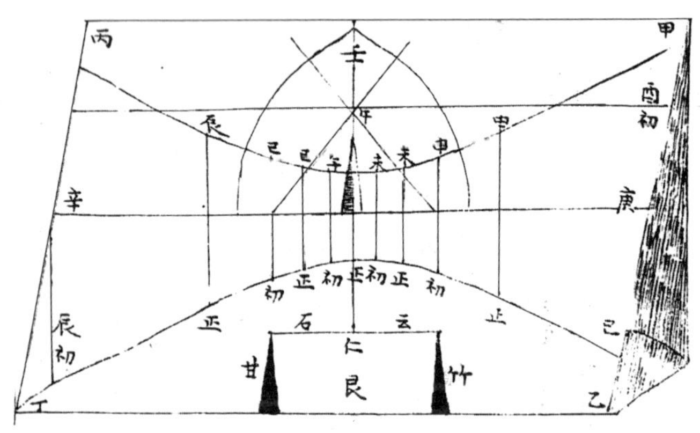

圖三　湖北省圖書館《日晷圖法》中的面東面西面南晷第二式圖

陸仲玉鈔本的《日月星晷式》中，除了第一部分的内容与湖北省圖書館《日晷圖法》相同之外，後面還有不少與日晷製作相關的内容。由於全書不分卷，所以只能從全書的内容與體例上大致將其劃分爲三個部分，除了第一部分的《日晷圖法》内容之外，第二部分則講述了面南晷、面北晷、面東晷、面西晷、偏方立晷、正方向上向下晷、東西向上向下晷、南北向上向下晷等晷的製法，以及與製晷相關的知識，如作地平線法、正表法、定子午法、量北極法、範天圖曷捺楞馬捷法、分度法、改表法（即當改變晷體大小時，如何確定表位的方法）等，還介紹了如何將圓作七、四十一、三十一、三十七、二十三、二十九、十七、十九、十一、十三界等邊角的『分圓法』。除改表法和『分圓法』外，其它的内容都可見之於第一部分，但也不是簡單的重複，而是對第一部分中相關内容要點和注意事項的某種總結。另外除了正表法、改表法和『分圓法』外，没有再給出任何其它相關的『圖法』，也就是相應的插圖。

陸仲玉鈔本《日月星晷式》中的第三部分是『日晷月晷星晷説』，前面附有一篇序言，從中可以知道這是作者對自己所製的日晷、月晷、星晷的説明。其正文中談到了平晷、月晷、觀星方晷、觀星圜晷、觀星權法、帶節氣半圓晷的製法和用法，另外還附有夜簡平儀和晝簡平儀圖各一張。與第一、第二部分相比，僅平晷的作法一項在上兩部分中提到過，其他内容則完全不同。仔細分析平晷的作法後，我們發現該處在講述作法與所用的圖上標識符號與前兩部分明顯不同，比如在介紹平晷第一式作法時這裏是：『作一圜爲周天圜，次横作一地玄線爲地平線，作一黄宇垂線爲天頂線，兩線相交於天』，而在第一部分裏是：『先作甲乙垂線爲子午線，次作丙丁横線，兩線交於戊』，但是，這一部分裏並没有畫出相應的平晷製作圖，而第一部分裏的圖顯然又不適用於此。

陸仲玉鈔本《日月星晷式》的末尾有一篇跋文，該跋寫道：『盟兄上海陸仲玉者，精曆法，大統、西曆兼通之。凡有裨於曆用者，必纖毫具録，故日月星晷式，中西所製法圖，無有遺者。且録是本以貽我。琦感其所愛，珍藏之而弗敢慢。……天啓壬戌秋於越，山陰蔡應琦書於燕市』。跋文中有兩點信息是非常明確的：第一，該書可能不是抄自一本單獨的著作，否則就不會説『凡有裨於曆用者，必纖毫具録，故日月星晷式，中西所製法圖，無有遺者』；第二，正象胡鐵珠所指出的那樣，由此可以知道該鈔本的底本必完成於天啓壬戌年(一六二二)之前〔一〕。

從三部分内容既有所重複、又有所不同的情况來看,它們似乎原來並不屬於同一部已經完善了的著作;而從第二部分没有重複第一部分中相應的圖形這一特點來看,這部鈔本很有可能是抄自同一作者的幾篇不同的書稿,而這些書稿的寫作時間或者目的也都不一樣。依據陸仲玉鈔本《日月星晷式》第一部分與湖北省圖書館《日晷圖法》雖然内容上基本相同,但湖北省圖書館《日晷圖法》中的錯誤更少、文字細節推敲上也有一些細微的改動,并且對日晷製作工具與日晷製作的基礎技術進行了編目叙述,顯得更有條理的特徵看,湖北省圖書館藏題爲龐迪我口譯,孫元化筆授的《日晷圖法》應該是在陸仲玉鈔本的《日晷圖法》基礎上整理、編輯而成的。從兩個鈔本内容基本相同,差别不大的特徵看,陸仲玉鈔本的《日晷圖法》的原作者也就是龐迪我和孫元化。由於書中多以京師或北極出地四十度爲例,因此也可以推定該書的寫作地點應該爲北京。

〔一〕胡鐵珠《日月星晷式提要》,任繼愈《中國科學技術典籍通彙·天文卷(八)》,大象出版社,一九九八,三八三頁。

至於該書稿的最初形成時間,大約是在一六一〇到一六一二之間。因爲禮部在萬曆三十八年(一六一〇年)第一次改曆奏疏中曾建議『欲依洪武壬戌故事,以譯大西洋諸書,請明上聞』并且在奏疏中提及了龐迪我與熊三拔的名字。雖然萬曆皇帝對奏疏未置可否,但實際上還是采納了奏疏裏的一些建議,比如把邢雲路與李之藻調到北京來參預曆事。大概在此之後,傳教士們也開始把參與中國修曆當成了一種現實的可能,於是着手進行了一些相關的籌劃準備工作,進行了一些譯書工作,《日晷圖法》應該就是這一時期的成果之一。根據我們的判斷該書初稿的完成不可能早一六一〇年,雖然一六〇七年孫元化也曾在北京,并且開始跟隨徐光啓學習《幾何原本》,但從實際情况看,當年孫元化能跟隨徐光啓學習的時間相當有限,因爲就在該年年中,徐光啓的父親去世了,徐光啓回鄉守制三年。由於孫元化剛開始學習西學,水平不可能一下提高很快,因此當年就與龐迪我合作譯書的可能性非常低。此後的一六一〇年、一六一一年、一六一二年孫元化也都曾在北京住過,應該是在此期間,和龐迪我一起編撰了這部《日晷圖法》。另外,我們從陸仲玉鈔本的《日晷圖法》中的『北極出地度數』部分雖然列出了十五個行省的名稱,但僅僅給出了京都一個地方的北極出地度,其他十四個地方的北極出地度數都没有列出來。

從這點判斷，我們知曉陸仲玉鈔本的《日晷圖法》應該完成於一六一二之前，因爲龐迪我測量中國主要城市北極出地度的工作是在一六一二年進行的〔一〕。同樣，我們也可以判斷，由於湖北省圖書館藏《日晷圖法》中十五個行省的北極出地度數都補充完整了，説明湖北省圖書館藏題爲龐迪我口譯，孫元化筆授的《日晷圖法》顯然是在一六一二年之後整理完成的，雖然龐迪我是在一六一七年三月才被押解離開北京的，但在一六一六年『南京教案』發生後，龐迪我成爲主要的攻擊目標，顯然已是難有心思與精力去整理《日晷圖法》，但這個版本的《日晷圖法》整理完成的時間也應該是在一六一六年之前不久，否則在書稿已經整理編輯基本完成的情形下，如果時間充裕，應該是會刊刻出版的。之所以最終没能刊刻出版，我們推測大概是因爲在書稿最終整理完成後不久，就遇到了『南京教案』的爆發，隨着龐迪我被驅逐出境，刊刻出版的工作自然就被躭擱下來了，再後來，孫元化又被重罪處死，《日晷圖法》的出版更成爲了不可能。

（三）北京大學《日晷圖法》鈔本與湖北省圖書館《日晷圖法》的關係

〔一〕張鎧《龐迪我與中國》，北京圖書館出版社，一九九七，四一八—四一九頁。

北京大學圖書館藏有一部鈔本《崇禎曆書五種》,其中共包括有五種獨立的著作,即《日晷圖法》四卷、《測夜時法》一卷、《諸分晝夜晨昏論》一卷、《測量全義》十卷和《大測》一卷[一]。實際上,除了《測量全義》和《大測》外,其餘三種著作均不屬於《崇禎曆書》。胡鐵珠在《日月星晷式提要》裏曾討論過其中的《日晷圖法》[二]。該鈔本卷末附有短跋:『天保五年(一八三四)甲午五月二十日執筆同年六月七日模寫成,長澤保謹書』,説明此書乃日本人所抄。胡鐵珠認爲,該書的原件大約保存在日本天理圖書館,因爲該館收有湯若望的《日晷圖法》四卷,屬《崇禎曆書》之一部。但北大的這個鈔本,並沒有註明撰著者是誰。根據馮錦榮先生在《明末西方日晷的製作及其相關典籍在中國的流播》一文中給出的日本京都大學人文科學研究所藏的題爲湯若望校、朱確補的《日晷圖法》鈔本細目[三],我們發現北京大學的這個鈔本與

[一] 北京大學圖書館編《北京大學圖書館藏古籍善本書目》,北大出版社一九九九,二五一頁。

[二] 胡鐵珠《日月星晷式提要》,任繼愈《中國科學技術典籍通彙·天文卷(八)》,大象出版社,一九九八,三八四頁。

[三] 馮錦榮《明末西方日晷的製作及其相關典籍在中國的流播》,榮新江,李孝聰《中外關係史:新史料與新問題》,科學出版社,二〇〇四,三六一頁。

該本完全相同，確爲題名湯若望校的《日晷圖法》。另外馮先生也提到日本天理圖書館藏有歸入《崇禎曆書》目下的湯若望校、朱確補的四卷本《日晷圖法》，並對朱確的工作、生平進行了考證和推測。

北京大學的《日晷圖法》鈔本與其他三種鈔本不同，該鈔本進行了分卷處理，全書共分四卷，第一卷包括：造規法、造界尺法、作引長線法、作平行線法、作垂線法、平分曲直諸線法、平分圜爲細分秒法、求不平行兩線交法、分直線與依圜所分之直線分比例等法、作一直線與圜等及作一圜與直線等法、作截度捷法、平分圜法、隨圜大小截幾何度分且知某圜分爲幾何度分法、量幾何分法、隨地隨日測北極出地度分法、量太陽高於地平度分以測北極出地度分法、測太陽高以測北極度及測子午向法、定子午線法、範天圖分節氣線作法、隨圜大小分節氣線捷法、分百遊晷極出地度法、作節氣曲線捷法、正表法。

第二卷包括：作平晷法（計四則）、定節氣線界識捷法、面南天頂晷法（計二則）、百遊赤道晷法、作節尺法、作帶節氣赤道晷法。

第三卷包括：百遊方晷、百遊空晷、盤晷（附百遊法）、百遊十字晷（計三則）、百遊四正向晷（計二則）、百遊四偏向晷、百遊輪晷、柱晷、圜中晷。

第四卷包括：面東面西面南晷(計四則)、作測偏度法、面南北偏東西晷(計三則)、偏晷三式作法、東西向上向下晷、南北向上向下晷作法(計六箴)、三式作法、偏方向上向下晷作法、星晷(附)、月晷(附)。

將北大的這個鈔本與湖北省圖書館藏的《日晷圖法》進行比較後，發現北大鈔本的前面没有北極出地數一節的内容，其餘部分與湖北省圖書館藏的《日晷圖法》基本相同，只是在第三卷中多了柱晷和圜中晷的内容，第四卷後附的内容是星晷和月晷，而不是湖北省圖書館藏鈔本中的『正弦切交線約算立成圖解』，其中柱晷的内容摘鈔自熊三拔的《表度説》[一]。這説明，北大的這個鈔本是在湖北省圖書館藏的龐迪我、孫元化《日晷圖法》的基礎上，經過增删、分卷等編輯處理後形成的，北大館藏的《日晷圖法》版本僅題湯若望校，而不著撰者，説明湯若望確實不是該書的原作者，該書的原作者應該就是湖北省圖書館藏的《日晷圖法》中言之鑿鑿的龐迪我和孫元化。後來可能出於改曆的需要等原因，湯若望和朱確曾對龐迪我與孫元化的

[一] 胡鐵珠《日月星晷式提要》，任繼愈《中國科學技術典籍通彙・天文卷(八)》，大象出版社，一九九八，三八四頁。

書稿再次進行了一些校注、補充和編輯整理工作，但爲了不引起不必要的政治麻煩，同時也能不掠人之美，所以故意避去了龐迪我、孫元化兩位作者的名字，僅題湯若望校，朱確補。但可惜的是，這個經過湯若望校、朱確補的《日晷圖法》仍然最終未能付梓出版。我們推測是早先可能出於編撰《崇禎曆書》的需要，湯若望與朱確曾對龐迪我與孫元化的書稿進行了編輯整理，準備出版，但後來又未能編入《崇禎曆書》之中，所以又不了了之，這種推測也可以從北大鈔本叢書的名稱爲《崇禎曆書五種》得到一些間接的佐証。

《日晷圖法》的内容與特點

《日晷圖法》全書從内容上看，大致可以分爲三個部分，第一部分是介紹一些基本的幾何作圖工具——圓規與直尺的作法與用法，以及一些基本的幾何作圖方法，包括如何作平行線、垂線等，如何平分直線、曲線、圓和圓弧等，以及如何測量直線長度與曲線弧度的方法，屬於平面幾何的内容。

第二部分則是包括給出一些地理參數，一些地理、天文參數如何測取的方法，以及幾種測量儀器的製法。還有如何在赤道投影面與子午面上繪製二十四節氣線的便捷方法,這主要包括給出了中國當時十五個行省的地理緯度值(即等值於北極出地度數)。介紹了四分儀、節氣板、節氣尺、度圜、度板、度梯、度柱、偏度儀等日晷參數測量,以及使用所需的輔助工具的製法與用法,以及如何測得太陽的地平高度、如何測得各地的北極出地度數、如何測定子午線的方法等。繪製二十四節氣的便捷方法則主要介紹了範天圖分節氣線捷法與藉助節氣板的方法。範天圖分節氣線捷法也叫『曷捺楞馬捷法』,它最早是由利瑪竇介紹給中國人的,見之於他所繪製的《坤輿萬國全圖》,龐迪我、孫元化的《日晷圖法》中對這種分節氣線的方法,給予了語言上的提煉,使之更加技術化。

第三部分則是介紹了各種日晷的製法,《日晷圖法》中介紹的日晷種類非常多,地平式、赤道式、面東、面西式、面南式、面南天頂式、仰釜式、方晷式、四正向式、四偏向式、輪晷式、懸晷式等等,并且每種裏面還有多種變化形式,包括帶節氣線與不帶節氣線,固定式與非固定式等等,該書是迄今爲止所有中文書籍中介紹日晷種類最爲豐富的著作。從結構與使用方法上看,介紹的日晷主要包括三大類,一種是固定式的日晷,此類日晷依據使用地的地理緯度來製作,不能再作調整,製成的日晷僅能在相同緯度的地方使用才能正確地測時；第二種是不固定式，書中稱爲百遊式，就是按照這種方法製成的日晷可以藉助輔助工具，依據所在地的地理緯度值進行調整後也可以正確的使用；第三種是所謂偏向式日晷，這是一類特殊的日晷，製作和使用都比較複雜。普通的日晷，不管固定式還是不固定式，其在使用時都是面向正南或正北、或正東、或正西，這樣在日晷晷面上投影所確定的時刻線與節氣線都相對好繪製，不在正向面上投影所確定的時刻線與節氣線則要複雜的多和困難的多，因此《日晷圖法》中對此類日晷雖然介紹了幾種晷面時刻線與節氣線的繪製方法，但主要側重於籠統性的方法，具體步驟着墨不多，也不是書中的重點。

從現有的研究來看，雖然《日晷圖法》中的一些圖形可以見之於丁先生[一]的《日晷學》(Gnomonica)和《星盤》(Astrolabium)兩本作著作中，《日晷學》(Gnomonica)可能是譯者的重要參考書籍之一，但並非該書的譯本，兩者間的差異還是很大。我們推測這部著作很可能是傳教士們在多年製作日晷的經驗基礎上，參考了一些西學日晷書籍後撰著而成的。雖然該書題爲龐迪我口譯，孫元化筆授，但我們從該書

[一] 即利瑪竇的老師克裏斯托弗·克拉維烏斯神父，Father Christopher Clavius，一五三八—一六一二。

的内容上看，書中所介紹的很多日晷製作方法都是最先由利瑪竇所介紹或創製的，如『曷捺楞馬捷法』，它最早就見之於他所繪製的《坤輿萬國全圖》，又比如對日晷晷面時刻線進行中國化，引入了符合中國傳統的二十四節氣和十二時辰的計時系統的作法，也是由利瑪竇所發明的。書中所有日晷的晷面線都是按照這個方法處理的。利瑪竇不僅是明末來華傳教士中製作日晷最早、數量最多的一位，而且還是最早向中國人傳授日晷製法的一位。早在一五九〇年韶州時，利瑪竇就曾向中國學者瞿太素傳授歐幾裏德的幾何學以及日晷等其它天文儀器的製作方法，瞿太素在他的指導下也曾寫出了一些帶圖表的文稿，這其中應該就包括一些日晷製作的經驗與方法。雖然利瑪竇本人没有日晷製作的書籍流傳下來，但種種證據表明，《日晷圖法》一書裏的很多日晷製作方法無疑是借鑒和參考了利瑪竇的經驗與作法。

《日晷圖法》一書雖然介紹了很多種日晷的製作與使用方法，但該書有一個重大的缺陷，就是該書只介紹日晷製作與使用的具體步驟與方法，並没有介紹日晷測時的原理以及在圖解法繪製日晷晷面時刻線與節氣線時，其步驟之後所藴含的數學原理，僅僅指導讀者如何可以按照步驟製作和使用日晷。但由於没有日晷原理的介紹，加之日晷晷面線的繪製比較複雜，因此在没有人具體指導之下，僅僅依靠該書正確製作和使用日晷並不容易。清代的徐朝俊曾在該書的基礎上，作了一些删減整理，增加了一些自己的製作經驗等内容，形成了《日晷測時圖法》一書，收録於《高厚蒙求》[一]第三集之中。

從《日晷圖法》的撰著完成，迄今已有四百年，一直未能出版刊行，此次鳳凰出版社將其收録於明清之際西方傳教士漢籍叢刊予以出版，實乃學術幸事。

此次出版的《日晷圖法》，是以湖北省圖書館藏鈔本爲基礎，通過比較現有四種鈔本，整理、勘校後完成的，删去了一些版本中與日晷無關的内容，如湖北省圖書館藏鈔本中附録的『正弦切交線約算立成圖解』、北京大學《日晷圖法》鈔本中的柱晷、圜中晷、星晷與月晷的内容。對各個版本中内容與位置有所差異的地方，從全書内容排佈更爲合理的角度出發，進行了選取，如『北極出地度數』一節的内容與位置就是按照國圖藏《列象步天》鈔本進行排佈的。鑒於本人水平的淺陋，以及現有資料掌握的有限，整理與勘校後的《日晷圖法》肯定錯誤與不足之處難免，衷心希望發現問題的讀者能够予以及時指正，以便訂正錯訛，完善這部重要的著作。

[一]（清）徐朝俊《高厚蒙求·日晷測時圖法》，嘉慶己巳刻本（一八〇九）。

在該書整理出版之際，對於在該書研究與整理期間提供重要幫助的中國科學技術大學的石雲裏先生、中國軍事博物館的李斌先生、中國科學技術大學的褚龍飛先生表示感謝，向促成此書出版的中國自然科學史所的鄭誠先生、李亮先生以及鳳凰出版社的編輯韓鳳冉先生致以謝意。

日晷圖法

龐迪我口譯，孫元化筆授

夫造日月星晷及諸測器之業，不能離方、圓、線、圜也。其線與圜亦每須分之，故造器之論恒命：分某線、某圜幾何度分、截幾何度分，量某圜分爲幾何度分之圜分。且命：作直線、引長線、作平行線、作垂線、作全圜、作圜分、分平度、分差度，此等非直尺及規矩俱不能成也！縱尺規俱精，不得造法，則甚爲煩難，故易厭廢焉。且百種晷，必先知本處北極出地度分，然後其造法及用法俱準，不然則萬萬不能準也！方向不準，時刻亦不準。蓋羅經周於天下，獨有太狼山針鋒直指南北，其餘皆偏矣！西域指南之端則偏西，中國則偏東，以羅經定方向安能不差爽耶？若得節氣線或子午線，則方向準定，羅經之偏亦因可測而補之矣。故以作方圓、分線圜、測極出度、分節氣線諸法爲首篇〔一〕也。

北極出地度數〔二〕

周天三百六十度，爲四象限；

半周天一百八十度，爲二象限；

〔一〕 國圖陸仲玉鈔本、國圖《列象步天》鈔本、湖北省圖鈔本中皆爲『篇』字，但北大鈔本中爲『務』字，綜合判斷，此處用『篇』字稍佳。

〔二〕 『北極出地度數』這一小節的內容，各個鈔本間均有一些差異，北大鈔本中沒有這一小節的內容，國圖陸仲玉鈔本、湖北省圖鈔本中皆把這小節內容置於書名《日晷圖法》之前，而國圖《列象步天》鈔本則將其置於『造規法』之前，此處我們選擇按照國圖《列象步天》鈔本中的位置排佈來處理。另外，國圖陸仲玉鈔本中僅給出了京都一地的北極出地度數，其他十四個行省的度數則空缺，而湖北省圖鈔本與國圖《列象步天》鈔本則給出了所有十五個行省的北極出地度數。需要指出的是，這十五個行省的北極出地度數僅是以各個行省行政機構駐地的地理緯度值測得的，即京都（或者京師）指順天府（今北京），南京指應天府（今南京），山東指濟南府，山西指太原府，陝西指西安府，河南指開封府，浙江指杭州府，江西指南昌府，湖廣指武昌府，福建指福州府，廣東指廣州府，廣西指桂林府，四川指成都府，雲南指雲南府（今昆明），貴州指貴陽府。

一象限九十度。

赤道在天之正中，離北極一百八十度，離南(極)度亦同。

冬至，日出赤道南二十三度半；

夏至，日入赤道北二十三度半，此爲日道，又爲黄道。

京都，北極出地四十度，南極入地亦同。

南京：三十二度

山東：三十七度

山西：三十八度

陝西：三十六度

河南：三十五度

浙江：三十度

江西：二十九度

湖廣：三十一度

福建：二十六度

廣東：二十三度

廣西：二十五度
四川：二十九度
雲南：二十二度
貴州：二十四度

規式

圖一　規式

第一　造規法

此運規之器形，以銅鐵爲之，圓頭二髀，可闔可開，一居心，一旋轉，鋭施精銅。若用以量，其兩髀須極鋭；若用墨，其一髀須極鋭，其一作一小溝，以便用墨，可以爲圓，可以作直線也。

第二　造界尺

若界尺欲驗其直否，則任依其一邊畫線。試如界尺在北，畫線在南。勿令線移，第轉尺，令其原邊在線南，線在尺北，視其切合原線否。如合，則直；否，則曲矣。視不合處而得尺之曲處也。或如前尺在線北，線在尺南，線不動，但反覆界尺，令其下面向上，東端向西，亦視界尺原邊與線切合否，即得其曲直處也。

第三　作引長線法

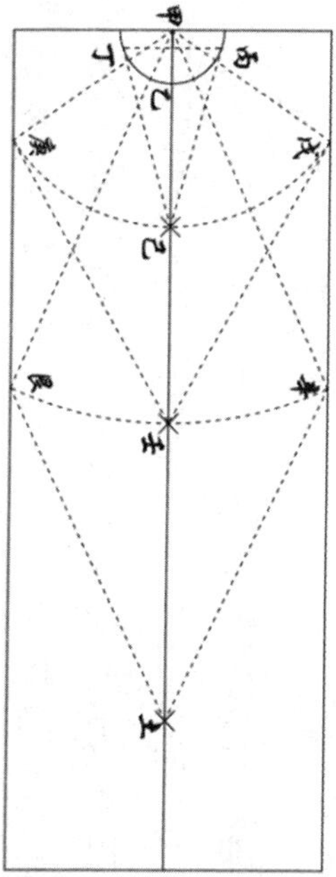

作引長線法：

圖二　作引長線法

有甲乙兩點相近，或甲乙短線，求依甲乙引增作一長線。甲乙太短，必差也。先以甲爲心、乙爲界，作半圜。從乙向圜任截乙丙、乙丁，兩度等。即從丙、丁向乙平處各作短界線，交於己。次以甲爲心、己爲界，作圜分。從己向圜任截己戊、己庚，兩度等。即從戊、庚向己平處，各作短界線，交於壬。次以甲爲心、壬爲界，又作圜分。從壬向圜任截壬辛、壬艮，兩度等。即從辛、艮向壬平處，各作短界線，交於土。末作甲乙己壬土線，其線即所求，若更欲長，依此法推作。

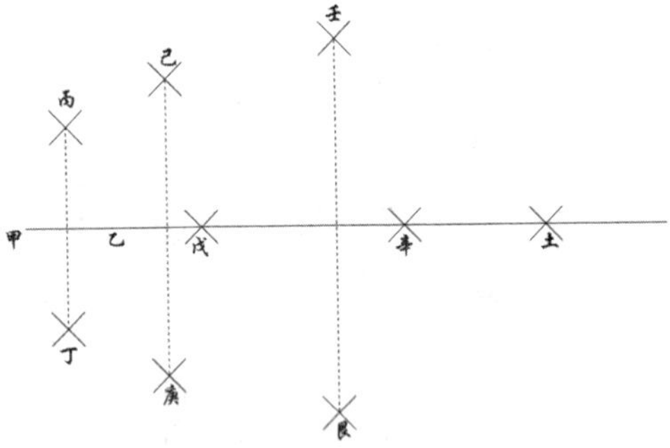

圖三　引長線三式第1法

又作引長線三法

第一法：以甲、乙各爲心，左右各作兩短界線，交於丙、於丁。即以丙、丁各爲心，向乙平處各作短界線，交於戊。次以乙、戊各爲心，作兩短界線，交於己、於庚。即以己、庚各爲心，向戊平處各作短界線，交於辛。次以戊、辛各爲心，各作兩短界線，交於壬、於艮。即以壬、艮各爲心，向辛平處各作短界線，交於土。即將甲、乙、戊、辛、土共作一直線，即得也。

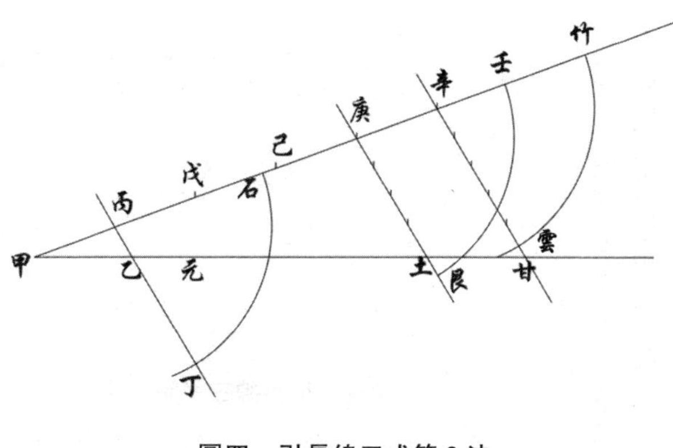

圖四　引長線三式第 2 法

第二法：從甲、壬作一長線，爲甲庚竹，成甲角。此角固不至直，亦勿太鋭。又從乙任作乙丁一線，交長線於丙。次以甲丙爲度，從丙依長線截取丙戊、戊己、己庚、庚辛四分，則甲辛爲五平分也。次任用一度，以丙爲心，作圜分石丁，交甲庚線於石、交丙乙線於丁。即用元度，以庚爲心，亦作圜分，交甲庚線於壬。從壬向圜截取壬艮，與石丁等。次作庚艮線，必與丙丁平行。次，庚爲甲庚線第四分。即以丙丁爲度，從庚向艮截取四分，至土。末作甲乙土直線，即所求。若欲更長，則以庚壬爲度，以辛爲心，作圜分，交甲庚線於竹。次從竹截竹雲，石丁等。次作辛雲線，必與丙丁、庚土平行。次，辛爲甲庚線第五分。即亦以丙乙爲度，於辛雲線上，從辛向雲截取五分，至甘。末作甲土甘直線，即所求。若欲更引之，依此推作，苐視甲庚線幾分，如是六分、七分，則丙乙平行線，亦截丙丁六分、七分也。〔一〕或甲、元，爲命引長短線。先作甲庚竹長線，即任用一度，從甲向長線截取第一分爲丙，第四分爲庚。次從丙任作一線，交甲元線於乙，不必交『元』點。次如前法，得庚艮線，即以丙乙爲度，作四分，於庚艮線亦得土也。

第三法〔二〕：以乙爲心，甲爲界，作圜分。次用元度，從甲向圜截取丙、丁、戊三分，幾半圜也。又以戊爲心，乙爲界，作圜分，如前截得丁、己、庚三分。又以庚爲心，

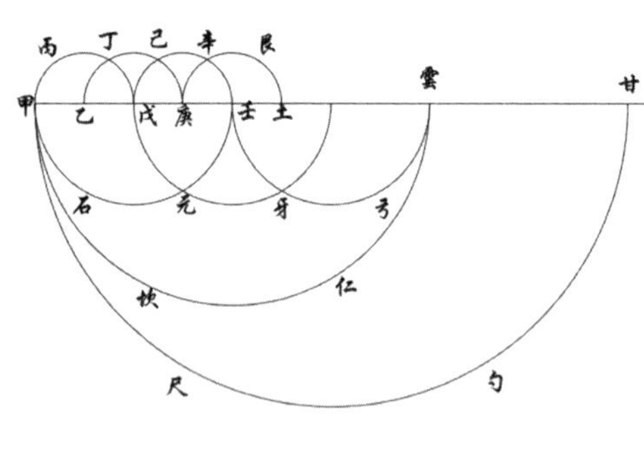

圖五　引長線三式第3法

〔一〕國圖陸仲玉鈔本、湖北省圖鈔本中此處皆有『第三式』三字，北大鈔本與國圖《列象步天》鈔本中此處均無此内容，根據文中内容判斷，北大鈔本與國圖《列象步天》鈔本正確，但依據上面的順序編排格式，此處用『第三法』爲佳，與上面的『第一法』、『第二法』保持一致。

〔二〕國圖陸仲玉鈔本、湖北省圖鈔本中此處皆爲『又法』二字，北大鈔本與國圖《列象步天》鈔本中此處均爲『第三法』三字，根據文中内容判斷，北大鈔本與國圖《列象步天》鈔本正確。

戊爲界，作圜分，如前截得己、辛、壬三分。又以壬爲心，庚爲界，作圜分，如前截得辛、艮、土三分。次以戊爲心，甲爲界，作圜分，如前截得石、元、壬三分。又又以壬爲心，庚爲界，作圜分，如前截得辛、艮、土三分。又以竹爲心，壬爲界，作圜分，如前截得牙、弓、雲三分。次以壬爲心，甲爲界，作圜分，如前截得坎、仁、雲三分，必與壬之圜遇於雲也。次又以竹爲心，甲爲界，作圜分，如前截得尺、勺、甘三分。末作甲乙戊庚壬土竹雲甘線，即所求。若欲更長，則又以雲或甘爲心，壬爲界，依法推作。

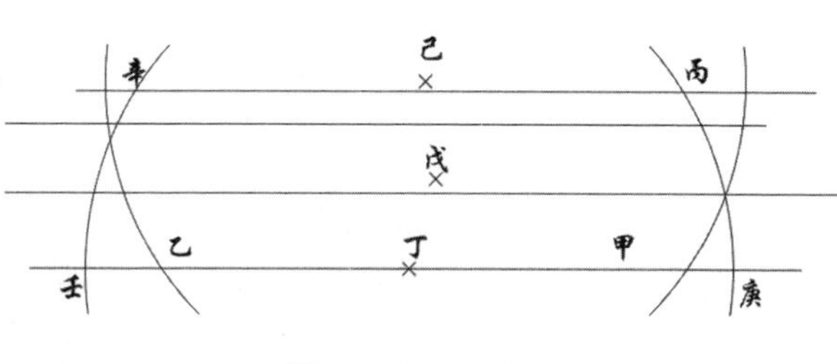

圖六　作平行線法

第四　作平行線法

作平行線法：

有甲乙線，線外有丙點，求從丙作線與甲乙平行。先從丙點或左或右，任取一點，或在甲乙線上，如丁；或在甲乙線及丙點間處，如戊；或與丙點平處，如己。次以丁爲心，過丙作圜分交甲乙線於庚。次用元度，復以丁爲心，與丙庚圜分對處。復作辛壬圜分交甲乙線於壬。次以丙庚爲度,移之,從壬至辛、丙二點作直線,即甲乙平行線也。或以戊爲心,右作丙元、左作弓牙圜分;或以己爲心,左作丙坎、右作尺仁圜分;皆得,但所取點在甲乙線及丙點之間,如丁,則圜分交甲乙線更直,更易準也。

第五　作垂線法

作垂線法:

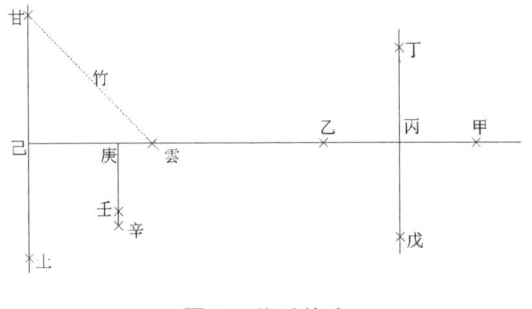

先得甲乙横線,欲從丙點作一垂線,即以丙爲心,左右任取二點甲、乙,去丙等。次任用一度,但須長於丙甲。甲、乙各爲心,以上下向丙點各作一短界線,兩線上交於丁,下交於戊。次作丁戊直線,必過於丙,且必爲甲乙垂線,與甲乙成直角形也。若不便作上下短界線,止作或上或下,亦足矣。若所命作垂線點在線界如己,外無餘線可截,即於甲乙線上任取一點,爲庚。如前法,從庚立庚辛

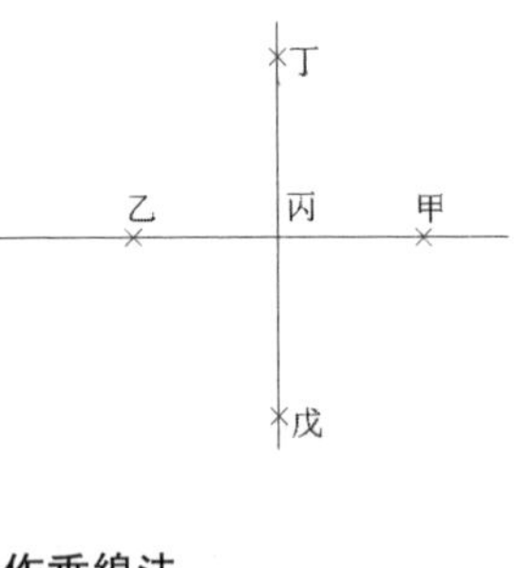

圖七　作垂線法

垂線。次任取一度，以己爲心，向上或下作短界線。次用元度，從庚於庚辛垂線上得壬，即從壬向左亦作短界線，兩線相交於土。次作土己直線，即甲乙垂線也。

或以己爲心，甲乙線上行，任指一點爲竹。次以己竹爲度，從竹向下，值甲乙線處作識爲雲。復向上己點對處作短界線。次從雲、竹兩點相望作虛線，交短界線於甘。次作甘己直線，即所求甲乙垂線也。

第六　平分直、曲諸線法

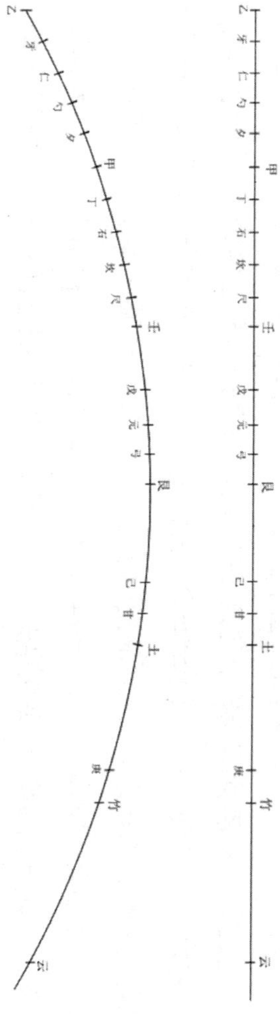

圖八　平分直曲諸線法

平分直、曲諸線法：

有甲乙直線、甲乙圜線，求作幾何平分。先視所命分，如五分，即依本卷第三[一]，以甲乙引長之，從乙[二]截取甲壬、壬艮、艮土、土竹、竹雲五分，並甲乙爲六分，俱[三]與甲乙等。次雲乙線平分爲五分，如雲庚、庚己、己戊、戊丁、丁乙，則雲庚、庚己俱帶甲乙及甲乙五分之一也，即庚竹爲甲乙五分之一也。次以雲庚爲度，從竹截竹甘、甘元、元石、石牙；從土截土弓、弓坎、坎仁；從艮截艮尺、尺勺；從壬截壬夕；則甲乙自得五平分也。若欲分乙雲全線，則用元度，從乙、甲、壬、艮、土各退截之，即得也。若以甲乙欲平分十分，則當截取十分甲乙等，並甲乙，即十一平分。次以十一分之線平分十分，帶甲乙及甲乙十分之一，餘如前法，推作即得也。

[一] 國圖陸仲玉鈔本、湖北省圖鈔本中此處皆留有一空待填，北大鈔本與國圖《列象步天》鈔本中此處均填爲「三」字

[二] 國圖陸仲玉鈔本、湖北省圖鈔本與國圖《列象步天》均爲「乙」字，但北大鈔本中爲「己」字，根據上下文內容判斷，北大鈔本有誤

[三] 北大鈔本中爲「作」字，國圖陸仲玉鈔本、湖北省圖鈔本與國圖《列象步天》均爲「俱」字，根據幾個鈔本及行文判斷，此處用「俱」字爲佳

若甲乙線大，難以引長，或平分數多，不得截取，則就本線求分又有一法，如乙雲線，求作三十平分，則以乙雲作五平分，每分爲兩平分，得十，是每分當三平分。依前法，每分則三平分，即全線分定矣。或以乙雲線先平分六分，次六分復平分五分，則每分得六大分之一分又帶本分五小分之一，餘依右法推。亦得也。又如作八十四分，則以乙雲作三平分，次每分爲兩平分，得六。又每分爲兩平分，得十二，是每分尚當七平分也。次以七分作八平分，如上推得。

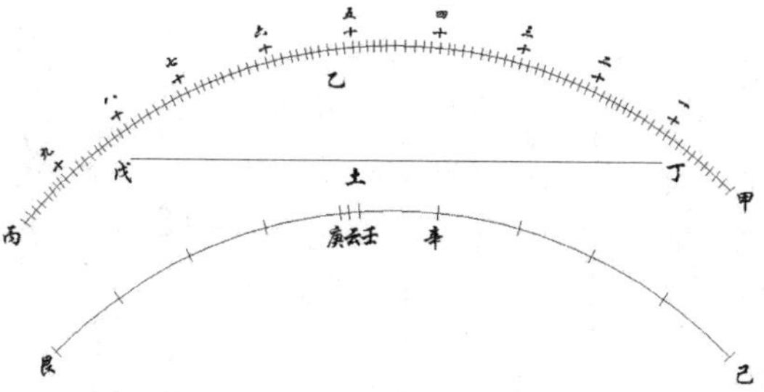

圖九　平分圜爲細秒式

第七　平分圜爲細分秒法

有甲乙丙圜分，爲全圜四分之一，其半徑丁戊，任於一度，求截六十分之幾何分。先視所命分，如是五十三分，即于本圜截取五十三度爲甲乙，或別以丁戊爲半徑別作一圜分己艮。即以五十三度截取己庚。次以己庚爲五平分，其一爲辛庚。次以辛庚爲三平分，其一爲壬庚。次以壬庚爲兩平分，其一爲雲庚。次以雲庚爲兩平分，其一爲土庚，則土庚即己庚圜分六十分之一，即所求一度中六十分之五十三分也，秒法倣此。

若圜分短小，難分六十，則以圜分又三倍之，合爲四，然後作六十分，則元圜分每分得四。從四作四細平分較易也。若更短小，則二倍之，外又四倍之，合爲八，然後分爲六十分，則元圜分每分得八，從八作八細平分也。

今先有己艮圜分之土庚，欲知爲六十分之幾何分。則以土庚爲度，從庚向圜截取六十爲庚己，以己艮圜分己庚移於甲乙丙圜分，視爲幾何度，如是五十三度，即土庚爲六十分之五十三也。

若分太短，難以爲度，則視此分，若小餘半度，即以此分並旁一度，從圜截取六十，視所得度數，如是八十一，除去六十存二十一，即知本圜分爲六十分之二十一也。若大於半度，則以小分依上截取，既得小分如是二十一，則大分即三十九也。若截取六十，嫌於太煩，則如上以小分並旁一度倍之，得二。次又倍之，得四。又倍之，得八。又倍之，得十六。又倍之，得三十二。又倍之，得六十四。即除去所並六十度，則所存度數，即所求分數也。

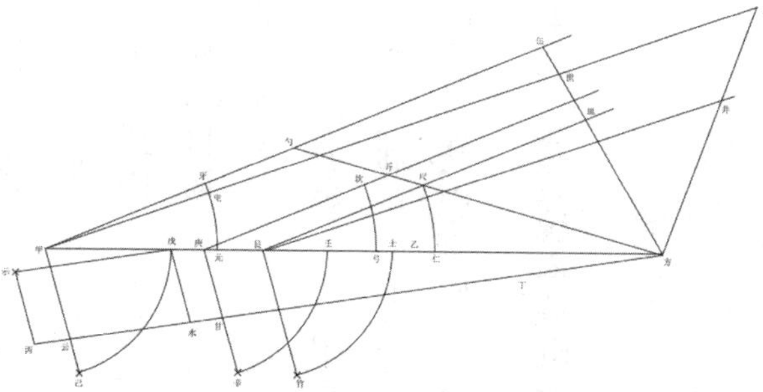

圖一〇　求不平行兩線之交法

第八　求不平行兩線之交法

求不平行兩線之交法：

有兩線不平行，其交處必甚斜難準，當用別〔一〕法以驗之。此線于元線愈近垂線愈佳也。如甲乙、丙丁兩線，其交處當在方，則於甲乙線上任指甲、庚、艮三點各作線，皆平行線作法，即以甲、庚、艮各爲心，作戊己、壬辛、土竹三圜分。次從戊、壬、土各截等度於己、辛、竹。次以甲、庚、艮於己、辛、竹相望作三直線，必皆爲平行線也，交丙丁線於雲、於甘、於石。若作四、五線以上，愈多愈佳也。次甲乙線上又作出甲缶、庚世、艮皿三線，必須與甲乙爲鋭角，而三線亦平行作法，與前同。以甲、庚、艮各爲心，作元牙、弓坎、仁尺三圜分，各截等

〔一〕國圖陸仲玉鈔本、湖北省圖鈔本與國圖《列象步天》鈔本中此處皆爲『別用』二字，但北大鈔本此處爲『用別』二字，根據行文内容判斷，北大鈔本此處『用別』二字爲佳。

分于牙、坎、尺。從甲、庚、艮與牙、坎、尺相望作線，即得。次以甲雲爲度，于甲缶線上，從甲向缶任截幾分，如甲互、互巨、巨勺、勺缶四分；則以庚甘爲度，從庚向世亦截四分，如庚司、司丘、丘斤、斤世；則艮石爲度，從艮向皿亦截四分，如艮亞、亞卉、卉尺、尺皿。次任以三線之相似分，如以第二，或俱以第三、第四分相望作線。次任以甲乙或丙丁引長之，即交于方也。如此，試各以第三點作勺斤尺線。亦各以第四點作缶世皿直線，兩線皆交甲乙或丙丁于方，但其缶世皿者交甲乙更直，故其交點益明準也。若從甲、從艮更作兩平行線，如甲尹、艮昇，則與甲乙亦爲鋭角。亦如前法，於甲尹線上，以甲雲爲度，截甲互、互巨、巨凡、凡古、古尹五分，於艮昇，亦以艮石爲度，截艮亞、亞介、介止、止共、共升五分，亦以相似分作線，如此，試各以第五分作尹昇線，亦交於方。交角愈大，交點愈明準也。

第九　分直線與依圜所分之直線分比例等法

分直線與依圜所分之直線分比例等法：

凡圜上作徑線，徑線左右兩半圜平分若干分。每兩半圜分，相望作識於徑線，其分徑線必疏密不得平分。今欲分一線，不必作圜而線分與依圜所分之線分等。

先作一式，如甲乙丙丁直角形，次以甲、丁各爲心，乙、丙各爲界，各作全圜四分之一，爲乙戊、爲丙己圜分。次任平分圜爲所命，如六分，即以兩圜相對之分相望作線，俱與甲丁及乙丙平行，則甲乙兩線之分，即依圜所分之不平分也。次又於甲乙上立平邊三角形，負圜於庚。次從庚向甲乙線諸分俱作線而母式備矣。次視所求分之線，若等於甲乙，則以甲乙線分移作即得。若大於甲乙，則用直角形，如求分線爲勺。即以勺線爲度，從甲丁線與甲乙線分比例等。若大於甲乙太多，如辛，則與甲乙間平行線交太斜，即以其半辛坎，如上法作竹雲線，既得竹雲線疏密六分，即以每分倍之，亦得辛線疏密六分。若更大，則或以三分之一或四分之一，依此遞推。

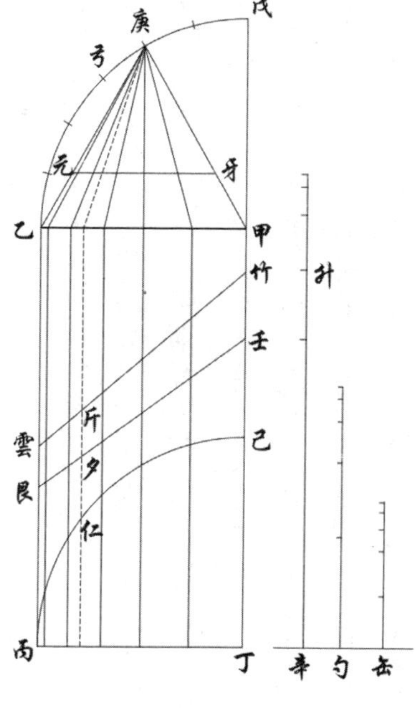

圖一一　分直線與依圜所分直線分比例等法

若小於甲乙，則用平邊三角形，如求分線，爲缶。即以缶線爲度，從庚向甲、向乙截取牙、元，即作牙元線。以牙元線諸分移缶線，即得疏密六分，與甲乙線比例等。若以線之半爲度，小於甲乙，則亦用三角形如上推作。若止欲求得依圜所分之幾分，如全圜四分之一有九十度，求得五十二，則從戊向乙、從己向丙各截五十二分爲弓、爲仁。以弓、仁相望截甲乙線於尺。次作尺庚線，截元牙線於力。作弓仁線截壬艮線於夕、竹雲線於斤，即得各線依本圜五十二度也。

第十　作一直線與圜等及作一直線與圜等法

作一直線與圜等及作一直線與圜等法：

先作甲乙丙丁直角方形，其甲乙、丙丁兩腰線任分幾何平分，分愈密愈佳。今各分九分，先分三平分，每分又分三平分。次每兩分平望作虛線，皆與丙乙平行。次以乙爲心、甲丙爲界，作甲戊丙全圜四分之一，照兩旁線亦平分爲九分。次從乙于圜上諸分相望作斜虛線。次循横及斜線交處，從甲作甲壬辛曲線。但定辛交丙乙線末點無確法，則以丙戊、乙庚兩腰線之下分及辛壬圜分各分三平分或四平分，如法作横及斜線，依交處作曲線而辛點可定不爽矣。末甲、辛相望作一直線也。

次别作雲甘横線、雲石垂線，交成直角形。次以第一式乙辛爲度，移之雲甘線。

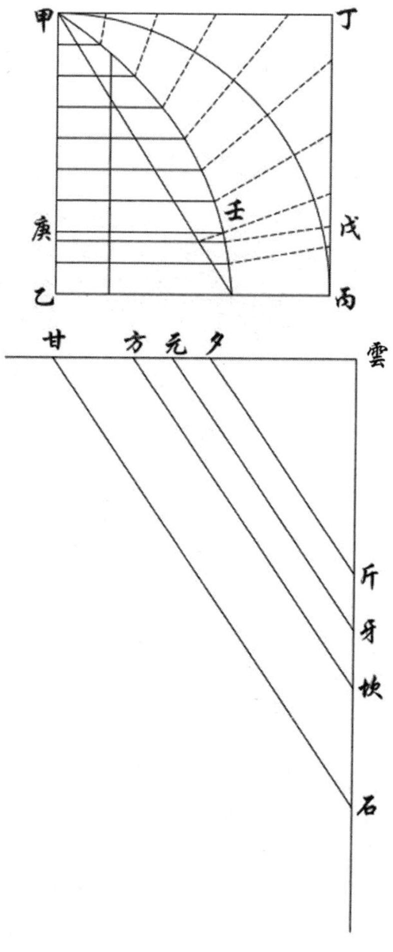

圖十二　作一直線與圜等及作一直線與圜等法

從雲至元亦以第一式甲乙爲度，移之雲石線。自雲至牙，即作元牙線，與第一式甲辛等也。若以雲元爲一圜半徑線，即雲牙線必爲本圜四分之一；兩取之，即與半圜等；四取之，即與全圜等也。若命作一直線與所得圜等，即以本圜半徑，如雲弓爲度，移之雲甘線上，從雲左行至弓。次依本卷第　從弓作元牙平行線，交雲石線於坎，雲坎線即本圜線四分之一。依前四取之，即與全圜等也。若命作全圜與所得直線等，即將本線平分四分。次以其四分之一爲度，移雲石線上，如自雲至斤。次從斤作元牙平行線，交雲甘線於夕，即以雲夕爲度，作一全圜，必與所得直線等也。

第十一　截度捷法

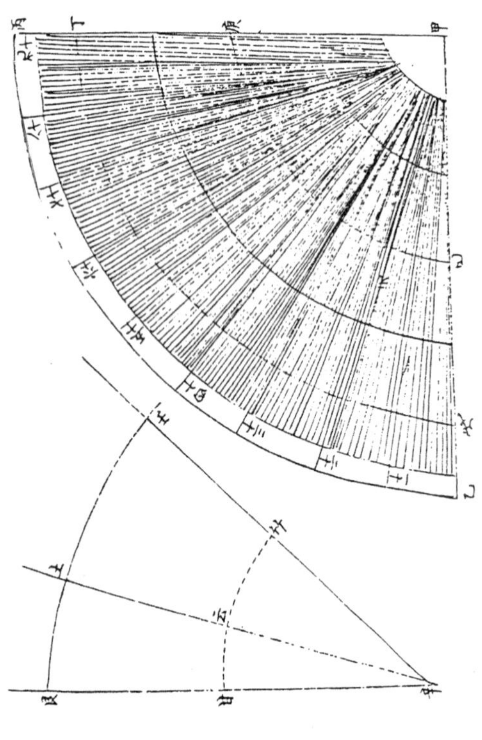

圖一三　截度捷法

作截度捷法：

先備銅、或牙、或堅堅木板，大小無度，但愈大，則器愈佳愈準也。次作甲丙、甲乙兩線相交於甲，而成直角形。次以甲爲心，任作丙乙爲全圜四分之一，以本卷第十二〔一〕，分爲九十平度。次從甲與諸度相望畫線。次從甲向丙，於丙乙圜分内，任作數圜分，如丁戊、庚己，而器全備矣。

以此或分、或截他圜度，甚捷焉。試如某圖上有壬艮圜分，心在辛，其半徑爲辛艮。若命截極出地度分，如京師四十度，則本圜半徑辛艮與丁戊圜分甲戊等，即以規取丁戊圜上四十度，從戊至石，移本圜，從艮至壬，而壬艮圜分，即所求京師北極出地四十度圜分也。

又試如命截某壁偏於正面十五度，則於己庚圜分上，從己量十五度至元。次以戊元爲度移之，從艮至土，即所求壁偏十五度也。

〔一〕北大鈔本、湖北省圖鈔本與國圖《列象步天》鈔本中此處皆爲「十二」，但國圖陸仲玉鈔本此處爲留空待填。

若所命截度圜半徑大於甲乙，或不大，但與器上〔一〕甲己、甲戊、甲乙諸半徑不等，則任以甲乙爲度，從本圜心辛至甘作虚圜。次從己量四十度于石，亦量十五度于元，即以己石爲度，亦以己元爲度移之，從甘至竹、至雲。次作辛竹、辛雲兩線，引長必交本圜于壬、於土，艮壬即所命截四十度圜分，艮土即所命截十五度圜分也。

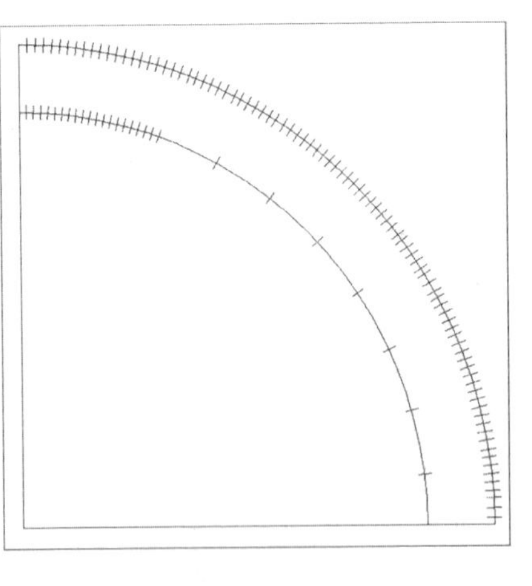

圖一四　平分圜法

第十二　平分圜法

平分圜法：

測量分圜，約有二法。日時有十二，倍之，則節氣有二十四，又兩倍之，刻有九十六，爲一分法。周天度有三百六十爲二分法。

欲分九十六，如甲乙圜分，心在丙，爲全圜四分之一。欲爲二十四平分，先任以半徑，如

〔一〕國圖陸仲玉鈔本、湖北省圖鈔本與國圖《列象步天》鈔本中此處皆爲「上」字，但北大鈔本此處爲「三」字，依據上下文判斷，北大鈔本有誤

甲丙爲度，從甲、從乙各截圜于丁、于戊，得三平分。次每分爲兩平分，得六。又每分爲兩平分，得十二。又每分爲兩平分，得二十四也。

今欲分三百六十，其甲乙圜分，心在丙，爲全圜四分之一，當分九十平分。先任以半徑，如甲丙爲度，從甲、從乙各截圜於丁、於戊，得三平分。次每分爲五平分，得十五。次依平分直曲線法，或以每分爲三平分，則得四十五。又每分平分兩平分，即得九十也。或以七分己庚，爲六平分，亦得九十也。

或以己艮全圜四分之一平分爲九分，止取辛庚一分平分十度。用時視所用分數，如是五十三度，則於大分，從壬至辛取五十，於細分，從辛向庚取三即得，餘倣此。

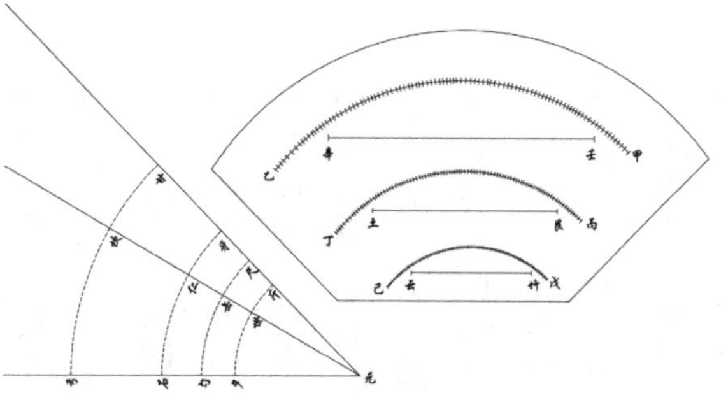

圖一五　隨圜大小截幾何度且知某圜分幾何度分法

第十三　隨圜大小截幾何度且知某圜分幾何度分法

隨圜大小截幾何度且知某圜分幾何度分法：

先於平板上作大小三、四圜分，皆爲全圜四分之一。其上圜爲甲乙，圜下畫其半徑，爲壬辛；中圜分爲丙丁，其半徑爲艮土；下圜分爲戊己，其半徑爲竹雲。每圜平分爲九十度或四十五度而器畢矣。

試如得牙石圜分，心在〔一〕元，欲截二十六度。即以甲乙圜分半徑壬辛爲度，從元作弓甘圜分。次於甲乙圜分上量二十六度，移之弓甘圜分，從弓至坎。次從元與坎相望作直線，交石牙圜分於仁，仁石即所顧截二十六度圜分。若面隘不足畫弓甘圜分，即以丙丁更小圜分之半徑艮土爲度，作勺尺圜分；或以戊己又更小圜分半徑雲竹爲度，畫夕斤圜分。次於丙丁圜分上量二十六度移之，從勺至缶；或於戊己圜分上量二十六度移之，從夕至世。次從元與缶、與世相望作元世缶線，交石牙圜分於仁，石仁即所求二十六度圜分也。

若先得石仁而欲知爲幾何度圜分，則先從元與仁相望作元仁直線。次任以一圜半徑，如壬辛爲度，從元作弓甘圜分交元仁線於坎。取弓坎度移於甲乙本圜分

〔一〕國圖陸仲玉鈔本、湖北省圖鈔本與國圖《列象步天》鈔本中此處皆爲『在』字，但北大鈔本此處爲『石』字，依據上下文判斷，北大鈔本有誤。

上，視截幾何度，假如二十六度，即知石仁爲二十六度圜分也。

第十四　量幾何分法

量幾何分法：

凡以器量日、月或星晷，若所用量〔一〕尺或垂線切截兩度間線，則知有度而無分。若截一度間，則知有分。凡一度平分六十分，欲知所截爲幾何分，則先作甲乙丙全圜四分之一，平分爲九十度。次自丙向甲復任作五十九圜分，其第一圜分，上截六十一度之圜分平分爲六十平分，即每分得一度及一分，即六十一分也。次取此一度一分圜分移之本圜，從甲丙線上行作識。次以本圜

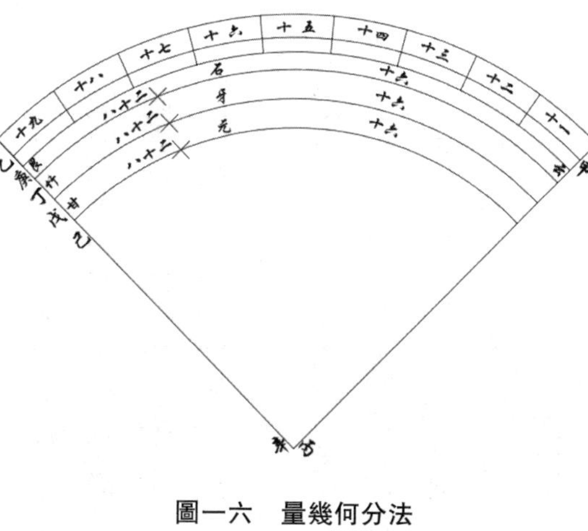

圖一六　量幾何分法

〔一〕國圖陸仲玉鈔本、湖北省圖鈔本與國圖《列象步天》鈔本中此處皆爲「景」字，但北大鈔本此處爲「量」字，依據上下文判斷，北大鈔本爲佳。

半徑爲度移之本圜，從所作識平分六十度餘圜分以至乙丙線，即二十八度，與前六十度等，及五十九分即甲丙線上一分，得一度及一分次，即六十度；次二十八度即得五十九度一分，近一丙線，即得五十九分圜分共成九十度也。次第二圜分，上截六十二平度之圜分亦平分爲六十平分，即每分得一度及二分。第三圜上取六十三度之圜分亦平分爲六十分，餘圜各加一度，依上法分之，即得。今特以三圜設試，其第一圜雲艮爲甲乙丙第二十，次圜寸戊爲第四十，次圜土己爲第五十九。雲艮圜分爲甲乙丙第二十圜，即以二十加於六十爲八十，即須截本圜八十平度平分六十分，即每分得一度及二十分。以一分移本圜上，從甲丙線至雲。次以本圜半徑丁丙爲度移之，從雲至石，雲石平分爲六十度。從石向丁復分爲二十八度，與六十等至艮。從艮至乙丙線，即四十圜分也，總計九十度也。

若第四十圜，則當以四十加六十成百，截百度平分六十。或本圜止得九十度，不能截百度，即截五十度平分三十分，每分即一度及六十分之四十分。其一分移本圜上，從甲丙線至寸。次以本圜半徑戊丙爲度移之，從寸至元，即平分六十度。次從元量二十八度，與前六十等於竹。從竹至戊，即二十分之圜分，總計九十度也。

若其第五十九圜分，則以五十九加六十，即截百度一十九度圜分，平分六十分。或如前截其半，五十九度半平分三十分，每分即一度及五十九分。以此三十分之一移本圜上，從甲丙線至土。次以本圜之半徑己丙爲度移之，從土至牙，平分六十度。餘圜分即二十八度及六十分之一分圜分也，總計九十度也。餘圜一一依此法分之，即得。各圜旁記爲第幾圜。乙丙邊上立庚、辛兩通光耳，耳上各鑽二孔，一大一小，小以通日光，大以目測星，而器備矣。丙點繫一線，線末懸一墜，或量太陽或星。或垂線切加甲乙圜分兩度之間線上，即知有分；若不加兩度之間而加於一度上，即知有度而無分。欲知截本度幾分，即視五十九圜分中切兩度之間線上，爲第幾圜分。試如垂線第二十圜分切如兩度間線上，即知甲乙圜分一度上所截即二十分也，餘倣此。

第十五　隨地隨日測北極出地度分

人居地上高處，目力所及，止天體之半，則此所見半天之邊，與所居地面正相平對，故名地平。日、月、星至此始出，無有高度，待出地平上幾度，即有高幾度也。隨人所至，即以其頭頂所對之天，是爲天頂，故天頂與地平必相隔九十度，爲周天四象限之一也。人居赤道之下，即以赤道爲天頂，南北二極俱與地平。從赤道而北行一度，則天頂離赤道北一度，北極出於地平、南極入於地平各一度，北行九十度，即離九十度，故天頂離赤道度分與北極出地度分等算。太陽躔黄道，距赤道若干度，則得赤道高于地平若干度，以減九十度餘，即赤道離天頂度分及北極出地度分，對南極入地度分。春、秋分二日，日正躔赤道，即無距度，本日午正初刻，太陽高即赤道至地之高，以減以減九十度餘，即天頂去赤道及兩極出入地度分也。若秋分以後，日躔赤道南，則於本日午正初刻，量太陽之高若干度。次算本日太陽躔黄道距赤道若干度，加入太陽之高度，爲赤道高於地平之度矣，以減九十度所餘，即赤道離天頂度分，即北極出地度分也。春分日以後，躔赤道北，亦於本日午正初刻，量太陽之高度。次算本日太陽躔距赤道度，減去太陽高度，即赤道高於地平度，以減九十度所餘，即赤道離天頂度分及北極出地度分。試如京師小暑第二〔一〕日午正初刻，測得太

〔一〕國圖陸仲玉鈔本與湖北省圖鈔本中此處皆爲「三」字，但北大鈔本與國圖《列象步天》鈔本此處爲「二」字，依據後面給出的天文數據判斷，北大鈔本與國圖《列象步天》鈔本正確，應爲後小暑第二日。

陽高七十二度二十五分，是日日躔距赤道北二十二度二十五分〔一〕，以減七十二度二十五分，所餘五十度，爲赤道高於地平之九十度除五十得四十，此即京師天頂離赤道度、北極出地度也。秋分後十三日午正初刻，太陽高四十四度五十一分，是日日躔黄道南五度九分，用以加入四十四度五十一分，共得五十度，亦爲赤道高于地平之度也，亦用象限内減此五十度，所餘四十度爲京師天頂離赤道度與北極出地度也，餘倣此。

各節氣太陽逐日距赤道度分表

節氣日	春秋	分分	清寒	明露	穀霜
初日	〇度	〇〇	六度	一九	十一度
一日	〇度	二十四分	六度	四三	十一度
二日	〇度	四十八	七度	〇五	十二度
三日	一度	十二	七度	二八	十二度
四日	一度	十六	七度	五〇	十二度
五日	二度	〇〇	八度	一三	十三度
六日	二度	二十五	八度	三五	十三度
七日	二度	四七	八度	五八	十三度
八日	三度	十一	九度	二〇	十四度
九日	三度	三五	九度		十四度
十日	三度	五八	十度	四二	十四度
十一日	四度	二三	十度	〇四	十五度
十二日	四度	四五	十度	二六	十五度
十三日	五度	〇九	十一度	四七	十五度
十四日	五度	三二	十一度	〇九	十六度
十五日	五度	五五		三〇	十六度

〔一〕國圖陸仲玉鈔本、湖北省圖鈔本、北大鈔本與國圖《列象步天》鈔本此處數據都爲『是日日躔距赤道北二十五度二十五分』，有誤，應爲『是日日躔距赤道北二十二度二十五』。

雨降	三〇	五一	一二	三三	五三	一三	三三	五三	二三	三六	五一	一〇	二八	四七	〇五	二三
立立	十六度	十六度	十七度	十七度	十七度	十八度	十八度	十八度	十八度	十九度	十九度	十九度	十九度	十九度	二十度	
夏冬	四〇	五七	一四	三一	四七	〇三	一九	三四	四九	〇四	一八	三三	四六	五九	一二	
小小	二十度	二十度	二十度	二十度	二十一度	二十一度	二十一度	二十一度	二十一度	二十一度	二十二度	二十二度	二十二度	二十二度	二十二度	二十二度
滿雪	一二	二五	四七	四九	〇〇	一一	二三	三二	四二	五一	〇〇	〇九	一七	二五	三三	三九
芒大	二十二度	二十二度	二十二度	二十三度	二十三度	二十三度	二十三度	二十三度	二十三度	二十三度	二十三度	二十三度	二十三度	二十三度	二十三度	
種雪	四六	五二	五八	〇三	〇七	一二	一五	一九	二二	二四	二六	二八	二九	三〇	三〇	
夏冬	二十三度	二十三度	二十三度	二十三度	二十三度	二十三度	二十三度	二十三度	二十三度	二十三度	二十三度	二十三度	二十二度	二十二度	二十二度	二十二度
至至	三〇	三〇	二九	二八	二六	二四	二三	一九	一五	一二	〇七	〇三	五八	五二	四六	三九
小小	二十二度	二十二度	二十二度	二十二度	二十二度	二十一度	二十一度	二十一度	二十一度	二十一度	二十一度	二十度	二十度	二十度	二十度	
暑寒	三二	二五	一七	〇九	〇〇	五一	四二	三二	二二	一一	〇〇	四九	四七	二五	一二	
大大	二十度	十九度	十九度	十九度	十九度	十九度	十八度	十八度	十八度	十八度	十七度	十七度	十七度	十六度	十六度	十六度
暑寒	一二	五九	四六	二三	一八	〇四	四九	三四	一九	〇三	四七	三一	一四	五七	四〇	二三
立立	十六度	十五度	十五度	十五度	十四度	十四度	十四度	十三度	十三度	十三度	十二度	十二度	十二度	十一度	十一度	
秋春	〇五	四七	二八	一〇	五一	三六	二三	五三	三三	一三	五三	三三	一二	五一	三〇	
處雨	十一度	十一度	十度	十度	十度	九度	九度	八度	八度	八度	七度	七度	七度	六度	六度	五度
暑水	三〇	〇九	四七	二六	〇四	四二	二〇	五八	三五	一三	五〇	二八	〇五	四三	一九	五五
白驚	五度	五度	四度	四度	三度	三度	三度	二度	二度	二度	一度	一度	〇度	〇度	〇度	
露蟄	三二	〇九	四五	二三	五八	三五	一一	四七	二五	〇〇	一六	一二	四八	二四	〇〇	

第十六　量太陽高於地平度分以測北極出地度分法第一

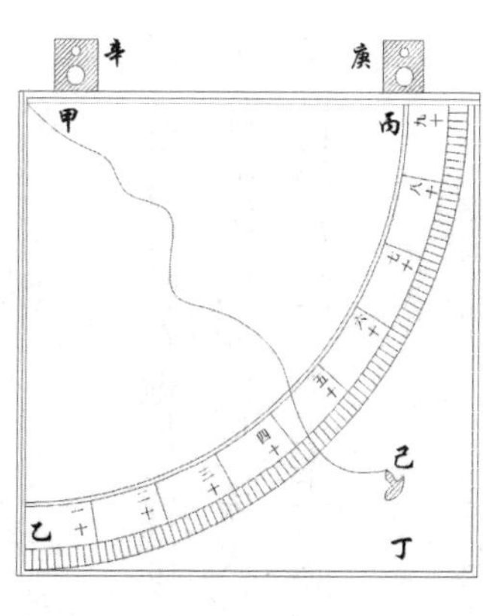

圖一七　量太陽高于地平度分以測北極出地分第一法

用銅板或堅木板作甲乙丙丁直角方形，以甲爲心，盡板大小作全圜四分之一直角圜形，匀分九十度。若板或寬大，每度更分六十分愈佳，不得，則分六分，每分當十分，亦佳也。角心甲施一甲戊線垂下，線末繫己墜，令旋轉加于盤上，測周天度分者。上角左右置庚、辛兩耳，每耳鑽通，可透日光，兩孔須極平相對，乃器全備矣。約日午正先二、三刻，以辛耳對日，令日光相通兩耳之孔，視垂線所加度分，假如測得日高六十八度，次過半刻復測得六十九度，日光未迄午正初刻，累測累增度分，測至七十二度，不增度分，即知日昃，而七十二度爲本日午正初刻日高度分。依上法算之，即得北極出地度分也。

第十七　測太陽高以測北極度第二法及測子午向法

用銅或堅木作甲乙丙丁四方形平板，板益大造器亦準，宜厚寸許。取甲乙丙丁兩旁稍離二、三分，作戊壬、己癸兩線正相對而俱爲丙丁之垂線。次以戊、己各爲心，兩面任作全圜四分之一，爲庚壬、辛癸二圜分。次於二圜分與兩垂線之木，悉〔二〕刳去之，其庚壬、辛癸圜分之内面極平、極圓，匀分爲九十度，從庚辛爲一度至壬癸爲九十度。戊壬己癸爲表。隨地隨時欲測日高於地平幾何度分，先以度板立於平地上，以表向日，使表景正射圜内面，己景對辛癸邊，戊景對庚壬邊，自辛庚數起，視表端景所射度分，即爲本時刻日高度分也。若欲得正午日

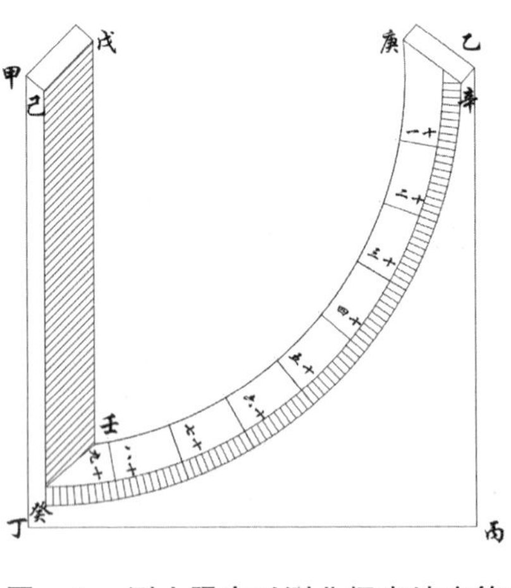

圖一八　測太陽高以測北極出地度第二法及測子午向晷法

高之度分以驗本地極出地度分，先於平地上畫得一子午線，用度板一側合於畫線之上，如前法，以表向日，俟表景正對圜内面，表端景所至度分，即本日正午太陽高之度分也。如尚未得子午正線，亦可以器定之。先於午前一、二時之際，以度板置平

〔二〕國圖陸仲玉鈔本此處爲「益」字，湖北省圖鈔本、北大鈔本與國圖《列象步天》鈔本此處均爲「悉」字，根據上下文内容判斷此處用「悉」字爲佳。

地，令表東向對日，表景與圜中界正對，則據表端景所至度分作一識或兩識於圜内面，即於丙、丁兩邊勿遲一瞬，各作一識于地平。次于午後一、二時，以丙端置原識上，轉甲丁表西向對日，俟表端景至午前所識圜内度分上而表景又與圜中界正對，復于丁端又畫一識於地平。次以午前、午後丁端兩識作一直線，以規量直線正中作識。從兩端之識與直線中識相望作一垂線，即子午正線也。次欲隨日得午正初刻太陽高度分，即以度器置於地平，令其下邊丙丁切合子午線，俟表景正對内圜中界，表端景所射度分，即本日午正初刻太陽高度分也。

第十八　定子午線又法

作定子午線又法：

法曰：晴日用卓或板平置院宇之中，切令至平勿偏，切勿令動移，裱紙方一尺于上。次用規以甲爲心，任作圜數層，如甲、

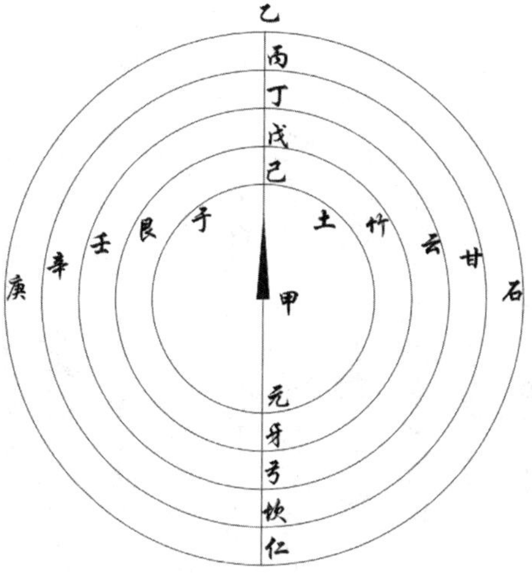

圖一九　定子午線又法

乙、丙、丁、戊、己者。次立表于圜心，表長短無度，即以規一鋭下指圜界，一鋭下指表端，三面度之，以求其直。次觀表端景每至一圜，即作一識，假如至乙圜作庚、至丙圜作辛、至丁圜作壬、至戊圜作艮、至己圜作子。午前表景先長而漸短，故從外而内。俟午後表端景復至己圜作土、戊圜作竹、丁圜作雲、丙圜作甘、乙圜作石。次每圜而至上、下各各求中，向上於乙、丙、丁、戊、己，向下於元、牙、弓、坎、仁。次以上、下諸中識，穿心作一直線，即所求子午線也。次俟次日表景正對此線之時，即午正初刻也，此時從空中手懸一垂線，下端繫一墜，依此線景，或于地上，或于墻上作一實線，即得本地正指南北之線也。次以羅經盤上子午線置此線上，令上下線正相對，視針兩端所指，即于羅經井口上作二識。用：是令針兩端與二識相對外盤子午，乃得向矣！以此法驗羅經即知其偏于正方若干度分，得一羅經偏度，則此方之羅經偏度皆知，依此法補其差，乃可用以定正方也。

第十九　範天圜分節氣線法

範天圜分節氣線捷法：

此太陽錯行黄、赤二道，分二十四節氣之界限也。先任作甲乙丙丁全圜，爲周

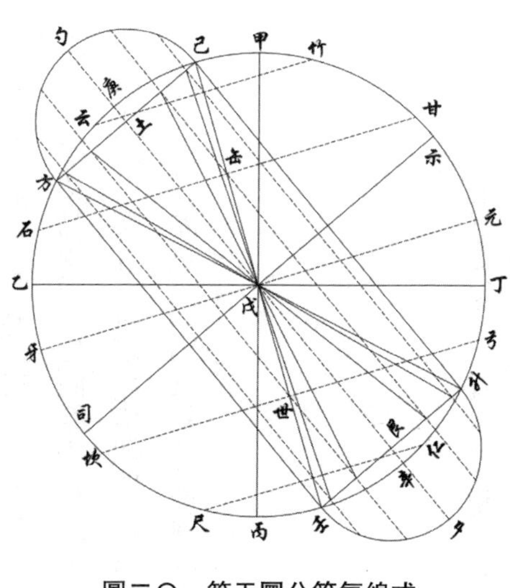

圖二〇　範天圜分節氣線式

天南北圜，此圜即三百六十度也。穿心作乙丁横線，爲地平線。又作甲丙垂線，爲天頂線。次照北極出地度，如京師北極出地四十度，即從甲向乙、從丙向丁，又從丁向甲、從乙向丙，依圜度各量四十度，作庚辛、示司二線，則庚辛線爲赤道線，示司線爲極線，兩線交於戊，則爲地心也。次於庚辛左右各量二十三度半，爲己、爲方、爲升、爲壬，各作識，即依此四識上下相望各對作一線，己升即爲夏至北陸線，方壬即冬至南陸線也。次以己、方、升、壬左右相望各對作一横線，交赤道線于土、于艮，即以土、艮爲心，己、方、昇、壬爲界，各外行作己勺方及昇夕壬兩平圜，或内外作全圜，正與南北陸合，得爲黄道圜。次將此兩半圜各勻分爲十二分，作識，將此上下兩圜識直對相望作線，而赤道左右各得疏密六線矣。赤道爲春、秋二分，次北曰清明、白露，曰穀雨、處暑，曰立夏、立秋，曰小滿、大暑，曰芒種、小暑，以及夏至。次南曰寒露、驚蟄，曰霜降、雨水，曰立冬、立春，曰小雪、大寒，曰大雪、小寒，以及冬至，而平行節氣線定矣。其日景之射於地平者，則取周天圜黄道以内節氣線諸識，各與戊心相望作斜線是也。

或不用黄道兩〔一〕半圜，第作己壬、方昇及己昇、方壬冬、夏至四線。次將甲乙丙丁圜，任從己壬或從方昇起，今從己壬起，分爲十二平分，即得十二宫，或二十四平分，即得二十四節氣。次於己壬左右每相平望兩識作線，如竹雲、甘石、元牙、弓坎、仁尺，其線必相爲平行而亦皆爲己壬垂線，交己壬線於斤、於缶、於戊、於世、於皿，即從斤、缶、戊、世、皿各作赤道平行線亦司垂線，而十二宫或二十四節氣如前亦定矣！平行線節氣已定，其斜線節氣亦自定矣。

〔一〕湖北省圖鈔本、北大鈔本與國圖《列象步天》鈔本此處均爲「兩」字，而國圖陸仲玉鈔本此處爲「而」字，根據上下文内容判定此處應爲「兩」字。

第二十　隨圜大小分節氣線捷法

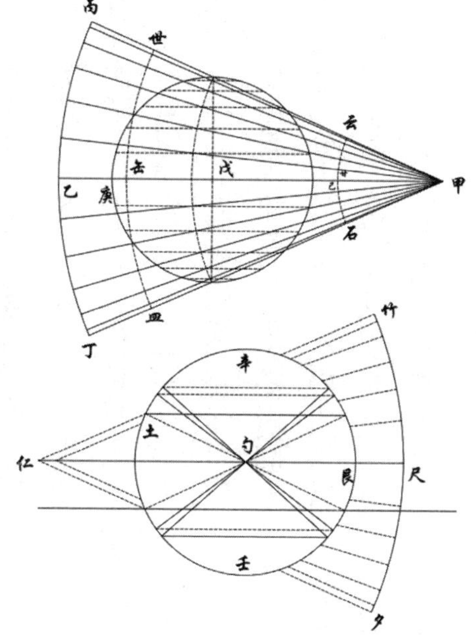

圖二一　隨圜大小分節氣線式

右〔一〕法雖佳，但用分節氣線太煩。欲隨圜大小得分平行線節氣及斜線節氣捷法，先于外板任作甲乙線爲赤道線，即取甲爲心，任作丙乙丁圜分，交赤道線于乙。次從赤道線左右捷圜分各二十三度半，上爲丙、下爲丁。次從甲與丙、丁各作斜線，即冬、夏二至之線也。次丙、丁相望橫作直線，交赤道線於戊，

〔一〕各個鈔本都是按照中國傳統書寫體例，從右向左竪排鈔寫的，所以右爲前。

即以戊爲心，丙、丁爲界，作丙丁己庚一全圜，丙戊丁線上下半圜各平分爲十二分，用上下識相望各對作虚直線，交丙乙丁圜分處，各作識。次從甲與圜分上諸識各作斜線，而節氣斜線定矣。

凡欲分一圜平行及斜行節氣線，以此式指掌可得也。試如欲得辛壬艮土圜節線，心在勺，以此心至圜半徑爲度，移之節氣母式上，從甲向乙截之，爲雲甘石虚圜分。次辛壬艮土圜穿心作艮竹土直線，當赤道線。次以母式於雲甘石虚圜分，從甘至諸節氣線交處，逐一爲度移於辛壬艮土圜上，艮土線左右逐一作識。如欲得平行線節氣，則上下對望兩識，每作直線，皆爲赤道平行線，而本圜之諸平行線節氣定矣。如作斜線節氣，則從心勺與圜上諸識各作斜線，而斜線節氣亦定矣。若所命分節線之圜分大於所備甲乙丙丁節線母式，則從所命圜之心任作小圜，節氣諸識移之小圜，從心與各識作線，引長令至大圜，而大圜節氣線亦並分定矣。如欲得一圜斜線節節氣，不必作全圜。先任作尺仁線，當赤道線。次任取仁爲心，作所命分節線竹尺夕圜分，以仁尺圜半徑爲度，從之節母式，從甲至缶作世缶皿虚圜，從缶於左右諸節線與圜分交處，逐一爲度移之竹尺夕圜分上，從尺左右逐一爲識。次從仁與各識相望作線，而本圜所求節線已定矣。

第廿一　分百遊晷極出地度法

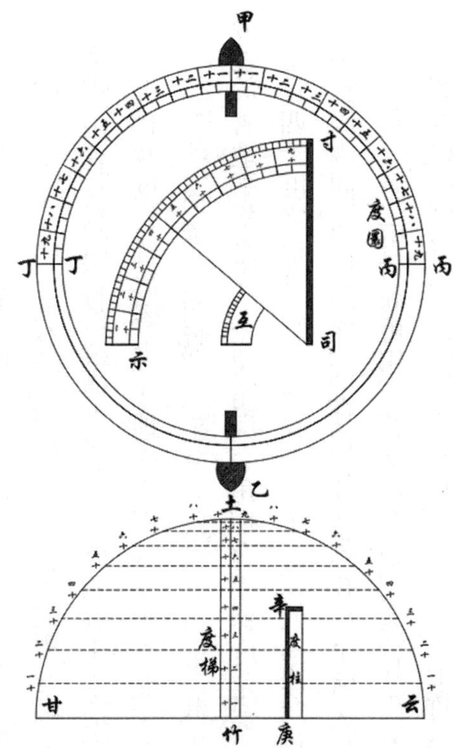

圖二二　分百遊晷極出地度法

分百遊晷極出地度法：晷有二種，所用不同。其一種晷，各依本處極出地〔一〕度分造定，非此處〔二〕及與同度者，不可用，故名爲私晷。其一種隨處可用，故名百遊晷。第百遊晷亦

〔一〕國圖陸仲玉鈔本、國圖《列象步天》鈔本此處缺「地」字，湖北省圖鈔本與北大鈔本此處有「地」字，根據內容判斷，應該有「地」字。

〔二〕國圖陸仲玉鈔本、國圖《列象步天》鈔本與湖北省圖鈔本，此處爲「處」字，北大鈔本此處爲「虛」字，根據上下文判斷，應爲「處」字。

須於用時,依各處極出地度,安其高低,然後能合,未有一晷不易其度分而處處能通用者。定極度分法頗多,不能盡記之,今特舉二、三更便易者。用晷時,非懸之,則倚之。懸晷用度圜,倚晷用度板或度梯、度柱。作度圜用銅作甲乙丙丁圜,其甲乙爲兩軸,其一軸左右如甲丙甲丁半圜,平分爲百八十分,即一度一分;或分九十分,即兩度一分;或四十五分,即四度一分;俱從甲起數,至丙、丁各爲九十度。兩軸令可旋轉,用時移圜與晷作縱横十字形,別以鈎懸于本地極出地度分而極出度定矣!

度板及度柱皆於晷下,用地平板與晷午線下交,令可闔闢。若度板以圜板四分之一,如寸示司圜分,司爲心,平分寸示爲九十度,截去本地極出地度板分,以其餘分置於晷地平板之交,令司角與交角切合而極度定矣。試如京師極出地四十度,從示至丘四十度之板分悉去之,丘寸五十度板分留之,側至晷下,令晷板倚之,即得。或從丘以内向司,俱割之,則存司丘寸示,丘以下藏入地平板,則度板更穩。度數俱全而所藏入者,南行尚可用。若更留互鋭,令與丘示圜同入地平板,度板更穩。

若度梯則別以平面板任作云甘横線,次作土竹垂線,兩線相交於竹。以竹爲心,隨所用度梯長短,作云土甘半圜,平分爲百八十分,則一度一分。或二度一分,或三度一分。從土左右,每分俱平望作横線,平行皆交于土竹垂線,從竹數至土,竹爲一度，土爲九十度，而土竹度梯之分定矣。次作銅柱辛庚，以土竹度梯之半爲長，但略餘少許，作聯板之用。以土竹綫上諸識，從竹上行逐一爲度，移之地平板上。從地平板與晷交處，或面上，或邊旁，逐一作識，依識一一作短綫。次以度柱爲柱，從交處上行，令度柱一端與晷相切，或活可分，或聯可動。用時以度柱下端指地平板上極出地度，即得矣。

假如甲乙爲地平板，其上諸短綫即度梯分數。丙乙爲晷，下面乙即兩板交處，戊庚即度柱。以甲乙之半爲其長，以柱長爲度，從晷下面，自乙上行得辛，以置度柱。辛上下俱爲空道以容度柱且便前却。今京師極出四十度，以柱下端置四十度綫上，而晷得高於地平五十度。他處倣此，或以度柱聯於地平板。度梯作於晷下面亦可。

第廿二　作節氣曲綫捷法

作節氣曲綫捷法：

夫直綫用尺，圓綫用規，獨曲綫無法，故最難作。蓋分時帶節，則長短廣狹之間，有不可以相合者，故必以本晷作法。晷小別作於薄銅板上，晷大或薄木紙板上，作曲線。次依各曲線裁磋，令極順以待作曲線之用。若十字及面東、面西、面南與夫凡時線爲平行線晷，板上任作赤道線。次以本晷時線移於板上，横作時線，時線上從赤道線作節氣之界識，依識截板而得也。試如甲乙當赤道線，爲近赤道兩旁兩節線界識丙、丁、戊、己、庚，依識截板。次又作辛壬當赤道線，依前法定第二節線界識爲艮、土、云、甘、竹，依識截板。其第三如石元、第四弓牙，以至第五、第六，皆依此法截，而畫二十四節氣曲線板悉畢矣。若平晷、天頂晷與夫凡時線聚於一心，不能爲平行線之晷者，板上依本晷之法畫時

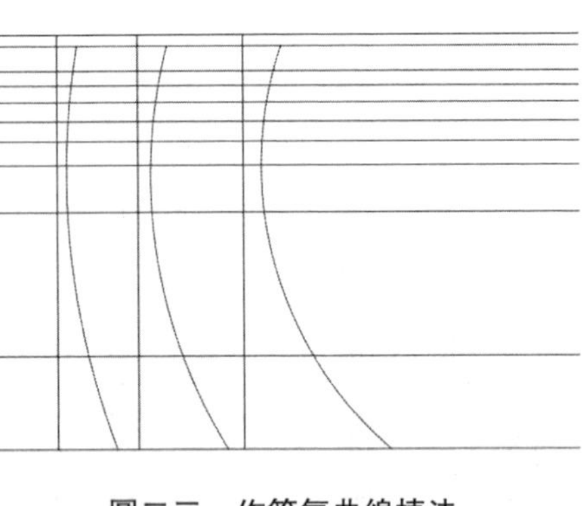

圖二三　作節氣曲線捷法

線，次各線上從心定節線界識，循識截板而得也。試如甲爲晷心，從心畫諸時(線)，次依本晷作法，從甲定第一節氣線界識爲乙、丙、丁、戊、己、庚，依識截板而得也。其第二、三、四、五、六，皆依此法截之，而二十四節氣線板備矣。相對節線如芒種、小暑，大雪、小寒，其線曲直等，故兩線共一板，板六片而二十四節線俱可盡矣。不啻相對節線等，即一節線午前、午後兩半亦等。用板半片，既畫午前半節氣線，反板

則作午後半節氣線，是以六半片而二十四節氣俱可盡畫矣。第用板時，本晷上既畫時線，則於午後上及前後各任二、三時線上，各定節氣線界識，令本節線板曲邊切合晷上節氣界識，曲板上時線切加晷上時線，上下正對，午對午、辰對辰、未對未，依曲邊作深線而節氣界識定矣。此式一定，任作十百晷，止須表等，若改表長短，節線亦必改矣！

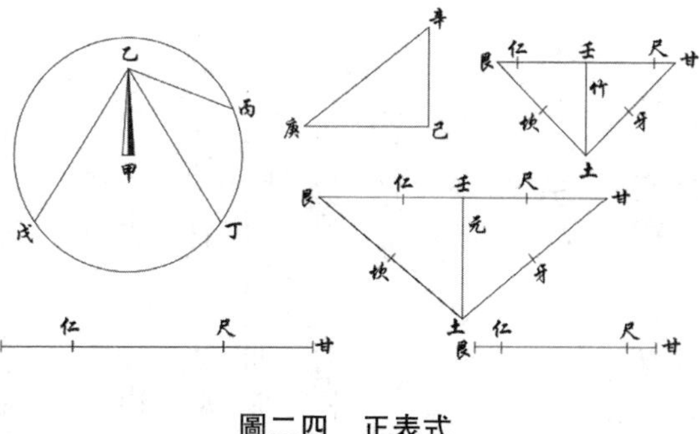

圖二四　正表式

第廿三　正表法

晷表立不正，則指氣及時刻俱不准，故須得法以正之。法曰：凡用直表，即以表位爲心，任作一圜。次用規其一髀，任指圜上，其一指表端，自圜上三處量表端，如三相遇於一，則表正矣，否則偏。試如甲爲表位，乙爲表端，即以甲爲心，作丙丁戊圜。任從丙、從丁、從戊量乙，若俱相遇於乙，即甲乙表位正立矣，否則移而正之。如欲切知自丙至乙開規二髀之度，即以甲丙本圜半徑爲度，別作己庚線，次從己立己辛爲己庚垂線而與甲乙表長等。次以庚、辛相望作線庚辛，即開規髀自圜量乙之度也。

若恐立表移動而再正之，則從甲表位任作任土線，或與表長等如竹，或任更長如元。次壬作壬土垂線，即以壬土爲度，從壬左右行，截壬甘、壬艮與壬土等。次作土甘、土艮兩斜線，即從土斜行，截土牙、土坎與所定表長等。次以甘坎或艮牙爲度，於甘艮線上從甘截仁、從艮截尺。次用規，以甘仁或艮尺爲度，自甘、自艮各量表端，若皆相遇乙表端，即表正，否即須正之。此圖式或特存甘尺、仁艮線而深之，餘線俱礲之亦可也。

平晷第一式

作平晷第一式法

此晷或畫於地平或與地平平行之面，故名曰平晷。畫晷之體，若定不移，則先須以三〔一〕卷第一測其面與地平平否，少偏則時刻不能準也。若體不定，則用時亦須置極平無偏，然後表景指節氣及時刻俱無爽也。其圖式及後諸晷之圖式，皆以京師極出地四十度爲主。

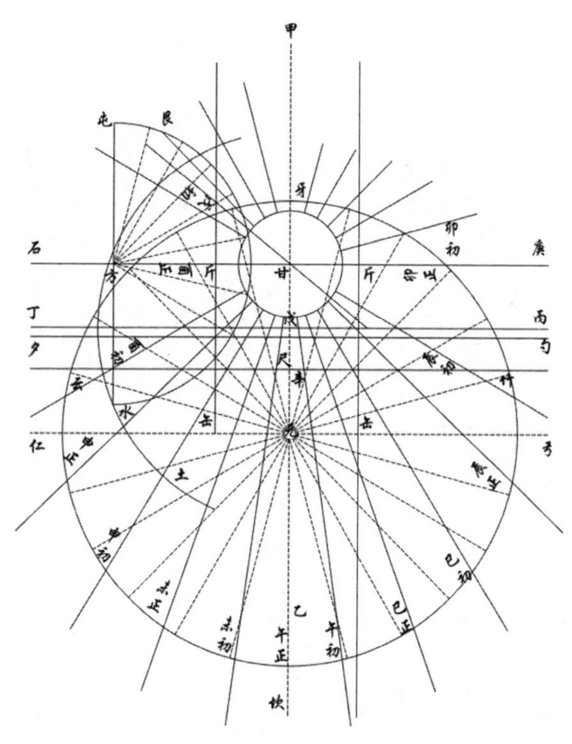

圖二五　平晷第一式

先作甲乙垂線爲子午線，次作丙丁横線，兩線交于戊，戊爲表位。次量晷小大，取一度爲表

〔一〕國圖陸仲玉鈔本、湖北省圖鈔本與國圖《列象步天》鈔本中此處皆爲「三」字，但北大鈔本此處爲空。

長，晷小表長則日出後、日入前數刻，表端景俱在晷外，不能指節氣時刻也。次以表長爲度，從戊右行得〔一〕己，即以己爲心，向子午線任作艮土半圜，交丙丁線于革。次從革向土量本地極出度，如京師四十度，爲土，即作土己線，與子午線交於辛。次從辛與丙丁線平行，作竹云線，爲赤道線。次從革向艮量極出之地餘度，如京師四十度之餘五十度，爲艮，即作艮己線與子午線交於甘，甘點即晷心，衆時刻所聚也。次從甘與丙丁線平行，作庚石線，爲卯酉線。次以己辛爲度，從辛依子午線下行，得元，即以元爲心，任作牙弓坎仁圜，平分爲九十六分，或分其平爲四十八分亦可。次以元與圜分俱相望凡言相望，皆以界尺切〔二〕圜心，與圜分或切此線識及彼線識，不必作直〔三〕線，每至赤道線交處，即作識。次以甘與赤道上各識相望，俱作斜線，即時刻線矣。

〔一〕國圖陸仲玉鈔本、湖北省圖鈔本、北大鈔本與國圖《列象步天》鈔本中此處皆爲「待」字，根據上下文內容判斷爲鈔寫過程中的字誤，應爲「得」更恰當。

〔二〕北大鈔本、湖北省圖鈔本與國圖《列象步天》鈔本中此處皆爲「切」字，但國圖陸仲玉鈔本此處爲「爲」字，依據上下文判斷，有國圖陸仲玉鈔本誤。

〔三〕國圖陸仲玉鈔本與湖北省圖鈔本中此處爲「直」字，北大鈔本此處爲「他」，國圖《列象步天》鈔本中此處爲「定」字。

其午右線皆午前時，午左線皆午後時本宜每時八刻，每刻一線，兹圖四刻作一線者，恐圜小線多易混。以後凡圖式，皆倣此。第赤道上，近子午十二刻之識，其交赤道尚直，易於取準，十二刻以外之識，其交太斜，難於取準，故宜用别法。法曰：以辛至甘爲度，從元向甘，得尺，從尺與赤道平行作勺夕線。次依前法，赤道上作識之時，亦並作識於勺夕線上，以十二爲止，不必多作。次以以辛己爲度，於卯酉線上，從甘左行、右行，得斤，從斤與子午線平行作斤缶線。次從尺至夕勺線上諸識，逐一爲度，從斤于斤缶線上行、下行，逐一作識，即赤道上第十二識與斤下第十二識相遇於一，方驗其無爽也。次從甘于斤缶線諸識，相望各作斜線，即卯酉前後諸時刻線皆定矣。

又法，亦以己辛爲度，從甘於卯酉線或左或右行，得斤，亦如前法。作斤缶線，與子午線平行。次以辛甘爲度，從斤與卯酉線或左或右行，得方。以方爲心，向子午線任作屯止水半圜，平分爲四十八分，止用卯酉線上下各十二分，即以方與止上下十二分或三分俱相望，每至斤缶線交處，即作識。次以甘與斤缶線各識相望，俱作斜線，則卯酉前後各十二刻亦得焉。若不用節氣線，則以戊己爲表長，立表於戊而晷成焉。此式既畢，乃視各線，宜留者深之，宜去者礱之，此圖式亦可爲平晷之母也。

平晷第二式

平晷第二式法

凡欲依前圖式作平晷，先備甲乙丙丁平面板，次作〔一〕戊辛横線爲卯酉線。次任作時刻界線，或圓或方，以待記時刻蓋量晷方圓近邊，作平行二線爲界，使時刻線至此而止。次以規量卯酉線正中於庚，從庚立艮土線爲卯酉之垂線，即子午線。次任用一度，從第一式甘爲心作一度圜，即用元度從此式庚爲心，亦作虛圜，交子午線於云。次于第一式虛圜，從午線向左右量諸時線

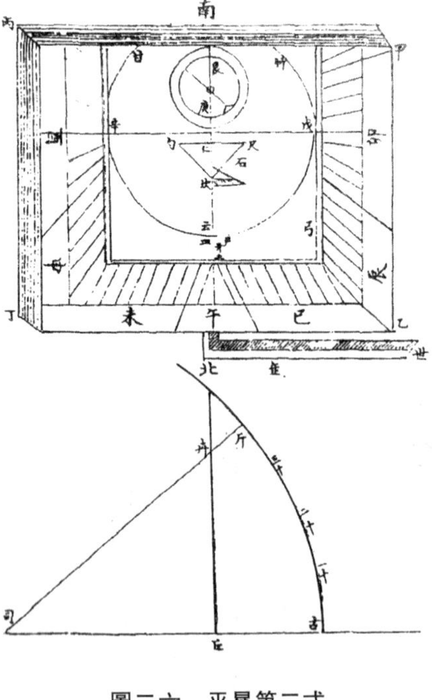

圖二六　平晷第二式

〔一〕國圖陸仲玉鈔本、湖北省圖鈔本與國圖《列象步天》鈔本中此處皆有「作」字，但北大鈔本此處缺少「作」字。

交處，逐一爲度移於此式虛圜上，從云向左右逐一作皿、尹諸識。次從庚與各識相望俱作線，而本晷時刻線皆定矣。次以第一式辛戊爲度，從庚下行，于午線上得坎，爲立表之位。以第一式戊己爲表長，即得坎升爲本晷直表，而晷體完矣。第立表〔一〕不正，則時刻不準，欲得正表法，則依第一卷二十一〔二〕法，以坎升表長爲度，自坎上行作識，爲仁，從仁作卯酉平行短線。次以表長爲度，從仁向兩旁各作識，右爲尺，左爲勺。次作坎尺、坎勺兩斜線。次以表長爲度，從坎向尺得石、向勺得元，而正表三角形畢矣。凡立表之時，用規以尺元或勺石爲度，從尺、勺各向表端量之，令表端兩俱相遇，則表正矣，否則須再正之。

第直表景長，其末不顯，則指時亦難準，切須用線代之。線一端繫于庚，即子午、卯酉相交處。次引線令與平面作鋭角，隨本地極出度以爲高下。假如京師極出地四十度，即以庚爲心，任作弓牙圜分，從牙上行量四十度于弓，線必經此四十度之

〔一〕國圖陸仲玉鈔本此處爲『春』字，但北大鈔本、湖北省圖鈔本與國圖《列象步天》鈔本中此處皆爲『表』字，根據上下文内容，判斷應爲『表』字。

〔二〕國圖陸仲玉鈔本此處爲留空，但北大鈔本、湖北省圖鈔本與國圖《列象步天》鈔本中此處皆爲『二十一』。

識也。若立得直表，于次線必亦切過表端也。次于平晷板之北，時刻線之外，立一板或一柱聯於晷板而與晷板作直角，或可闔闢，或不可闔闢。其上端鑽細孔以繫線，如右圖，庚世爲線，世缶爲柱，線之一端係於庚，一係於世，第世孔須正對平面上午線，方得不謬。而從晷面以量柱上，未必確準，則於他紙，橫作司古線，以當午線。以司爲心，任作古介圜分，從古向上量四十度于介，即作介司線。次以晷心庚向兩板交處爲度，從司向古得丘。次從丘作司古線之垂線以當竪柱或竪板，交介司線于卉，即卉爲繫線之孔處也。次以卉至丘爲度，從平、竪兩板交角向竪板或柱上與午線正相對處作識，即鑽孔繫線之所也。不用節氣，即于平面南端開孔，如艮庚圜，以設羅經。次以羅經定方向，則表端表線景即指時刻焉。

平晷第三式

平晷第三式法

若欲加節氣，先作甲乙横線，爲極線；次作丙丁垂線，爲赤道線；兩線相遇于

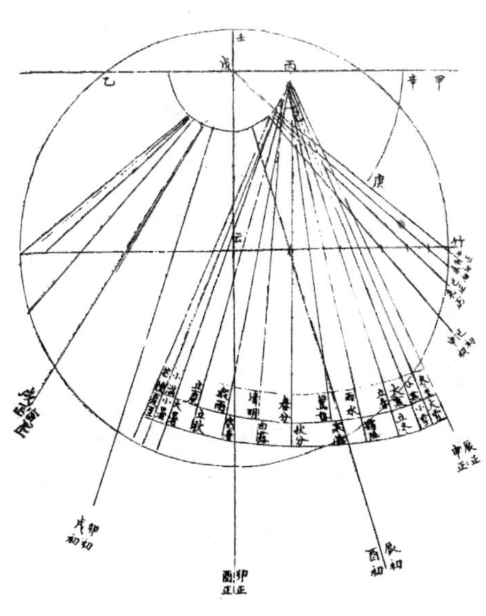

圖二七　平晷第三式

丙。次于赤道左右，依一卷十八〔一〕分節氣線。次以第一式己至甘爲度，從丙左行得戊。復以第一式己至辛爲度，從丙下行得己，即以戊、己相望作斜線，即子午線也。更以戊爲心，向丙外任作庚辛圜分，自子午線至極線，定爲極出地度，稍差即不準也。次以第一式元向赤道各識逐一爲度，從丙向下，于赤道線上逐一作識，即以戊與各識相望作線，即得衆時刻線也。其從戊與赤道平行者，即卯酉線。若欲作卯酉左時刻，則從戊向下作半圓，以卯酉線右交于圜者，移之左圜作識，從戊與各識作線，即得。但時刻線有與赤道交遠者，則甚

〔一〕北大鈔本、湖北省圖鈔本與國圖《列象步天》鈔本中此處皆爲「一卷十八」四字，但國圖陸仲玉鈔本此處僅爲「首」一字。

斜難準，更有一法。于卯酉線上，從戊下行，任指一點爲云，從云作云竹線與甲乙平行，交午線於竹，即以云爲心，竹爲界，作竹壬艮圜。從竹或壬或艮起，平分爲九十六分，即以圜分竹云線上下直望，每至云竹線交處，即作識。次以戊與各識相望作線，即得衆時刻線也。

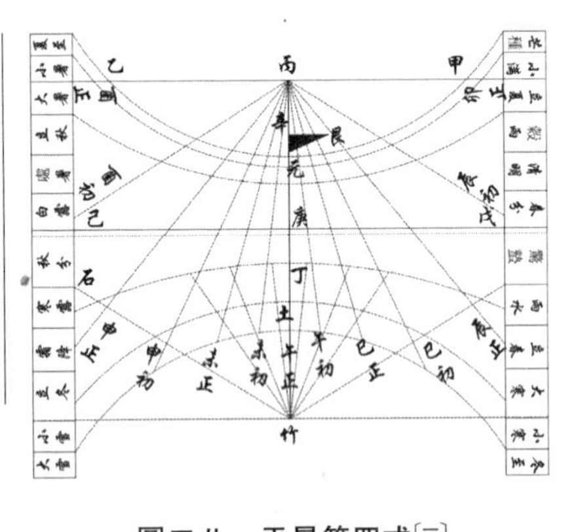

圖二八　平晷第四式[一]

平晷第四式

平晷第四式法

此式乃有節氣平晷成式也。其法：橫作甲乙線爲卯酉線，即于其上直作丙丁垂線，爲子午線，兩線相遇于丙。次以第一式甘至辛爲度，從丙向丁爲庚，即從庚作線與甲乙平行，爲赤道線。次以第一式自辛至左右線記逐一爲度，左右逐一作識，即以丙與各

[一] 北大鈔本有此圖，但圖上無任何標注文字，國圖陸仲玉鈔本、湖北省圖鈔本與國圖《列象步天》鈔本均有圖及標注文字。

識相望俱作虚線，或以丙爲心，任作虚圜，即用元度於第一式上，以甘爲心，亦作虚圜。次以第一式虚圜上午旁線分，逐一爲度移至本式虚圜上，子午線左右逐一作識，亦以丙與各識相望作線，則卯酉子午前後（時）刻線俱全矣。次以第三式自戌循午線斜行至與夏至交處爲度，從丙下行，午線上作識，即夏至午正表景所至也。次如前，以第三式量午未初線至與夏至交處爲度，亦如前，從丙於午線左右各第二斜行作識，即夏至午未初初刻表景所至也。次己、辰、申、卯、酉，皆如之，而各時線上夏至線界定矣。次又以第二式，從戊至小暑及芒種交處爲度，從丙下行，午線上作識，即小暑、芒種初日午正表景所至也。大暑、小滿、立秋、立夏等節氣，皆以是法，逐一量之，則各（節）氣各時（刻）俱定矣。以第一卷　依諸時刻上之識作曲線，即太陽行諸節氣初日之表景所至線也。今以圖紙隘，恐線混時，兩節作一曲線。初日以後十四日至次節氣線表景必射兩節（氣）線之間，夏至以後，景日長；冬至以後，景日短也。次爲定表法，量第一式甘至戊爲度，從丙下行得辛，即立表位也。次量第一式戊至己爲度，從辛右行得艮，即表長也，此立表法也。次依第一卷二十一〔一〕正表捷法，以求其正，而晷成矣。

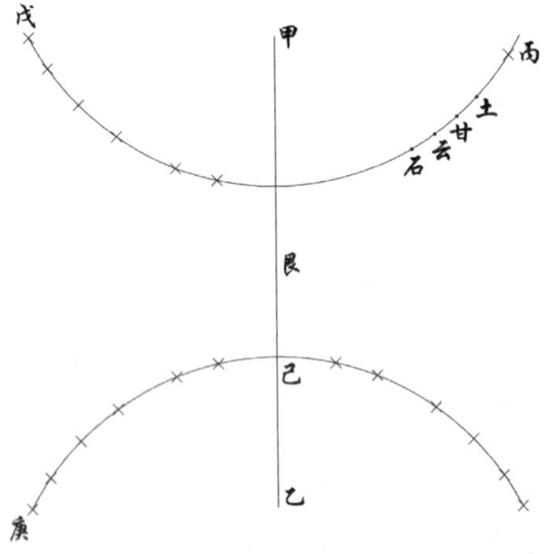

圖二九　定節（氣）線界識捷式

定節（氣）線界識捷式

定節（氣）線界識捷法

但右法太煩，故又有捷法。凡各晷之子午線及偏晷之表線，全與節（氣）線相遇者，其冬、夏至之節（氣）線及冬至内之第一線與夏至内之第一線（相）若，冬至内之第二、三、四、五線與夏至内之第二、三、四、五線，其疏密雖不等，而其曲直必各自相等也。捷法曰：從丙於子午線上先定節氣疏密之位，如

〔一〕北大鈔本、湖北省圖鈔本與國圖《列象步天》鈔本中此處皆爲『二十一』三字，但國圖陸仲玉鈔本此處爲留空。

元爲夏至、土爲冬至。次以丙元爲度，從土下行得竹。次依丙心下行所作時刻線，亦從竹上行，俱作虛線，作法則以丙與竹各爲心各作半虛圜，而二圜等。乃以上圜諸時（刻）線，從午線左右逐一爲度，悉移之下圜，亦午線左右逐一作識。次從竹與各識相望俱作虛線，即得矣。或平分丙竹線間於云，從云作甘云石線，與赤道平行，交於丙心所出時刻線，即以交處各與竹相望俱作虛線，亦得也。次凡從丙下行各時（刻）線上定夏至之位，亦從竹向上行各時（刻）線上作識，次依上下識作兩曲線，而冬、夏（至）相等節氣線並定焉。餘曲直相等節氣線皆如之，但竹心及上行時（刻）線各節氣不同，則各須更畫爲法亦煩，故又有後法更捷。

法曰：先作甲乙爲午線，次于其上，依第一法定各節氣（線）疏密之位。假如丁爲夏至、己爲冬至之位，次于午線或左或右，各依前法（於）時（刻）線上各定夏至之位爲丙、土、甘、云、石諸識。次於午線上求丁己二節之中爲艮，次從丁向上任取甲、從己向下亦取乙，而丁甲與己乙等。次以艮至第一識丙爲度，向左作曲線爲戊，次向下午線一左一右，亦各作曲線，左爲庚、右爲壬。次以甲丙爲度，從甲向戊又作曲線，兩曲線交處即本時夏至日界位，與丙界等。次用元度，復從乙向壬、庚各作曲線，每兩曲線交處即冬至，交二識也。土、甘、云、石等識，一一依此法皆移之作識，而冬、夏二至諸界識定矣。夏至前後各第一（節氣）如芒種、小暑共一線，冬至前後各第一（節氣）如大雪、小寒，亦共一線，兩線曲直亦等。第三、四、五皆然，欲得其界識，依前（法）於午線上定上、下兩位。次取兩位之中，別得艮，又從兩位上行、下行，別得甲乙，餘俱依前法作之。

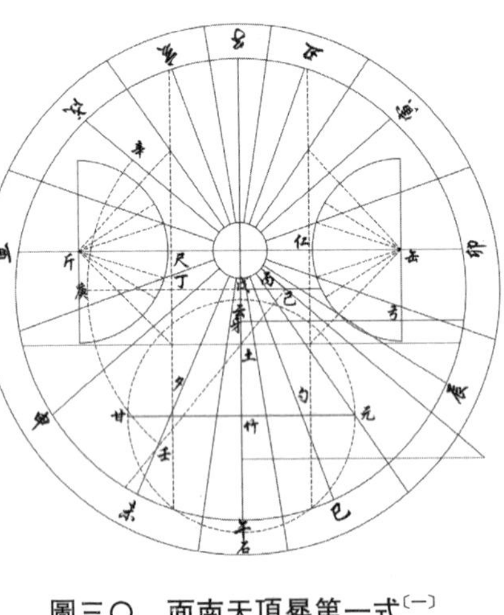

圖三〇　面南天頂晷第一式[一]

面南天頂晷第一式

面南天頂晷第一式法

此晷與平晷大同小異，晝晷之面及其子午線直立對天頂，故名曰天頂晷。若晝晷之體定不移，先須以第二卷第一測面正向南否？直立正對天頂否？若少偏于正南或天頂，則節氣及時刻俱不能準也。若晝晷之體不定，用時其面亦必須置正向南、直立正對天頂也。先作甲乙

〔一〕北大鈔本有此圖，但圖上無任何標注文字，國圖陸仲玉鈔本、湖北省圖鈔本與國圖《列象步天》鈔本均有圖及標注文字。

爲天頂線及子午線，次作丙丁虚線爲甲乙之垂線，交於戊，戊即表位也。次任〔一〕取戊己度爲表長，即以己爲心，向左任作虚圜，分交丙丁線於庚，從庚上行量（北）極出地度分，如京師四十度爲辛，下行量（京師北）極〔二〕餘度分五十爲壬，即作己辛虚線，交子午線於艮。從艮即作子午（線）之垂線，即卯酉線也。又作己壬虚線，交子午線於土，從土作線與卯酉（線）平行，即赤道線也。次以土己爲度，從土下行得竹，以竹爲心，任作云甘石元虚圜，平分爲九十六分。次以土艮爲度，從竹上行得牙，從牙作牙弓線，與卯酉（線）平行。次從竹心與圜分上下相望，每至赤道線及弓牙線交處，各作識。次從艮與赤道諸識相望作線，即時刻線矣。但赤道上十二識以後，其交太斜，難以取準，故須用别法。法曰：以土己爲度，於卯酉線上左行得尺、右行得仁，即從仁、尺各作卯酉（線）之垂線，右爲仁勺，左爲尺夕。次與牙弓線上諸識，從牙向弓逐一爲度，移之仁勺、尺夕兩線。從仁尺上、下行，逐一作識，其第十二識與赤道

〔一〕北大鈔本、國圖陸仲玉鈔本、湖北省圖鈔本與國圖《列象步天》鈔本原文均爲『壬』字，根據上下文内容判斷應爲『任』字

〔二〕北大鈔本、湖北省圖鈔本與國圖《列象步天》鈔本均有前有『極』，國圖陸仲玉鈔本漏缺『極』字，根據上下文内容判斷應有『極』字。

(線)上第十二線必相值,不然必有差也。次從艮與仁勺、尺夕線上諸識各作線,而卯酉前後諸時刻定矣。

又法: 以土艮爲度,從尺左行得斤,從仁右行得缶,即以斤、缶各爲心,任作半圜,平分爲四十八分,一刻一分; 或如右圜圖,(平分爲)十二分,四刻一分。(晷)正,須用卯酉線上下各三分,從心與諸分相望,每至仁勺、尺夕線交處,俱作識。次從艮與仁勺、尺夕線各識相望俱作線,而諸時刻線亦定矣。次時(刻)線皆留之,餘虚線悉去之。立表於戊而晷成焉。若不用直表而用絲線,則其法與平晷同,第平晷上繫線與地平板作(北)極出地(度),如京師四十度之角,此晷作(北)極出地(度)餘五十度之角。平晷表位在赤道南,表端向上,以北測時; 此晷則表在赤道上,表端向南,以下測時也。

面南天頂晷第二式

面南天頂晷第二式法

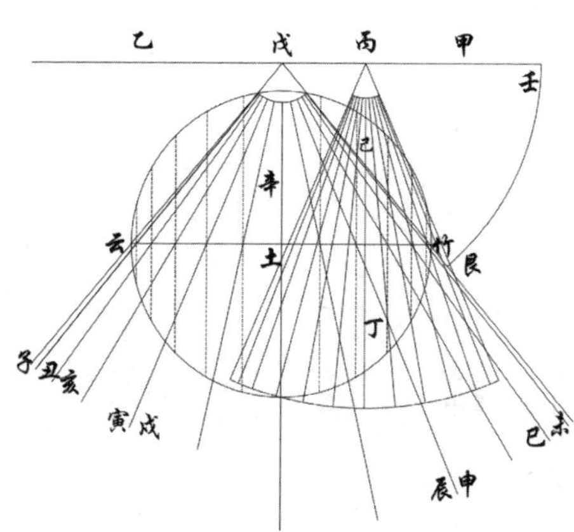

圖三一　面南天頂晷第二式〔一〕

若欲加節氣線，則亦如平晷第三式，先作甲乙横線爲極線。次作丙丁垂線爲赤道線，即於丙丁線左右，依首卷分節氣線。次以第一式己艮爲度，從丙左行得戊，從戊作赤道（線）平行線，爲辛庚。次以第一式己土爲度，從丙向丁得己，即作戊己線，爲午線。次以戊爲心，右行任作圜分，交甲乙線於壬、交午線於艮，壬艮圜分必爲（北）極出地餘度，稍差即不準也。次以第一式竹〔二〕向赤道各識逐一爲度，從丙丁下行逐一作識，即從戊與各識作線，而交節氣（線）之時

〔一〕北大鈔本有此圖，但圖上無任何標注文字，國圖陸仲玉鈔本、湖北省圖鈔本與國圖《列象步天》鈔本均有圖及標注文字。

〔二〕國圖陸仲玉鈔本、國圖《列象步天》、湖北省圖鈔本與北大鈔本中皆爲『行』字，結合前後文的内容判斷，應爲『竹』字。

（刻）線定矣。

又法：辛庚線上，任取一點爲土，從土作〔一〕土竹云線，與極線平行，交午線於竹，即以土爲心、竹爲界，作虛圜，平分爲九十六分，即以上、下分相望，每至竹云線交處即作識，即以戊與竹云線上諸識相望作線，亦得也。

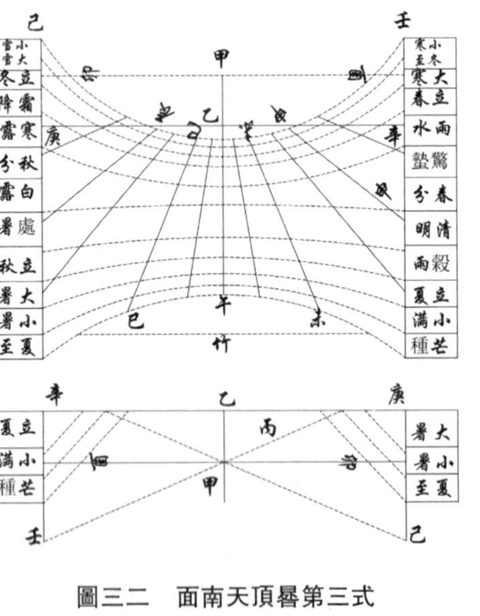

圖三二　面南天頂晷第三式

面南天頂晷第三式

面南天頂晷第三式法

此晷第三式爲成晷，與平晷第四式作法全同，不必再細言之。第以第一式艮戊爲度，移此圖式，從甲向子午線截取乙爲表位。從乙作甲乙（線）之垂線，爲

〔一〕國圖陸仲玉鈔本中爲『竹』字，國圖《列象步天》、湖北省圖鈔本與北大鈔本中爲『作』字，結合前後文的內容判斷，應爲『作』字。

地平線。次以第一式戊己爲表長，立於乙。次作甲丙丁表線，必切過直表之端矣。夫平晷之表，直立向上，則太陽愈近於天頂，表景必愈短，太陽愈遠，表景必愈長，故夏至線極近、冬至線遠。此晷之表横立向南，則太陽愈近於天頂，表景必愈長，太陽愈遠，表景必愈短，故冬至（線）極近而夏至（線）極遠也。平晷合卯前酉後，俱隨時有日景，此晷則辛庚地平線以下，諸時皆有日景，過地平線以上，皆無日景也。向南之晷既不能過地平線以上以測日景，故從辛庚地平線截分二晷，自地平線以下，即面南天頂晷，畫於正向南壁上；自地平線以上，即面北天頂晷，畫於正向北壁上，即得南晷所缺之景矣。試如辛壬庚己即地平線以上，宜向北之晷，（次）第移之向北，必須反倒用之。如右圖，己庚辛壬爲地平線以上之半晷，今移之北向，即時刻、節氣諸線悉行倒用，向南者表位在卯酉線下，而向北者在卯酉線上。向南者近表位爲冬至線，而向北者爲夏至線。向南者，四時有景；向北者，獨夏時有景也。

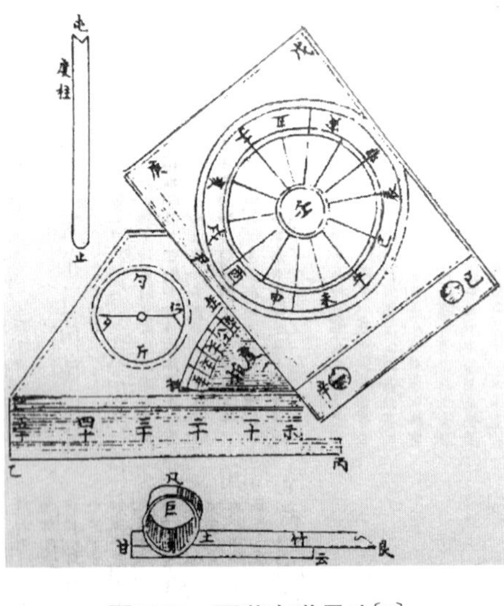

圖三三　百遊赤道晷法〔一〕

百遊赤道晷法

此晷測時，須全令指赤道，如〔二〕中國所用時辰牌，故名赤道晷。先用牙或堅木作甲乙丙丁方形，爲地平板。次用堅木或銅或牙作戊己庚辛方形，爲晷板，兩板交于己辛，可任闔闢。晷板上面，從正中上、下作一垂線，爲子午線，線上任取壬點爲心，從心作横線爲卯酉線，即以壬爲心，盡

〔一〕北大鈔本有此圖，但圖上無任何標注文字，國圖陸仲玉鈔本、湖北省圖鈔本與國圖《列象步天》鈔本均有圖及標注文字。

〔二〕北大鈔本中爲『四』字，國圖陸仲玉鈔本、國圖《列象步天》與湖北省圖鈔本中均爲『如』字，結合前後文的内容判斷，應爲『如』字。

邊任作一圜，爲晷外界。次進分許，又作一圜，兩圜之間爲書時之地。又進一分，復作一圜，爲刻分下界。近心二、三分，復作小圜，爲時（刻）線下界。次任取近邊一圜，從午線左右平分爲十二分，即十二時，每分又平分爲八分，即每時八刻，共九十六刻也。次于壬心，作細孔以立直表，其長短無度。第此晷用立表者，秋分以後，上面無景，須用下面，甚爲不便，須作一銅尺，爲艮甘。又于尺中分土云線，與尺邊平行。次作軸于晷之壬，作孔于尺之竹，令可相入且能旋轉。次從尺孔以下直線，任於左或右一邊，悉去之，悉孔以下與晷之心爲一直線。次以尺孔以上之端，立凡巨銅圜，名曰景圜，其兩邊與尺兩邊平行。次于地平板面上，任作仁勺夕斤一圜，剞而空之，深淺大小無度，視可容羅經而止。次定（北）極出地度分，其法非一，或上下兩板之間，以第一〔一〕卷第二十一〔二〕從角置缶世板，名曰度板，依（北）極出地之餘度，側柱于晷板之下，即合（北）極出地度分；或以首卷第二十一，任於地平板左邊或右邊，從兩板之交角起，作度分如示司，每一度或兩度即鑽一細孔，次用度柱如屯止，

〔一〕國圖陸仲玉鈔本中爲『首』字，國圖《列象步天》、湖北省圖鈔本與北大鈔本中均爲『第一』二字。
〔二〕國圖陸仲玉鈔本、國圖《列象步天》、湖北省圖鈔本與北大鈔本中皆爲留空

以全度分之半爲度柱之長，其一端置一細鋭如屯，令可入度分之孔，其一端作又如止，次以柱長爲度，于晷板之側，從交角上行得尹，于尹即置細銅釘，用時則令柱上微鋭入本地（北）極出地度分之孔，柱又入晷側之尹釘，則晷板正得赤道高于地平之度而正指赤道矣。次用羅經正其方，而以時尺移轉，令景圜與日正對，以圜内全無日光爲準，次視下半尺中綫所加，即得時刻也。

作節尺法

若欲於赤道晷上，並知節氣，則又有一法。先作甲乙爲銅尺，名爲時尺。次於尺作丙丁綫，中分之，曰信綫，須令直對而左右各去尺體以就之。次兩平分尺之長於戊，次于地〔一〕平板作庚辛横綫，以當赤道綫，即以尺

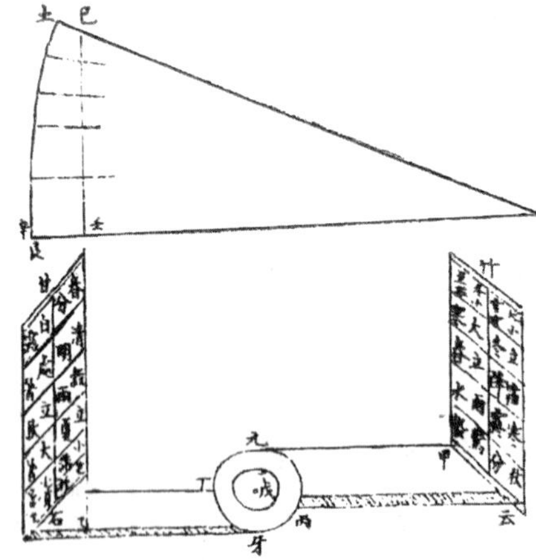

圖三四　作節尺法

〔一〕國圖陸仲玉鈔本中爲『他』字，北大鈔本、湖北省圖鈔本與國圖《列象步天》鈔本中均爲『地』字，結合前後文的内容判斷，應爲『地』字。

長爲度，從庚左行得壬，從壬立壬己垂線，曰節線。次以庚爲心左行，任作圜分艮土，交赤道線於艮，即從艮上行量二十三度半丁土，依首卷分節氣法，悉於艮土圜分上作識，即以庚與諸識相望，每至壬己線交處，俱作識，即節氣疏密之度也。次於尺兩端作竹云、甘石兩耳，曰節耳，其長如壬己線，其廣無定度，或如全尺元牙之廣亦可。其兩端更于度外各餘少許，以待作竅之用。次于兩耳之廣，各中分之，作線與耳邊平行。次於兩耳中線，各作一竅。春分之後，十二節氣線畫於甘石左耳，自春分至芒種，從上而下漸密，自夏至至白露，從下而上漸疏，則左[一]耳之竅當在上端。秋分以後，十二節氣線畫於竹云右耳，自秋分至大雪，從下而上漸密，自冬至至驚蟄，從上而下漸疏，則右耳之竅當在下端矣。或任取一耳爲節氣耳，一爲竅耳。竅耳之中線兩端節氣盡處，各作細竅若節氣耳，則春分以後，十二節氣線作於中線之左，自春分至芒種，從上而下漸密，自夏至至白露，從下而上漸疏，此十二節（氣）之時，當用對耳上竅之光也；秋分以後，十二節氣線作於中線之右，自秋分至大雪，從

[一] 北大鈔本、國圖陸仲玉鈔本、湖北省圖鈔本與國圖《列象步天》鈔本中均爲「右」字，但結合前後文的內容判斷，應爲「左」字。

下而上漸密，自冬至至驚蟄，從上而下漸疏，此十二節（氣）之時，當用對耳下竅之光也；於是而一歲周焉。此尺止可用于赤道晷，時盤上尺之長宜如盤之徑。令尺之戊孔與晷心之壬軸相入，可任旋轉。次以羅經正方（位），以當用竅耳向日，令竅光透射對耳之中線，視在某節氣線，即得本日太陽躔某節氣之度分也，視尺中信線所指時刻，即得本時刻也。

作帶節氣赤道晷法

若如今當用定時日〔一〕晷，則不必節尺，可即于晷上加節氣線。先作甲乙丙丁圜，心在戊，從戊作甲丙垂線，爲子午線，作乙丁横線，爲卯酉線。次依赤道晷法，平分十二時、九十六刻，次十分晷徑，以其一爲表長，如戊仁。次依首卷分節氣法，别作艮土、艮竹諸節氣線，止用其半，不必全作。次從艮作艮土之垂線，而截取表長爲

〔一〕國圖陸仲玉鈔本、湖北省圖鈔本此處爲『日』字，國圖《列象步天》鈔本與北大鈔本此處爲『石』字。依據上下文内容判斷，此處用『日』字與『石』字均可，不影響内容，因爲當時赤道式日晷大部分都是石質的。

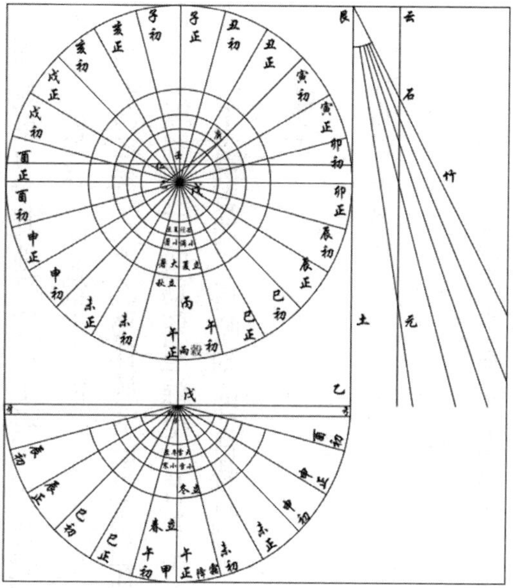

圖三五　作帶節氣赤道晷法〔一〕

艮云，即從云作云石元線與赤道平行，次於云元線上，從雲與諸節氣線交處逐一爲度，從晷心戊逐一作圜，而節氣圜線定矣。惟春、秋分二日，太陽正躔赤道，而此晷之面又正對赤道，則表端景長無窮，故此晷無春、秋二節氣線焉，即二節（氣）前後數日，表景猶長，若必欲得景，則晷體必甚廣，故止以清明、寒露線爲晷體外界可也。至于此圖之式又小，則並不能及清明、寒露，止于穀雨、霜降二節（氣）矣。

〔一〕北大鈔本有此圖，但圖上無任何標注文字，國圖陸仲玉鈔本、湖北省圖鈔本與國圖《列象步天》鈔本均有圖及標注文字。

次以戊仁表長爲度，于卯酉線上，從戊左行得己，即以己爲心，向午線外任作圜分，交卯酉線於辛，從辛上行，量（北）極出地度，如京師四十度爲庚，即作己庚線，交甲丙線于壬。次從壬作壬牙、壬弓線，與卯酉線平行，即地平線也。從此線則分晝夜及上面、下面兩晷，其地平線以下者爲晝晷而晷面向天，春分以後，始有景，秋分以後，即無景也。其地平線以上者，周歲無景，故名曰夜晷。若反晷面向地，則秋分以後，始有景，春分即無景也，但移之下面，則其時刻及節氣與上面絶相反。試觀丁甲乙爲上面之晷，乙甲乙爲移於下面之晷，在上面爲子線者，在下面爲午線；在上面爲夏至線者，在下面爲冬至線也。若晷不定，則轉移至表景指本日之節（氣）線，而方向〔一〕正，視表端所指時刻，即當時時刻也。

百遊方晷式

作百遊方晷法

〔一〕國圖陸仲玉鈔本中爲『面』字，北大鈔本、湖北省圖鈔本與國圖《列象步天》鈔本中均爲『向』字，結合前後文的内容判斷，應爲『向』字。

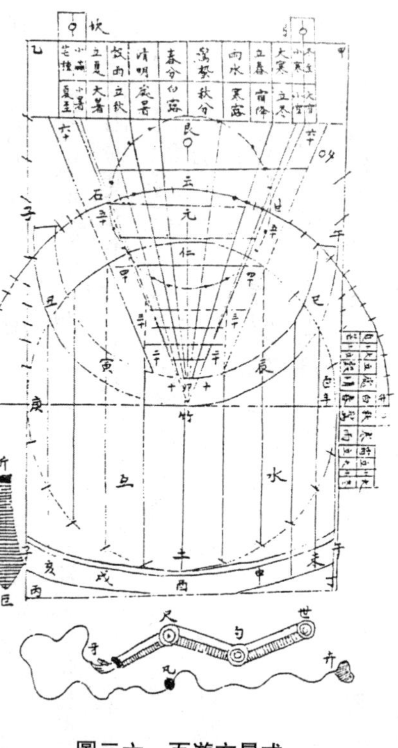

圖三六　百遊方晷式

用銅板或堅木板作甲乙丙丁直角形，其長倍于其廣，次五分其長，令三在上、二在下，横作一辛庚直線，次兩平分辛庚于竹。從竹作辛庚之垂線，上爲竹艮，即赤道線，下爲竹土，即卯酉線也。次從辛、從庚各作直線與艮土平行，從辛者爲甲丁線，從庚者爲乙丙線，而辛之上下當書節氣，則宜視木之厚薄，薄者稍留三、四分，餘板以書節氣，厚者不必餘木，其邊亦可書之，而板之分限定〔一〕矣。次以竹爲心，向上作升凡

〔一〕國圖陸仲玉鈔本中没有『定』字，北大鈔本、湖北省圖鈔本與國圖《列象步天》鈔本中均有『定』字，結合前後文的内容判斷，此處應有『定』字。

半圜，交赤道線於云，次平分半圜爲一百八十分，則一度一分；或九十分，則兩度一分；或三十六分，則五度一分。次于云左右各截二十三度半，右爲甘，左爲石。次作甘竹線，即冬至節（氣）線，作石竹線，即夏至節（氣）線也。次作甘石線，交赤道線于元，即以元爲心、甘石爲界作圜，平分爲二十四分，次以圜分上下直望，每至甘云石圜上，即作識，即以竹心與甘雲石圜上諸識相望作斜線，而諸節氣線得矣。次以兩界竹與升云凡半圜上諸分相望，每至甲丁、乙丙兩界直線上交處，即作識。次以兩界線諸識平望，各作平行線，于冬、夏二至線内漸移而上，隨板施之，若遇十數，則稍出二至線外，以便紀數，而（北）極出地度分定矣。但度數多，則晷體益高大，中國之地（北）極出地度分不過四十五度，或稍推廣，亦以六十度爲止，更便携持也。次以竹爲心、辛庚爲界作仁庚土辛圜，交赤道線于仁，交處必與四十五度之線切合，方爲的準，不然必差矣。次復以仁爲心、竹爲界作半圜，爲時（刻）線上界，近板下邊，亦以仁爲心，任作圜分，爲時（刻）線下界，令線下留空，以便紀時。次于壬庚土辛圜，從仁土線左、右，每半圜平分爲四十八分，即十二時九十六刻也。次以圜分上下直望，俱作線，與竹土線平行，而十二時刻定矣。次以右界線，從辛上、下各取圜分二十三度半，依前法分節氣，從辛上、下俱作識，即得旁節氣。或於四十五度線上，從仁向左、右諸節氣線交處，逐一爲度，移至甲丁線上，從辛向上、下逐一作識，亦得其上節氣線。從竹艮赤道線左行第一空爲春分及白露，右行第一空爲秋分及驚蟄，左行末線爲夏至界，右行末線爲冬至界也。其旁節線線，從辛向上第一空爲春分及白露，向下第一空爲秋分及驚蟄，上行末線爲夏至界，下行末線爲冬至界也，餘節氣依此推之。諸式即畢，乃視各線，宜留者深之，宜去者礲之。次於節（氣）線上兩角内行，或於面上節（氣）線兩旁，置右弓、左坎通光兩耳，各作細孔，以通日光，其孔須相望極平，從赤道上以規驗之。次用銅作世勺尺牙三節臂，可直可曲，其世端任釘於空處，如夕，或于赤道上如艮，令可轉動，其牙端作一直出細孔，孔貫一線，可上可下，其線末懸一銅鋭如斤巨，或線貫一細珠如丸，線末懸一墜如弄。用時移牙端切於（北）極出地度及本日節氣線交處，若用銅鋭，則以鋭挈至界線節氣上，餘線悉從牙孔上收之，勿令有餘。或以珠，亦僅令至界線節氣上。次以坎耳對日光，令光從坎耳之孔直射弓耳之孔，乃視鋭或珠所值，即得時刻也。或于晷板繫一線，線貫一針，以代銅臂，仍貫細珠及墜，用時令針孔切於極出（地）度及節（氣）線交處，以手按之，次以珠當旁節氣（線），如前用之，亦得。假如京師（北）極出地四十度，清明初八[一]日測時，則令銅臂牙端切於四十度，當清明第八日交處，如方點，而以銅鋭或珠移出界線上清明第八日，如屯點。次令日光通耳孔而鋭或珠乃在水點，若午前，即辰正三刻；午後，即申初三刻也。

依此晷，即太陽出入時刻及晝夜長短俱可測。試以銅臂牙端加于本地（北）極（出地）度及本日節氣線交處，乃正立晷體，令赤道線上端直指天頂，次視鋭或珠所指，即得。如欲知京師夏至日太陽出入及晝夜時刻，即以臂仁端加于（北）極出地四十度及夏至線上，如寸點，乃正立晷體，令鋭自垂，所指互點，若午前，即寅正三刻爲日出時；午後，即戌初一刻爲日入時也。從互以右諸時刻，即晝時刻；以左，即夜時刻，遂可知其長短也。

[一] 北大鈔本中此處没有『八』字，國圖陸仲玉鈔本、湖北省圖鈔本與國圖《列象步天》鈔本中則均有『八』字，結合前後文的内容判斷，此處應有『八』字。

百遊空晷式

作百遊空晷法

用銅板或牙或堅木，約厚七八分，爲甲乙丙丁圓板，心在戊。先作甲戊丙垂線，次量晷大小，從戊稍上，任取辛點。從辛作己辛庚横線，爲甲丙之垂線，名表度線。次于表度（線）上，從辛向近邊，不逼邊處，右截壬、左截艮，而辛壬與辛艮等。次從壬、從艮俱作線，與甲丙平行，即從壬、從艮下行，亦於近邊，不逼邊處，右截云、左截甘，而壬（云）與艮甘亦等。次以壬云或艮甘爲度，從壬、從艮俱作半圜，名時圜，右圜交表線於土，左圜交表線於竹。但始求云、甘時，須先量土竹，不與表線逼，而始求壬艮線時，亦須先量云甘，不與圜邊逼爲度。次取己庚、壬艮、雲甘以外及半圜以内，版悉刳去之，圜内面須極平、極圓，壬、艮角須極稜、極整。次于圜内面，求左右之中，作弓坎

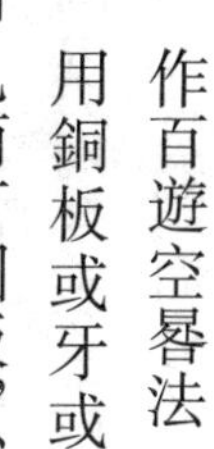

圖三七　百遊空晷式

線爲赤道線，即以時圜爲度，别于地平版，依首卷第一法分節氣，俱作平行直線，即以此線移之晷内。從赤道左右作節氣線，自赤道以下者，即春分至白露十二節（氣）；赤道以上者，即秋分至驚蟄十二節（氣）也。次于壬、艮角表之中，與圜内赤道線相對處，置微鋭如仁，爲定節氣之表。若于角表面上分節氣線，而作一微鋭活表，以隨日就之，則圜上止作赤道線，不必分他節矣。次從土至云、竹至甘，匀分爲二十四分，土即酉正，竹即卯正，云甘即午也，卯酉以上依下分之，即得寅、戌等時矣。其板以内、兩圜以外所存者，上少下多，輕重不等，難以懸時，即於下方，復鑿缶世皿一空以稱之。次於晷下，或作平板，用度板以倚之法見前赤道晷。或于晷邊外，别作度圜以懸之，如上圖，作尺勺夕斤圜，其上半圜平分一百八十度，若晷小則每二度，或五度，或十度，作一分，亦可。用時，開度圜與晷作十字形，令度圜正對晷上甲丙線，以鈎鈎度圜上本地（北）極出（地）之度，而令晷之甲向南，若午前，則視左半圜之景；午後，則視右半圜之景。如節氣分於圜内，則令表上微鋭之景指本日節氣線，次視表景所值，即得目下時刻也。若節氣不分於圜，而分於表面上，則移活鋭置於本日節氣線，令鋭射圜内赤道線，次視表景所值，亦如前得時刻。其自己至庚下半圜相連處，亦可以依中線分時刻，自己至丙爲卯至午，自丙至庚爲午至酉，即赤道晷也。用時，立表於戊心，其角表至內時刻，即心表至外時刻，必相合也。

盤晷式

作盤晷法 附百游法

此晷之形如仰盂，其法用堅木或銅或牙爲甲乙丙丁圓盤，剜其內，深半規，以當周天之半。盤口須厚分許，以備書字，又須極平口。線欲極準、規深欲極圓，宜先作一器以驗之。用銅板爲半規，如巨凡古，又用銅板爲半規之規，如工丹乍，其丹乍邊合于巨凡古之中線，而丹作

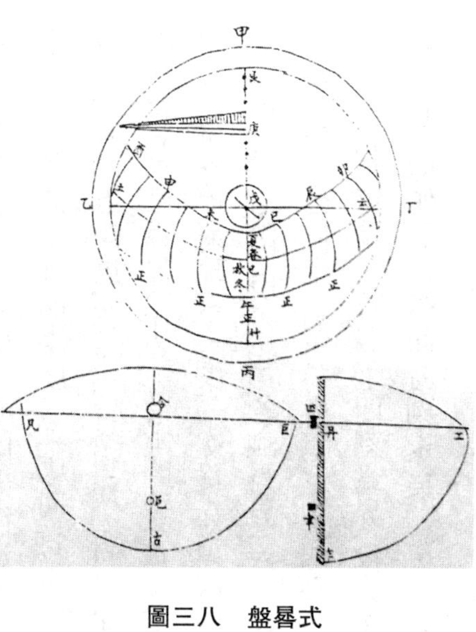

圖三八　盤晷式

邊之匹、聿二柄，入于巨凡古中線之今、厄二孔。又于工丹與巨凡之上，稍留餘板，以便執持，而工巨凡之三角，亦稍留餘鋭，以爲界限。次豎此器于盤中，旋轉範之，令工巨凡之三角切于盤口，而巨古與古凡及工乍三邊，俱與盤底相合，即極圓矣。次以盤口內邊線，作艮、土、云、竹四平分。次以四分之一爲度，以云及土各爲心，向

盤底作圜線，兩線必爲一線，必與盤口之艮、竹相遇，即午線是也。若以艮、竹各爲心，亦向盤底作圜線，兩線亦必爲一線，亦必與盤口之土、云相遇，而土云及艮竹兩線必交于戊，爲盤之正心，稍差必不準矣。次平分戊艮爲九十度，若盤中分法不便，則以盤口半徑，如以艮竹半徑爲度，別于平板上作全圜四分之一，平分爲九十度，逐一移之戊艮線上，即得。或以半徑爲度，於首卷第廿一〔一〕度板上取本地（北）極出（地）度分，如京師四十度，從戊向竹得己。又於度板上量本地（北）極出（地）餘度分，如京師五十度，從戊向艮得庚，自己至庚即周天四分之一也。次用向外曲脚規，以庚爲心、己爲界，作辛己壬圜線，爲赤道線。次以盤口半徑爲度，於首卷分節氣法，求得各節氣疏密之度。次從赤道向各節氣逐一爲度，移至盤中，從己向庚、向竹逐一作識。次以庚爲心、各識爲界，逐一作線，皆赤道平行線，而節氣定矣。次於赤道線上，從己向土、向云，各爲二十四平分，即三時二十四刻也。次以曲規於各分，逐一爲心，每隔三時二十四刻爲界，逐一作線，如以午正爲心，即作卯酉正線；以未正爲心，即作辰正線而時刻定矣。次立表於戊或於庚，無定位，但須表端與盤口正

〔一〕國圖陸仲玉鈔本、湖北省圖鈔本、北大鈔本與國圖《列象步天》鈔本中，此處均留空

平，用直尺横盤口驗之。又須表端居盤空正中，用規指盤口四面驗之。若不欲用表，即於盤口繫艮竹及土云兩線。相聯必交於盤口之正中，而又與盤口相平，以交處當表端更準也。用時，仰晷於平處，以甲邊向南，而令表端景射本日節氣線，即甲丙正直子午向矣，次視表端景所指時刻，即得。若於盤底設小羅經以正方，則不必作節（氣）線，而表端景亦指時刻也。

百遊式

百遊法

前法乃依本地（北）極出（地）度分而作，故獨同度之地可用，若欲百游，則節氣時刻分法悉與前同，但午正線反在盤口，卯酉正線反在盤中，而赤道線亦在盤中，與卯酉線交於戊，則稍

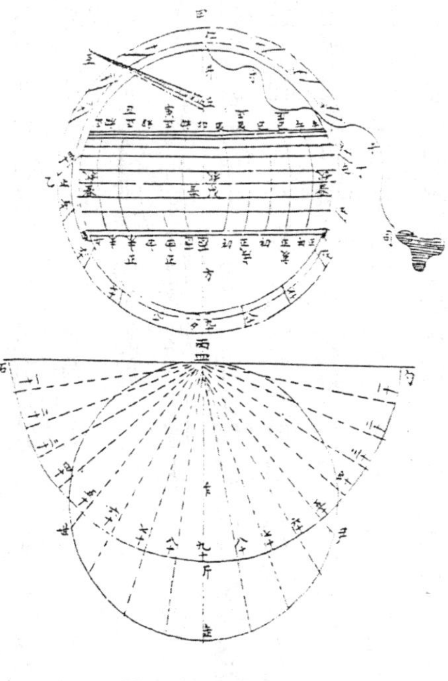

圖三九　百遊式

異耳。如左圖,甲乙丙丁圜爲盤體,升方線爲卯酉(線),屯止線爲赤道(線),二線相交於戊心,節氣線皆作於屯止線左右是也。次別於平面上,以乍爲心,作皿世缶尹圜,與盤面之仁止夕屯圜等。次任以皿爲心,作勺斤石半圜,次作皿乍缶徑線,即從皿作皿缶之垂線,遇半圜於石、於勺。次平分半圜爲一百八十分,則每分得一度;或九十分,則每分得二度;此圖止十八分,則每分爲十度也。次從皿與各分相望作斜線,每至皿世缶尹圜上即作識,而圜之兩半各得不平分九十度矣。次從皿向左右兩半圜上諸分,逐一爲度移至盤面,從仁向左右兩半圜上逐一作識。次從仁與各識相望俱作斜線,自仁至夕,每半圜各有自一至九十之數,而四方極度悉備矣。次於仁繫一線,如寸示線,末懸一權,如司。用時,以甲邊向南、丙邊向北,而側持之,午前則盤口向東,垂權線於仁屯夕邊之本地(北)極出(地)度上;午後則盤口向西,垂權線於仁屯夕邊之本地(北)極出(地)度上,次令表端景射本日節氣線,視所指時刻線,即得。

百遊十字晷第一式

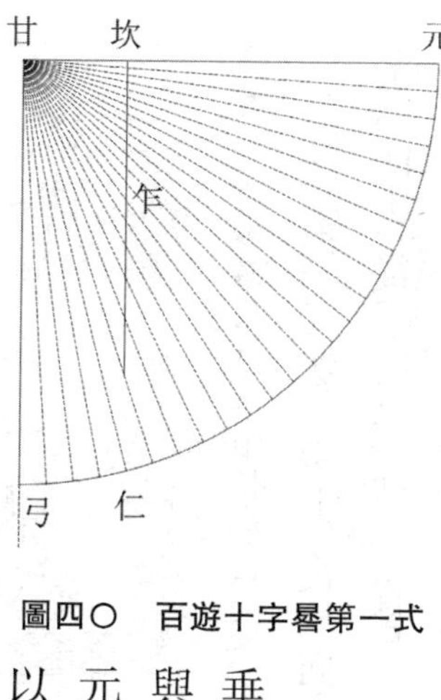

圖四〇　百遊十字晷第一式

百遊十字晷第一式法

先於平板上，任〔一〕作元甘橫線，從甘作云甘之垂線，爲甘弓。次任取甘坎爲表長，即作坎仁線，與甘弓平行。次以甘爲心，任作圜分，截甘元線於元、甘弓線於弓。次平分元弓圜分爲二十四分，即以甘與各分相望，每至坎仁線交處，即作識，而第十二分之識在坎仁線爲乍，其坎乍與表長坎甘必等，稍差即不準也。

〔一〕湖北省圖鈔本中，此處爲『甚』字，國圖陸仲玉鈔本、北大鈔本與國圖《列象步天》鈔本此處均爲『任』字，結合上下文判斷，應該爲『任』字。

百遊十字晷第二式

百游十字晷第二式法

次作甲乙丙丁戊己庚辛壬艮土竹十字晷體，其甲丙戊己庚辛爲六表，甲丙至乙丁、乙壬至戊己、丁艮至庚辛爲表長，皆與第一式甘坎表長等，惟壬艮至土竹長可無量，然止須與三表等。第土竹之下，宜留餘體爲地平板交接之用，且令稍長以象十字架。爲其體之厚薄，視表之長短，使表端

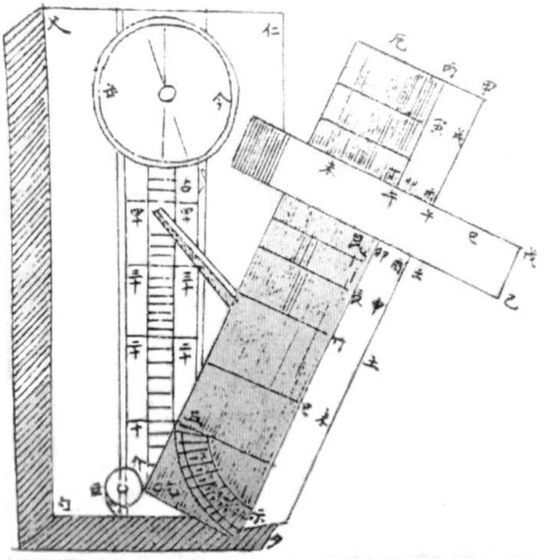

圖四一　百遊十字晷第二式

冬、夏二至之景皆能指時刻足矣，大約五分體厚，以其二爲表長，而體之廣則無度也。次於第一式坎仁線上，從坎向上刻分逐一爲度移至晷上，從乙向甲、向戊，從丁向丙、向庚，從壬向己、向土，從艮向辛、向竹，逐一作識，即以諸識俱作平行線，而時刻定矣。丙至丁爲寅初初至卯初四，凡十二刻，庚辰景以漸下之；艮至竹爲卯正初至辰初四，辛景以漸下之；戊至乙爲巳初初至午初四，甲景以漸左之；丁至庚爲午

正初至未正四，丙景以漸左之；土至壬爲申初初至酉初四，己景以漸上之；乙至甲爲酉正初至戌正四，戊景以漸上之也；庚辛無景時爲卯正中，戊己無景時爲酉正中，甲丙無景時爲午正中也。庚表景窮，則辛得景，辛表景至竹，則甲表亦得景，兩景可相驗，甲景窮則丙得景，丙景窮則己得景，己景窮則戊得景也。次作仁勺尺夕地平板。次於十字下面之角開一孔，如乞，而地平板勺、夕之間立兩銅耳如巨，以夾〔一〕晷體，用軸貫之，則晷與地平相交而可闔闢矣。次依首卷定（北）極出地（度）法，或用司寸示度板，或用古介度梯及共力度柱。或別與晷側上邊，以寸爲心，盡晷體作示丘圜分，爲全圜四分之一，自示至丘平分爲九十度。次作綱權，其上作孔如卉，其端作鋭如互，而互鋭與卉孔爲一直線。次以卉孔釘於寸，勿稍偏，而令可旋轉。次於地平板近仁尺邊，開令缶圜以置羅經。用時上下轉晷，令互鋭垂指本地（北）極出（地）度分，而以羅經正方，視角表景所值，即得目下時也。若晷有節（氣）

〔一〕國圖陸仲玉鈔本爲『爽』字，湖北省圖鈔本、北大圖書館鈔本與國圖《列象步天》鈔本中皆爲『夾』字，結合前後文的內容判斷應爲『夾』字。

線，則不必用羅經以定方向，亦以手持[一]晷，令銅權自指本地（北）極出（地）度分而移鋭，表景指本日節氣（線），即得時刻，亦不必用地平板也。

百遊十字晷第三式

百遊十字晷第三式法

此加節氣線之法也，先作甲乙橫線，任取丙點。次作丙丁線爲甲乙之垂線，即赤道線。次依首卷分節（氣）線法，於丙丁左右分諸節氣線。次於丙丁左右節（氣）線外，任作戊己、庚辛兩線，與赤道（線）平行。次以第一式甘坎表長爲度，從戊向己、從辛向庚，各作識。次復以第一式自甘至坎下諸識，逐一爲度，亦如前法，逐一作識，每識各記其時，以免溷

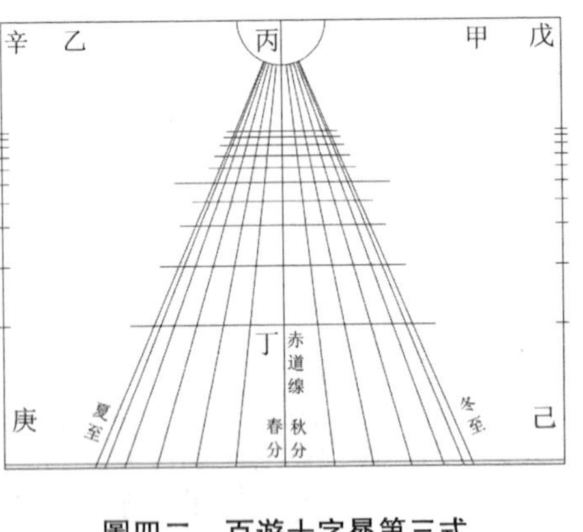

圖四二　百遊十字晷第三式

[一] 國圖陸仲玉鈔本中原文爲「待」字，湖北省圖鈔本、北大圖書館鈔本與國圖《列象步天》鈔本中皆爲「持」字，結合前後文的内容判斷，此處應爲「持」字

亂。即以兩識左右平望，從節氣線中，俱作横線，密處或兩刻或四刻作一線，刻分既疎，每刻一線可也。次於本晷上下左右六面之正中各作時（刻）線之垂線，爲赤道線。次於此式第一時刻線，從赤道（線）左右行至諸節氣（線）逐一爲度，移至本晷第一時刻線，亦從赤道左右行，逐一作識，二、三、四以後皆如之，而節氣（線）界定矣。次依首卷作節（氣）線法，於諸節（氣線）界識，逐一作曲線。次凡時（刻）線在節（氣）線内者存之，外者礲之，而晷體定矣。次於六表之對赤道線處，各置一微鋭，如卮、斤，用時令鋭景射本日節氣，而角表景即得時刻也。

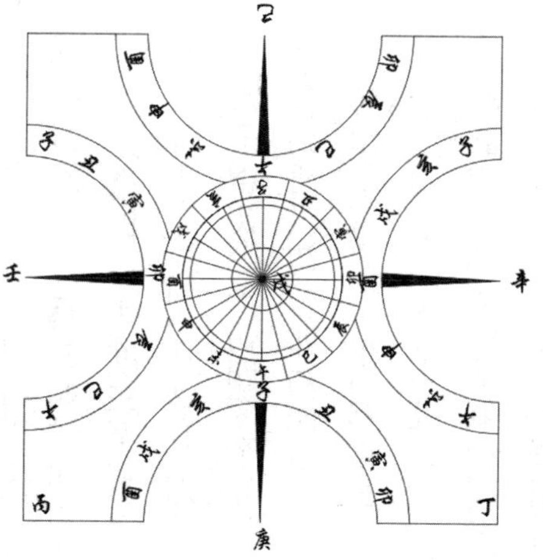

圖四三　百遊四正向晷第一式

百遊四正向晷第一式

作百遊四正向晷第一式法

用堅木或牙或銅作甲乙丙丁直角方板，先兩平分甲乙於己、丙丁於庚，作己庚線。次兩平分己庚於戊，從戊作己庚之垂線，爲辛壬。次以己、庚、辛、壬俱爲心，各作半圜，視板之寬窄以爲圜之大小，須令四半圜之外尚留餘地，以爲晷體。而始造板時，亦量圜之半徑以爲板之厚薄，須分四其半徑〔一〕一以爲板之厚，庶二至時表景不出板外耳。次以圜内木悉刳去之，每半圜各平分爲六時四十八刻，其己心半圜則自右至左爲卯正初至酉初四；壬心半圜則自上至下爲子正初至午初四；辛心半圜則自下至上爲午正初至子初四；庚心半圜則自左至右爲酉正初至卯初四也。次立表，無定位，但須表端正在圜心。若晝晷定不移，其己庚線須對子午，乃得正向。其晷面之高，亦須合本地（北）極出（地）度。若晷不定，則用時隨本地（北）極出（地）度分，或用度板，或用度梯，以定（北）極（出地）度。次欲依空晷法作節氣線，或省節氣線，而止用羅經以正方（向），作表端景所指，即得時刻也。若四半圜外尚有餘地，則以戊〔二〕爲心，亦可作赤道晷焉。

〔一〕 北大鈔本此處多一『益』字，國圖陸仲玉鈔本、湖北省圖鈔本與國圖《列象步天》鈔本中皆没有『益』字，結合前後文的内容判斷，此處應該没有『益』字。

〔二〕 國圖陸仲玉鈔本、湖北省圖鈔本、北大鈔本與國圖《列象步天》鈔本中原文皆爲『戌』字，但結合前後文的内容判斷，此處應爲『戊』字。

百遊四正向晷第二式

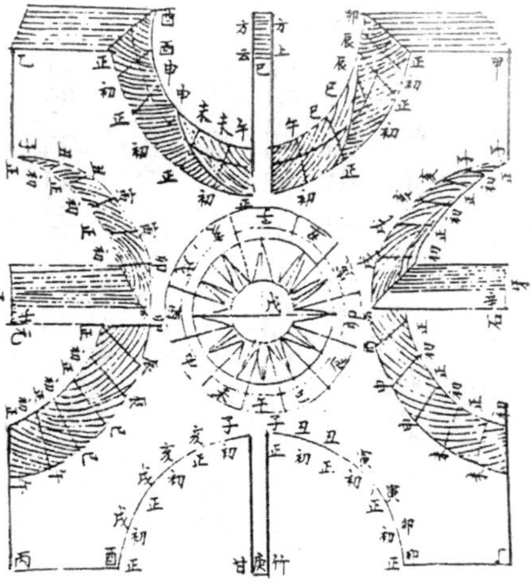

圖四四　百遊四正向晷第二式

作百遊四正向晷第二式法[一]

第表鋭既細，則易動而時刻難準。當於己庚及辛壬線旁，各作相近兩平行線，如云甘、土竹與己庚平行，石元、牙弓與辛壬平行。次以石、元、牙、弓、土、竹、云、甘各爲心，各從邊向内作全圜四分之一。次於心線與圜線之間悉剞之，則石、元、牙、弓、土、竹、云、甘即爲八表，但每[二]表角須極稜，圜分須極圓。次以每圜分平分爲三時

[一] 北大鈔本中没有此標題，但國圖陸仲玉鈔本、湖北省圖鈔本與國圖《列象步天》鈔本中均有此標題。

[二] 國圖陸仲玉鈔本、國圖《列象步天》鈔本與北大鈔本鈔本中均有『每』字，但湖北省圖鈔本中没有『每』字，結合前後文内容判斷，此處有『每』爲佳。

二十四刻，亦與前同，若欲加節氣線亦如空晷法作之。次定（北）極出（地）度，悉如第一式，或次視所用之表，若爲鋭表，如第一式，則以表端景移就本日節氣，即得時刻。若爲角表，則於角上正對赤道處置一微鋭，如方，用時令方景射本日節氣線，而角表景即指目下時刻。或如空晷法，於角表上分節氣圜内止作赤道（線），而角表上置一活鋭，用時移活鋭於本日節氣線，令鋭景射〔一〕圜内赤道線，亦得。

百遊四偏向晷式

作百遊四偏向法

此晷作法及用法與前晷無異，第分時刻及安表處不同。其上左角半圜，從上至左即寅初初至未正四；下左角半圜，從左至下即亥初初至辰正四；下左角半圜，從下至右即申初初至丑正四；上右角半圜，從右至上即巳初初至戌正四也。若欲加節氣（線）亦如空晷法作之，惟定極度板，別有一法，此晷及前後兩晷俱可隨宜用之。

〔一〕國圖《列象步天》鈔本、湖北省圖鈔本與北大鈔本中，均有『射』字，但國圖陸仲玉鈔本没有『射』字，結合上下文内容判斷，此處應有『射』字當於晷板交地平板處開一空，如丙艮，次用一板，長短寬窄無度，如第二圖丙己戊丁，斲其半，令與丙艮相入，如丙己，其後半度可容羅經，如辛壬。次以己爲心，畫板之厚，作全圜四分之一，如丙庚。自丙至庚，平分爲九十度。次於晷體艮旁兩角作一孔，與度板己孔相連，令可闔闢。用時，令晷上艮角切指本地（北）極出（地）度分，即得。

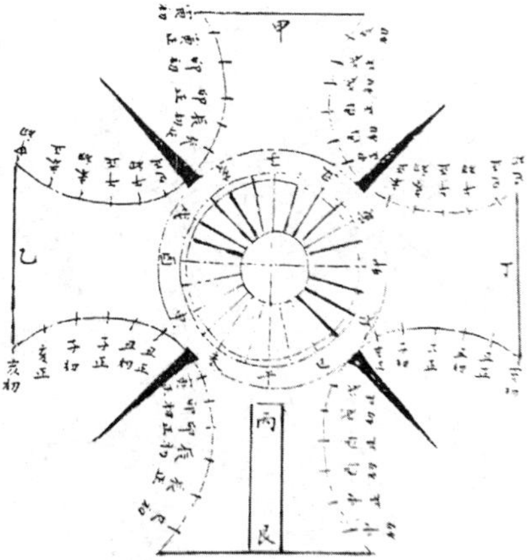

圖四五　百遊四偏向晷式

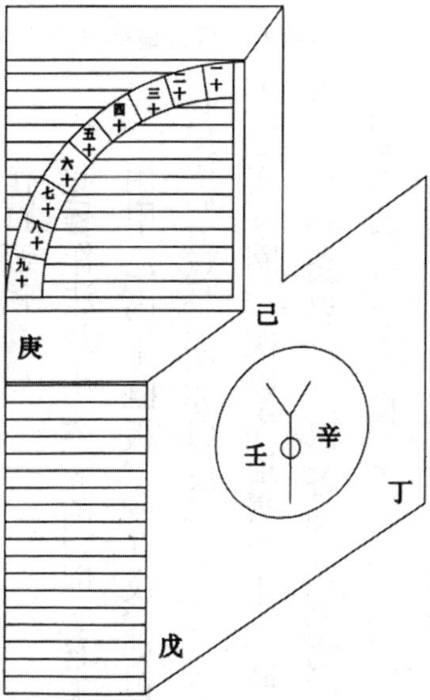

圖四六　百遊四偏向晷角度、方向調整儀

百遊輪晷第一式

作百遊輪晷法

此晷作法及用法，亦與前二晷大同小異。用甲乙丙丁圓板，心在戊，即以戊爲心，作赤道晷。次亦以戊爲心，於赤道晷外盡邊作一圈。次以赤道晷上十二時線，皆引長至外圜界。次以各線交圜處，如甲、庚、辛、乙、己、壬、艮、土、竹、丁、云、甘，各爲心，從邊向内順作圜分，第圜分之界須與

圖四七　百遊輪晷第一式

次線相離分許爲度。小圜分皆至界圜止，故不及全圜四分之一也。次俱如前法，以心線及圜線以内悉剞去之。次以諸圜分半徑爲度，別與平面作全圜四分之一，平分爲三時二十四刻，逐一爲度移之晷上，諸圜分兩面俱是内向外逐一作識，即以兩面邊識俱作平行線，而時刻定矣。其各圜分之心，即爲本圜之表。次，或用度板，或用度梯及度柱，或用前晷之度板，以定（北）極出（地）度分。仍以羅經或子午線正方

（向），而晷成矣。用時，每一時刻必三圜並有表景，亦相驗也。若欲加節（氣）線，亦如前空晷法作之。

面東、面西、面南晷第一式

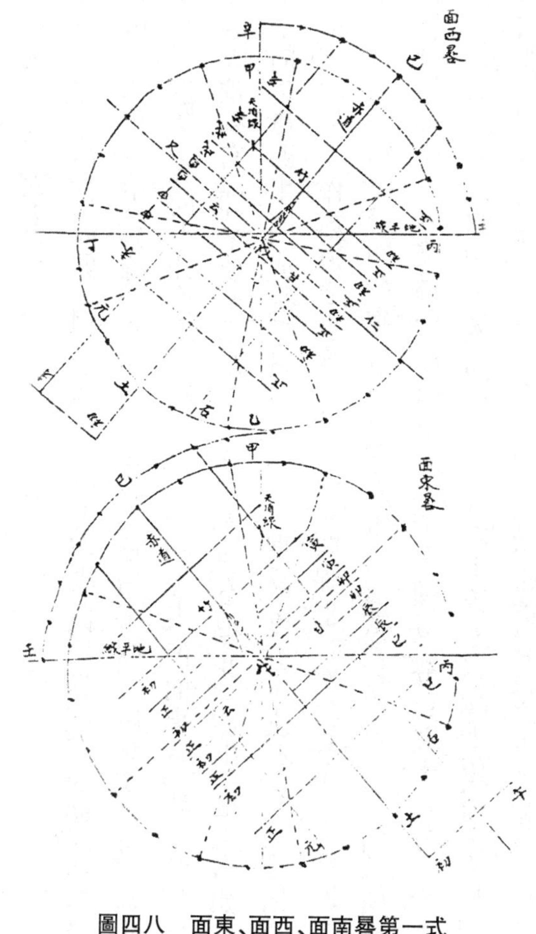

圖四八　面東、面西、面南晷第一式

作面東、面西、面南晷第一式法

面東、面西晷置正向卯、酉兩壁者。先於壁上，以三卷第一題所作器，或以懸空之線作甲乙垂線，爲天頂線；次作丙丁横線，爲地平線；兩線交於戊，爲表位。即以戊爲心，從地平線向上任作全圜四分之一，如辛壬，但面東者作於天頂線左面，面西者作於天頂線右，即平分辛壬爲九十度。次視本地（北）極出（地）度，如京師四十度。從辛向壬量四十度，或從壬量（北）極出（地）餘度五十度於己。次作戊己線，即赤道線也。次從戊作赤道之垂線仁尺，即卯酉線也。次量晷小大，任取戊竹爲表長，以表長爲度，從戊於卯酉線上右得甘、左得云，即從甘、云俱作虚線，與赤道平行者，如甘石，如云元。以戊爲心，任作甲乙丙丁全圜，平分爲九十六分。次以戊與圜相望，每至甘石、云元兩線交處，即作識。次以兩線上諸識平望，俱作直線，與卯酉線平行，即時刻線也。其卯酉以上、下十二刻，必與表長之戊竹相等，稍差必不準也。次立表於戊，以視日景，即得。但此二晷之壁面與午線平行，日至午正初刻，表景即無窮，不能射壁面，故皆無午正時也。

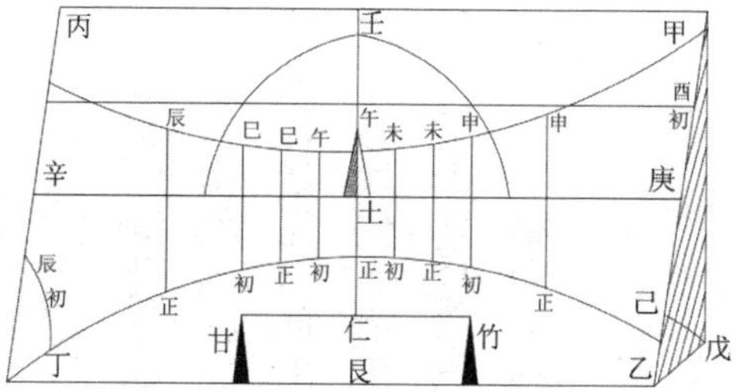

圖四九　面東、面西、面南晷第二式〔一〕

面東、面西、面南晷第二式

作面東、面西、面南晷第二式法

若欲並得午正諸刻，宜别作面向赤道晷，但前二晷面東、面西者，正對天頂，而此晷正對北極，故如赤道晷，因其向南之邊正對赤道故曰赤道晷。此晷向北之邊正對北極，故名曰極晷。若所用晝晷之體定不移，則先須量其面上邊正與北〔二〕極對否。試如甲乙丙丁爲晝晷體，乙戊線爲地平（線）。以乙爲心，任作戊己圜分，從地平向上量本地（北）極

〔一〕國圖陸仲玉鈔本中，此圖的晷表位置畫錯，但湖北省圖鈔本、國圖《列象步天》鈔本與北大鈔本中晷表位置均繪製正確。

〔二〕國圖陸仲玉鈔本、湖北省圖鈔本、國圖《列象步天》鈔本與北大鈔本中皆爲『此』字，但結合前後文的内容判斷，此處應爲『北』字。

出地度，如京師四十度，爲已，即作乙已線，若平面依此斜線，即此晷高於地平四十度矣。若晷體不定，則依十字晷法求得時刻（線）及節氣線，而或依度板法，以四十度之度板倚之；或以度圜懸之，令其面向赤道，而其向北邊正對北極，即得。次量甲乙之中於辛，作庚辛線爲赤道線。次兩平分庚辛線於土，爲表位。從土作壬艮爲庚辛垂線，即午線也。次以第一式赤道上從卯酉線向諸時（刻）線逐一爲度，移至此式赤道（線）上，從上向左、右逐一作識。次以諸識俱作直線，皆與壬艮平行，即〔一〕時刻線也。第此晷面亦與卯酉線平行，故日出入表景亦不能指其面。次以申初初刻及巳初初刻兩線交赤道（線）處各爲心，各向午任作等圜分，交赤道線於元，即從元循圜各量（北）極出地餘度，如京師五十度，於牙。次作元、牙二線，相交於坎，即從坎作弓坎仁赤道平行線，即地平線也。日出入之際，表景必射此線，此線以下即晝晷，以上即夜時也，截地平線以上置於向地背面，則春分以後，日出入之際表景亦指時刻也。第向上晷表及地平線皆在時刻及節氣線之上，向下背面倒置，故皆在上。

〔一〕國圖陸仲玉鈔本爲『艮』字，湖北省圖鈔本、國圖《列象步天》鈔本與北大鈔本中則皆爲『即』字，結合前後文的内容判斷，此處應爲『即』字。

向上晷爲午者，向下晷爲子，午線前後時刻線亦皆易爲子前後時刻線也。

面東、面西、面南晷第三式

作面東、面西、面南晷第三式法

若三晷俱欲加節氣線，則如十字晷法，先作甲乙横線，任指丙點。從丙作甲乙之垂線，爲赤道線。次於赤道線左右，依首卷分節氣法，求得節氣疎密之度。次從甲從乙各作線與赤道平行，爲甲戊，爲乙己。次以第一式戊竹表長爲度，移至此式，從甲向戊、乙向己、丙向丁各作識。復以第一式從戊向各時(刻)線與甘石或云元線交處，逐一爲度移至此式。亦從甲、從乙、從丙向下逐一作識，即以諸識俱作平行線，或一刻一線，或二刻、四刻一線可也，但兩旁須即記時刻，以免混亂。

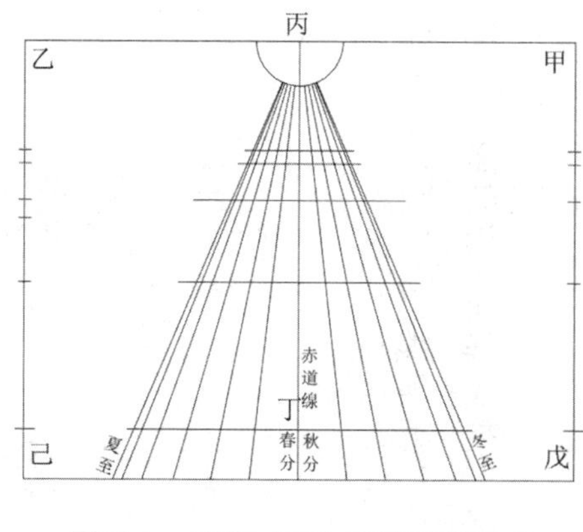

圖五〇　面東、面西、面南晷第三式

面東、面西、面南晷第四式

作第四式法〔一〕

此本晷成式也，先於壁上，如第一式作甲乙垂線，爲天頂線；作丙丁橫線，爲地平線；作戊己線，爲赤道線；作庚辛線，爲卯酉線；並作卯酉平行諸時刻線。次以第三式諸時（刻）橫線。自赤道（線）向左、向右，行至諸節氣（線）交處，逐一爲度移至此式。各於本時（刻）線上，亦赤道（線）向左、向右行，逐一作識，第二、三以後皆

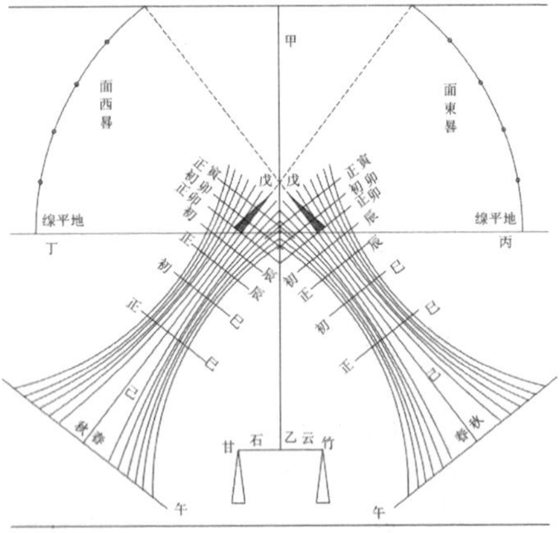

圖五一　面東、面西、面南晷第四式

如之，而諸節（氣）線界第二式面南者，依此可權位定矣。次於諸界式，依首卷曲線作法作節氣線，而晷成矣。次俱立直表於土，可得日景焉。又有立表一法，尤爲明

〔一〕北大鈔本有此圖和標注文字，但無此標題，國圖陸仲玉鈔本、湖北省圖鈔本與國圖《列象步天》鈔本則均有圖、標注文字與標題。

準。其法：面東、西者，於卯、酉兩端卯酉線外；面南者，於午線兩端外；各立竹、甘二表，自相等而俱與〔一〕戊土等。次以線聯於兩表之端，如云石，面東、西者，此線正與卯酉相對，面南之午線亦然。次貫一細珠於線，如仁，移至正對赤道處，則珠景可得節氣，線景可得時刻矣。或放〔二〕十字晷法，於(面)東、西晷之卯酉線及(面)南晷之午線，依線立一闊表，而表中正對赤道處出一微鋭，則鋭景指節氣，表景必自指時刻也。

作測偏度法

凡作偏晷，若欲畫晷之體定不移，最先須知其面，或正向南北，或向東西，或偏幾何度分，或正對天頂，或偏幾何度分，或與地平平行，或與地平作幾何度鋭角。測此先作甲乙丙丁方形，近邊處作戊己線，與甲乙邊平行，次從中作庚辛垂線，兩線相

〔一〕國圖陸仲玉鈔本、湖北省圖鈔本、北大鈔本、與國圖《列象步天》鈔本中均無『與』字，但依據上下文的內容判斷此處應抄漏『與』字。

〔二〕此處『放』字應是『倣』字的異體寫法

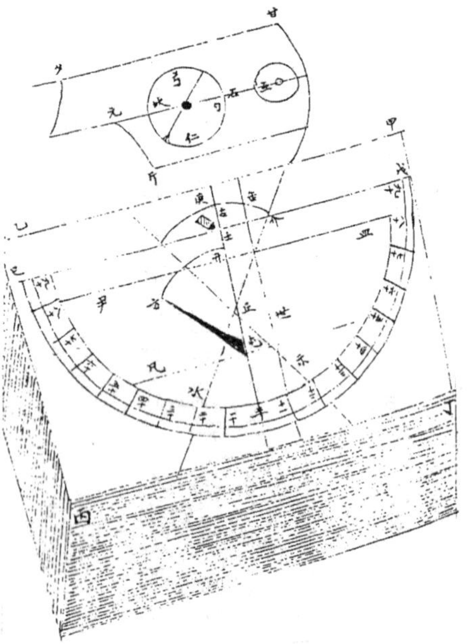

圖五二　偏度儀

交於壬。即以壬爲心，儘木作半圜，爲戊辛己，平分爲百八十度。次於壬立一鋭，次外又作一尺，闊寸許，爲云甘夕斤，尺中作一線，爲石元。次從元至尺末，刳去石元線或左或右。次尺上開弓坎仁勺一井，其中對石元線兩端處安羅經針。次於石元線上，作一空，爲互，以入壬鋭，但須可任轉動，而測器畢矣。欲以測壁偏度時，先於壁上用懸空線畫一垂線，次畫一横線，爲直角。次以木器甲乙邊合壁面横線，轉尺，令羅經兩端正對石元線，視元線所指，若切指庚辛線上，即面正向或南或北，若指戊己，即正向或東或西，俱無偏度也。若指辛己或辛戊間之度，則有偏度，視從庚辛線至尺所指度分，即壁偏東西之度分也。若面向南而指辛戊之間，則偏西；辛己之間，則偏東。若面向北，反，是用此法，無論早晚，隨時可測。

若不用羅經，必須竢正午時，方可測也。於尺上石元線上，任立一直表，竢日正午，轉度尺，令表景正射石元線，如前法，視尺元端所指，即知面或正向南、北、東、西，或偏東、西幾何度也。

或不用度尺，止於器面庚辛線上，任立一直表於屯。俟正午時，若表景直射庚辛線，即面正向南北；射巨凡線，正向東西。若面向南而射從庚辛線向戊，即偏東，向己即偏西。向北，反。是欲知偏幾何度分，則視從表端景至庚辛線度分，即壁偏於正南或北度分也。試如屯方爲立表，其景端在方，即以屯爲心，方爲界，作方升圜分，以首卷第十三〔二〕測方昇爲幾何度圜分，即壁偏度分也。

或不用立表，第用一懸空垂線，午正初刻時，令垂線景射器面。視所射，若庚辛，或與庚辛平行，如缶世線，即面正向南；若射戊己線，或與之平行者，如皿尹，即正向東西；若垂線景與庚辛線相交成角，如示共或水介線，交庚辛線於丘，即有偏

〔二〕國圖陸仲玉鈔本、湖北省圖鈔本、北大鈔本與國圖《列象步天》鈔本中，此處均留空處理，未給出序數，根據前後文内容此處補爲『十三』。

度。欲知偏幾何度，則以交處丘爲心，任作共古介圜分，次以首卷第十四〔二〕，量自古至介、至共隔幾何度分，即壁面偏於正南之度分也。

俯度即（壁）面向上、向下而俯於地平度分，亦以是（法）可測也。第壬心須繫一線，或一活鋭，能自旋轉。即以甲乙（邊），或以丙丁邊，丙向上、丁向下；或反；合（壁）面。若垂線或活鋭正加戊己線上，即（壁）面直立於地平上，與（地平）爲直角，無偏度也。若（壁）面偏而向上，即以丙丁邊合約晝晷之面，視自垂線所加度分至庚辛線隔幾何度分，即（壁）面偏於地平度分也。若（壁）面俯偏而向下，則以甲乙邊合（壁）面，亦視垂線所加度分至庚辛隔幾何度分，即本（壁）面偏於地平度分也。

若欲知晝平晷之面與地平平否，則以器丙丁面合平面，如垂線或活鋭指庚辛線，則至平，否則須再正之。凡命壁上作垂線或横線，則以器下面合壁面，展轉之，令垂線或活鋭切加庚辛線上，依器或上或下邊作線，必與地平平行線，依器兩旁邊作線，即地平垂線。

〔二〕　國圖陸仲玉鈔本、湖北省圖鈔本、北大鈔本與國圖《列象步天》鈔本中，此處均留空處理，未給出序數，根據前後文内容此處補爲「十四」。

南北偏東西第一式

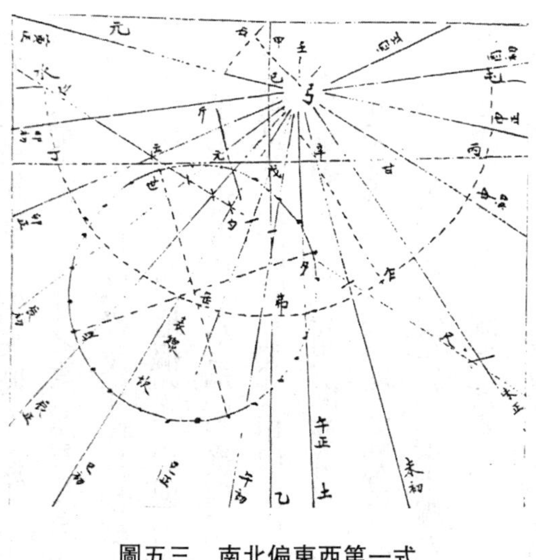

圖五三　南北偏東西第一式

作面南北偏東西晷第一式法

此晷若不用節氣，則此式爲成晷，若更加節氣，則此式爲分時式。先作甲乙線，爲天頂線；次作丙丁横線，爲地平線，兩線交於戊，即表位。此從戊上行，任取己爲表長，即以己爲心，下行作乍弗丈虛圜分。次循圜從甲乙線或左或右，量畫晷面偏度於正南北，面南偏東、面北偏西者，量之甲乙線右；面南偏西、面北偏東者，量之甲乙線左。此式即面南偏東三十度，故作甲乙線右量三十度，得乍，即乍與己相望作線，與丙丁線交於辛。次即從辛作辛壬辛土線，甲乙平行者，爲子午線。次從甲乙隨晷或左或右行，量偏餘度，如此六十度，得丈，亦與己相望作線，與地平線交於雲。次以辛至己爲度，從辛任右行得甘，即以甘爲心，向甲乙線任作圜分，爲石元。次循圜，從地平線上量（北）極出（地）度，如京師四十度，得石，甘、石相望作線，與壬土午線交於弓，弓點即晷心，衆時刻（線）所聚者也。次以弓與戊相望，作弓戊坎線，爲表線。次從雲作弓坎線之垂線雲仁雲尺線，爲赤道線，弓坎線交於勺，子午線交於夕。次以戊己表長爲度，從戊作戊斤線，爲赤道平行（線），與表線（爲）垂線。次以弓與斤相望作一線，名曰地樞線；斤與勺相望作線；兩線定交爲垂線而成一直角，稍差即不準也。次以斤至勺爲度，從勺循弓坎線下行，得缶，即以缶爲心，任作世皿夕一圜，爲時圜。次以圜心與雲相望，作一徑線；復以圜心與夕相望，作一徑線；兩線定交爲垂線而成四直角，圜亦分爲四平分，稍差即不準也。次以圜角，每角分爲二十四分，合成九十六分，即以圜分穿心對望，每至仁尺赤道線交處，即作識。次從弓與赤道線諸識相望，俱作線，則午線左爲午前時（刻）線，午線右爲午後時（刻）線也，其卯正線定與赤道（線）、地平（線）三交於雲，稍差即不準也。但有時（刻）線與赤道（線）相遇甚遠者，（三線交於一點）較難耳，更有一法：以己爲心，任作一圜分，如屯乍弗水，即依此圜度，從二卷第一平晷第一式時心甘作圜。次以平晷圜上，從午線向各時逐一爲度，移之本晷圜上，從己作線，向左右逐一作識。次以己與各識相望，每至地平線交處，即作識。次從弓與各識相望，俱作線，即與前法所作時刻線同也。次立表，有兩法：或以戊斤直表中立於戊，而以斤景測時，爲一法；或以弓戊斤三角表立於弓戊表線上，而以斤景端指節氣(線)，以弓斤線指時刻爲二法也。

第二式

作第二式法

前式未分節氣，今欲帶節(氣線)作晷，故又爲第二、第三式。先作甲乙橫線，爲極線；次作丙丁垂線，爲赤道線；斤點(爲)兩線相遇，(命)名(爲)節(氣線)中。次依首卷第十九範天圜分節氣線法，以斤爲心，從赤道左右分諸節氣線。次以第一式弓至斤爲度，此式從斤右行得弓，(命)名(爲)時(刻線)中。次以第一式斤至勺爲度，從斤下行，亦得勺，即與弓相望作斜線，爲表線，而此弓斤勺三角形即與第一式弓斤勺三角形等。次以第一式缶至勺左右赤道(線)上諸線逐一爲度，從斤下行，逐一作識，即以弓與各識相

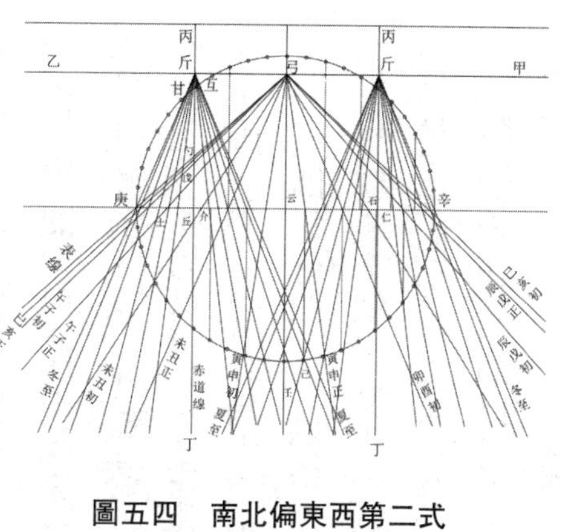

圖五四　南北偏東西第二式

望逐一作線，每作一線，即記爲午前後某時線，緣時線俱錯雜無序，故記之以查閱也。若以第一式弓至勺左右赤道線記爲度，從弓向丙丁線驗之，兩法必相合，稍差即不準也。其諸線中有不與赤道（線）交而爲平行，即不平行而太遠難遇者，即以爲心，任作半圜，依左圜上疎密之度移之右圜，即得右時刻，但此法有兩線相逼者，難於作識，更有一法。先觀表線與左第一節（氣）線交於庚，即從庚作庚辛横線，與甲乙線平行。次從弓作弓壬垂線，與丙丁線平行，兩線相交於雲，即以雲爲心、庚爲界，作庚己辛弓圜，分爲十二平分，即十二時，或九十六分，即九十六刻，本圖止分二十四分，即每分四刻。以第一式缶至夕爲度，從斤下行得戊，即與弓相望作斜線，爲子午線，與庚辛線交於土，即於土上立一線，與丙丁線平行，至圜得甘。次從甘起，圜分爲二十四分也。若土甘線交圜太斜，難以準定，則以第一式任從缶至赤道（線）上一線，如未初線，即以缶至未初線交赤道（線）處爲度移之本式赤道線上，從斤至丘即作弓丘線，交庚辛線於界。次於界立一線，爲庚辛垂線，交圜於互，即從互起分亦可也。全圜既分定，即以庚辛上下兩半圜上諸識各作垂線，皆至庚辛線止。其作法，若晷之表線與時線合一，則圜上下識正對垂線，亦必合。若表線與時線不合一，則上下識不平對，線亦不合，故須以庚辛以上半圜諸實識，從庚辛線逐一爲度移之下半圜，從庚辛線下逐一作虛識，下半圜實識亦移於上半圜作虛識，次以實、虛識相望作上下線，即得線，亦皆爲庚辛垂線、丙丁平行線也。其上線定爲第一式表線左諸線，如卯、辰、巳等也。次以弓與庚辛上諸垂線記相望俱作線，即得時刻也，但以上下垂線，各從弓畫斜線，恐線多易湣，則弓壬線左右各作赤道線、各分節氣線，庚辛線上止用上垂線記與弓相望作斜線，而十二時（刻）線悉得，線少且疎，尚可畫刻線也。蓋雲庚線上線記與雲辛線下線記度等，雲辛線上線記與雲庚線下線記亦等。交左節氣時（刻）線者，即第一式表線右時（刻）線；交右節氣時（刻）線者，即第一式表線左時（刻）線也。若以第一式缶至雲爲度，從斤下行得石，亦與弓相望作斜線，與庚辛線交於仁，爲卯線，與前所求卯酉線必合，稍差即不準也。若先求卯線，次以午線合驗之，亦可。即任先求一時（刻）線，次任取一時（刻）線合驗之，亦可也。

第三式

第三式作法

此帶節（氣線）偏晷成式也。先作甲乙垂線，爲子午線；次作丙丁横線，爲地平線；兩線交於辛。次以第一式辛至弓爲度，本式從辛上行，亦得弓，即於第一式，以弓爲心，任作一圜分，依此圜度，亦以弓爲心，亦作一圜分，即以第一式子午線左右圜上各線逐一爲度，亦與本式從子午線左右圜上逐一作識，即以弓與圜諸記相望俱作斜線，而表線、時（刻）線俱得矣。次以第一式弓至勺爲度（於）此式從弓循表線行，亦得勺。復以第一式辛至雲爲度，（於）此式亦從辛左行得雲，雲定爲卯線遇地平線處，即以雲與勺相望作線，

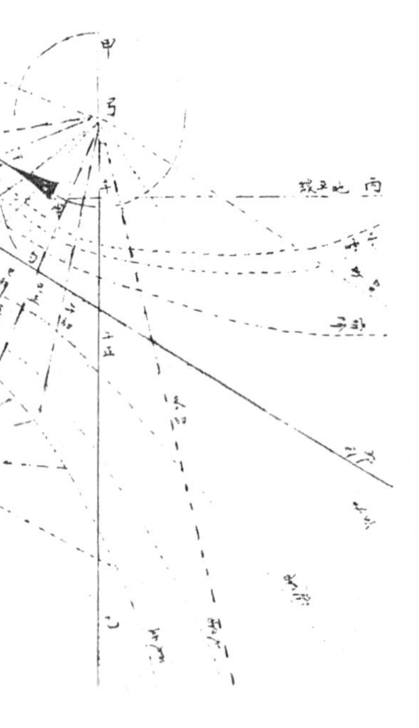

圖五五　南北偏東西第三式

爲赤道線。次從第二式弓至各時（刻線）與各節（氣線）交處逐一爲度，從本式弓向各時（刻線）逐一作識，俱作線，而節氣（線）定矣。畫節氣界線法與平晷悉同，第此圖式小線多，恐混，故每隔二節氣畫一界線也。次依第一式立表法，以測日景即得。

作偏晷三式法

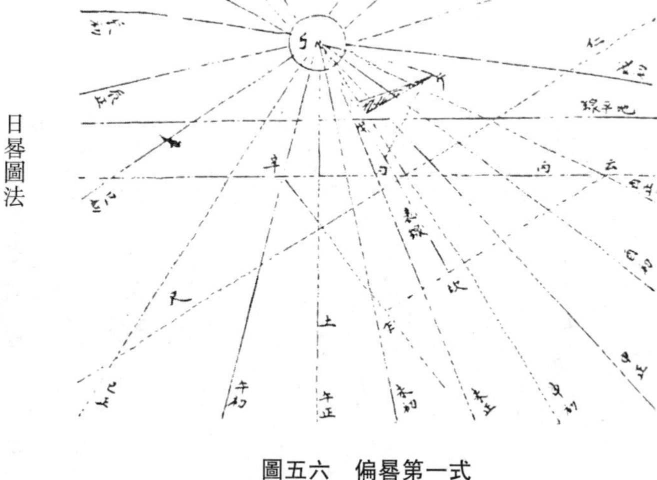

圖五六　偏晷第一式

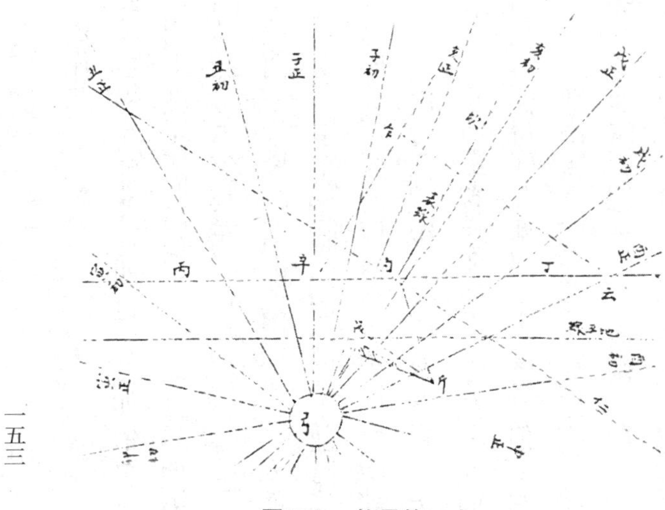

圖五七　偏晷第二式

偏晷三式作法[一]

此偏晷得一，即並得四也。試如依京師北極出地四十度，作向南偏東三十度晷，如第一式元圖，若轉之，令其左時在右，如左亨圖，則得向南偏西三十度晷，但向南偏東晷，人面北視之，自午線向表線諸時（刻）線皆午前時（刻）線，如己、辰等；面南偏西晷午線向表線諸時（刻）線皆午後時（刻）線。若向南偏東三十度晷，如元，若其向上者轉而向下、在左者反而在右，如利圖，即得向北偏西三十度晷，但午線改作子線，人面南視之，則從子線向表線諸時（刻）線皆子前時（刻）線。若向南偏西三十度晷，如亨圖，如其上轉作下、左反作右，如貞圖，

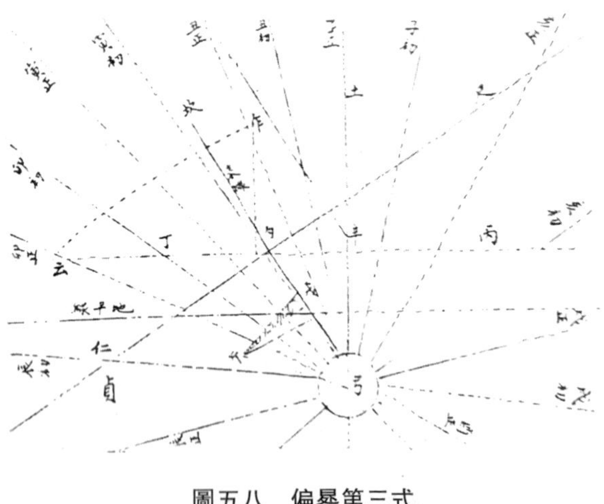

圖五八　偏晷第三式

[一] 北大鈔本中有此標題，但國圖陸仲玉鈔本、湖北省圖鈔本與國圖《列象步天》鈔本中均缺此標題。

即得向北偏東三十度晷也，其午線亦改作子（線），自子向表線諸時（刻）線皆子後（時刻）線也。若先得向南偏西、或向北偏西、或向北偏東者，依此法反轉之，亦如前，並得四也。四晷地平線分爲日、夜兩晷，其地平線以下皆日晷，以上〔二〕皆夜晷也，其向北偏晷，夏時皆有景也。

作（面）東、西向上、向下晷法

上〔三〕卷所作向東、西晷，其晝晷之面正向東、西而直立，與地平作直角，而此之（面）東、西而偏上、下者，向地平偃俯而與地平成鋭角，其上面向天、下面向地，故名曰（面）東、西向上、向下晷。凡（面）東西向上而偏，同與向南而偏；向下而偏，同與向北而偏；其不同者，特數法耳。

向南北而偏東西者，爲左右偏於天頂圈；向上、下晷者，爲上下偏於地平，故向

〔二〕國圖陸仲玉鈔本、湖北省圖鈔本、北大鈔本與國圖《列象步天》鈔本中均作『下』字，但根據上下文及日晷時刻線的特徵，判斷應爲『上』字。

〔三〕北大鈔本中爲『上』字，國圖陸仲玉鈔本與國圖《列象步天》鈔本爲『二』字、湖北省圖鈔本爲『三』，依據書稿上下文内容考慮，此處選用『上』字。

南北偏晷量其偏於天頂之度，而此〔一〕之量其向地平偏俯度。若（面）西而向上，如右圖式，（面）東而向下〔二〕，即與偏晷第一式乍弗丈圜，從弗右向丙量所偏俯度。若（面）東而向上、（面）西而向下，即如前從弗向丁量所偏度也。

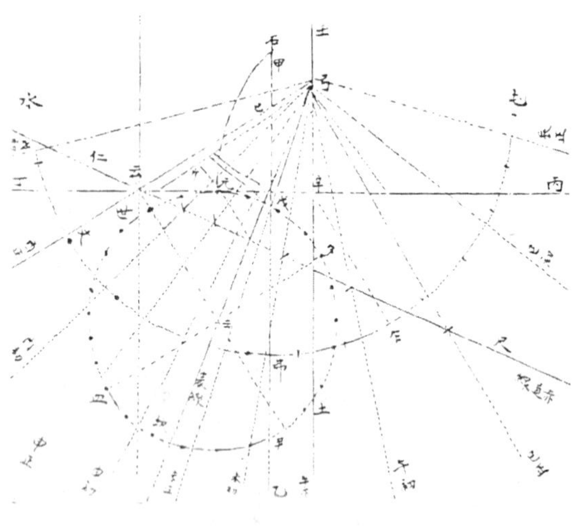

圖五九　東西向上向下晷式

偏晷之元石圜分爲（北）極出（地）度圜分，而此晷元石圜分爲其（北）極出（地）餘度圜分，若向上晷，即量之丙丁線上，如向南偏晷；若向下晷，即量之丙丁線下，如向北偏晷也。

此晷向上者，則偏晷第一式之壬土線爲午線，左而向丁爲午後時（刻）線，如未、申等

〔一〕指偏向上、下晷

〔二〕面東、西晷有兩個晷面，分別對東、西向，若偏晷其中一面向西偏向上，則對應的另一面向東偏向下。

時；右而向丙爲午前時（刻線）也。向下者〔二〕，則偏晷丙丁線下之午線，於此晷爲子從壬土左而向丁，爲午前時（刻線）；右而向丙，爲午後時（刻線）也。

此晷之分時（刻線）亦如偏晷時圜作法，若用偏晷分時刻線第二法，則偏晷用平晷第一式時（刻）線，以偏晷與平晷皆量（北）極出（地）度，故而此晷用天頂晷第一式時刻線，以此晷與天頂晷皆量極餘度，故此晷之地平線即於酉線與赤道交處，如偏晷第一式之卯線與赤道交處爲雲，從雲作子午平行線，即爲地平線，線恒在上。若向上晷，則自地平線向午線者，爲有用日時（刻）線，其餘爲無用夜晷。向下晷，其自地平線向午線者，爲無用夜時（刻）線，其餘自地平線向下爲有用日時（刻）線也。凡（面）東向上晷，以其左右反置之，即是（面）西向上晷。凡（面）西向上者，以其左右上下反倒置之，即上（面）東向下晷。凡（面）東向上者，反倒置之，即（面）西向下者，故向上晷地平線在上、午線在下；向下晷地平線在下、子午線在上，若從地平線分去其無用時（刻）線，則地平線定在上。

若晷不定，欲用時安晷法：先於所安處求正（子）午線，次以地平、子午線正合

〔二〕指面東、西偏下晷

之，則晷正向東西矣。

凡（偏）上晷，其衆時（刻線）所聚之晷心必向南而時（刻）線俱向北；（偏）下晷其時（刻）線所聚之晷心必向北而時（刻）線俱在南。

（面）南、北向上、向下晷

凡此四晷，各自相對，（面）南而向上、（面）北而向下爲一對，（面）南而向下、（面）北而向上爲一對，其以六箴論之。

第一

凡（面）南而向上、（面）北而向下，若其北邊俯偏度與本地（北）極出地度等，則其晷亦與極晷二卷第〔一〕同。

第二

若其北邊俯偏度少於（本地北）極出（地）度，減去俯偏度於（本地北）極出（地）度，取其餘，以作平晷。如（本地北）極出（地）四十度，俯偏三十度，減去三十於四

〔一〕 國圖陸仲玉鈔本、國圖《列象步天》鈔本、湖北省圖鈔本與北大鈔本中「二卷第」後皆爲留空，此處依書中前後文，刪補爲「作面東、面西、面南晷第二式法」。

十，存十，即於二卷『平晷第一式法』〔一〕作（北）極出地十度平晷而得也。

安法：先（於安置晷處）求（子）午線，次作横線與地平（線）平行，與（子）午線爲直角，用晷之（子）午線對於（子）午線，用晷之赤道（線）合於横線。

晷（面）南向上而人北面視之，則子後時（刻線）在左，午後時（刻線）在右；面北向下者，反之。

（面）南而向上，則北節氣（線）皆在晷心與赤道（線）間，（面）北而向下者，反之。

第三

若俯偏度多於（本地北）極出（地）度，減去（本地北）極出（地）度於俯偏度，取其餘，以作平晷。如（北）極出（地）四十度，俯偏度五十度，減去極度四十於偏度五十，則存十，亦以第二卷第一作（北）極出（地）十度平晷也。

安法與前無異，其所異者，（面）南而向上（者），晷心在赤道（線）上。如立晷向北而下者，反之

〔一〕國圖陸仲玉鈔本、國圖《列象步天》鈔本、湖北省圖鈔本與北大鈔本中皆爲『二卷第』後留空，此處依書中前後文，删補爲『平晷第一式法』。

（面）南而向上，則南節氣（線）在晷心與赤道（線）間，（面）北而向下者，反之。時刻（線）次第與前晷同。

第四

（面）北而向上、（面）南而向下，若南邊俯偏度與（北）極出地餘度等，則其晷與二卷第〔一〕赤道晷同。

第五

若俯偏度少于（北）極（出地）餘度，即以俯偏度加於（北）極出（地）度，以作平晷。如（北）極（出地）餘五十度，俯偏三十度，九十除五十，存四十，爲（北）極出（地）度，四十加三十，得七十，即作（北）極出（地）七十度平晷。

安〔二〕法與第二無異，其（面）北而向上者，晷心在赤道（線）上；（面）南而向下者反之。晷（面）北而向上而我南面視之，則右時（刻線）皆午前時（刻線），左時（刻線）

〔一〕國圖陸仲玉鈔本、國圖《列象步天》鈔本、湖北省圖鈔本與北大鈔本中皆爲留空

〔二〕國圖陸仲玉鈔本中此處爲「案」字、國圖《列象步天》鈔本、湖北省圖鈔本與北大鈔本中，此處均爲「安」字，依據上下文判斷，此處應爲「安」字

皆午後時（刻線）；（面）南而向下者，反之。

（面）北而向上，則北節氣（線）在晷心與赤道（線）間，（面）南而向下者，反之。

第六

若俯偏度多于（北）極（出地）餘度，即以俯偏〔一〕餘度加於（北）極（出地）餘度，以作平晷。如（北）極（出地）餘五十度，俯偏七十度，九十除七十，存二十，加五十，得七十，即作（北）極出（地）七十度平晷。

三式作法

前五箴且不畫圖式，止以第六箴作圖式，而餘皆可以明〔二〕也。試如得一體，其面向天頂而偃俯于地，其俯度七十，京師（北）極出地餘度五十，因俯度大于（北）極（出地）餘度，則五十度上又加俯餘度二十，總七十度，即（北）極高於本面度，即此偏

〔一〕國圖《列象步天》、湖北省圖鈔本與北大鈔本中，此處均無『偏』字，國圖陸仲玉鈔本中，此處有『偏』字，根據上下文内容判斷，此處應有『偏』字。

〔二〕國圖陸仲玉鈔本、國圖《列象步天》鈔本與北大鈔本中，此處均爲『用』字，湖北省圖鈔本中，此處爲『明』字，依據上下文判斷此處選『明』較『用』爲佳。

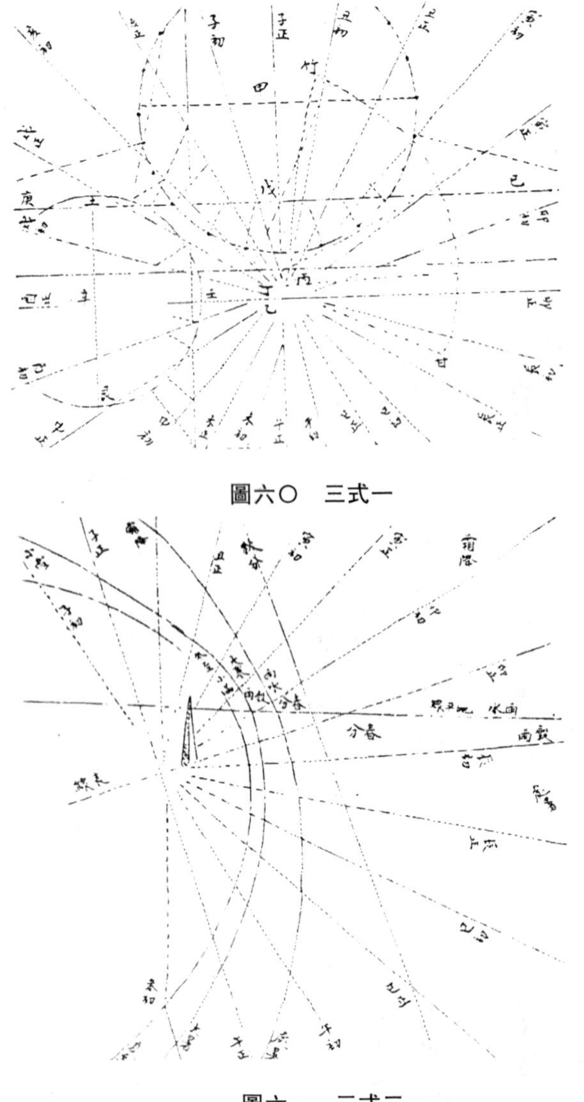

圖六〇　三式一

圖六一　三式二

面上，以二卷第一畫（北）極出地七十度平晷，如右圖。而得其節氣線畫法，亦悉與平晷同也。

安法與第五無異，特（面）北而向上晷心在赤道（線）下，如立晷向北。（面）南而向下者，反之。

作時（刻線）與第五無異，時（刻線）其從心向赤道（線）即爲子時（線），向南而下者，反之。

（面）北而向上，則北節氣（線）在晷心與赤道（線）間，與前第五同。（面）南而向下者，反之。

欲求地平線，以表位與卯酉線平行作横線于元。次以丙丁表長爲度，從表位丙向左得丁，即以丁爲心，向右任作元竹圜分。若向上晷，如本圖式，即以俯餘度，從横線上量之于石。若向下晷，即以俯餘度，從横線下量之，即以圜心丁與線相望作一線，其與子午線交處，本圖式爲坎，即以坎與卯酉線平行作横線，即地平線也。

作偏方向上、向下晷法

此晷自赤道以北至北極下，凡一千一百六十六萬四千晷，赤道以南至南極下，亦然。蓋極度九十，面偏度三百六十，俯偏度三百六十，三相乘而得若干晷也。若以分秒別之，更不可紀極矣！今姑舉其總法有八：面南偏東、西而向上爲第一、二；面北偏東、西而向下爲第三、四；面南偏東、西而向下爲第五、六；面北偏東、西而向上爲第七、八。此八晷各自相對，面南、偏東、向上各幾何度晷，即對面北、偏西、向下等幾何度晷，餘各如之。

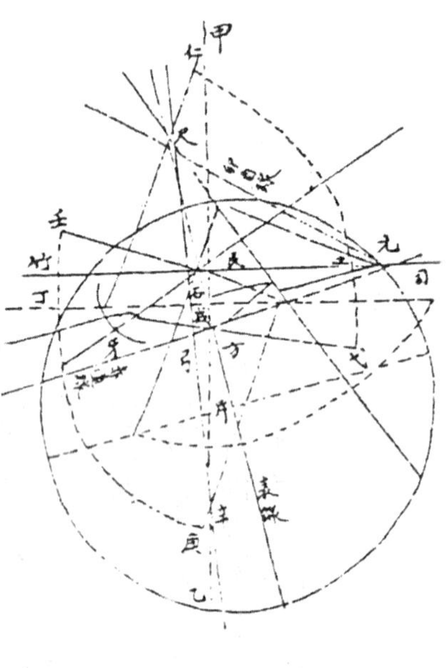

圖六二　偏方向上向下晷第一式

先作甲乙垂線，次作丙丁横線，兩線交于戊，爲表位。次從戊或左或右任取表長爲己，即以己爲心，向甲乙線外任作圜分，循圜從丙丁線下量俯偏度，第一圖式爲七十度，第二（圖式）爲五十一度，第三（圖式）爲三十，第四（圖式）爲五十二度，三分得庚，即與己相望作線與丙丁線交于辛。次復循圜，從甲乙線上量俯偏餘度，得壬，亦與己相望作線與丙丁線交於艮。次從艮與甲乙線平行作竹土横線，爲地平線。

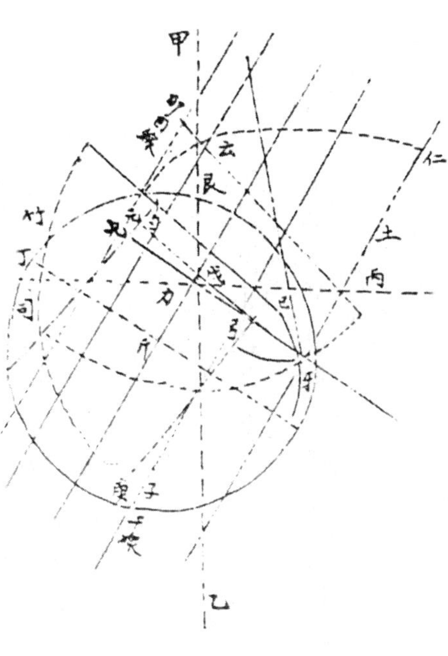

圖六三　偏方向上向下晷第二式

次從己艮爲度，從艮或上或下行，今上行得云，即以云爲心，向地平線作半圜分。次循圜從丙丁線左右量面偏于天頂度，第一圖式爲向南偏西二十度，第二圖式向南偏東四十五度，第三圖式向北偏西二十度，第四圖式向北偏東三十度，得甘。若面南偏東者，如第二圖式；面北偏西者，如第三圖式；量之丙丁線右。若面南偏西者，如第一式；面北偏東者，如第四圖式，量丙丁線左，即與云相望作線，與地平線交於石。次從面偏度對邊量偏餘度，得司，亦與云相望作線，與地平線交於元，元點亦爲赤道（線）及卯酉二線相遇所。次石與辛相望作線，即子午正線。次以元與戊相望作線，引出子午線外，必爲子午（線）之垂線，稍差即不準也。次以辛爲心、己爲界，向元戊線任或左或右作短界線，復以石爲心、云爲界，向元戊（線）作短界線，則

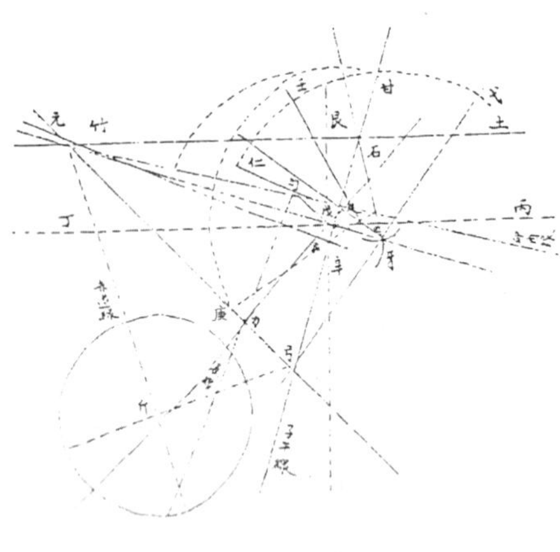

圖六四　偏方向上向下晷第三式

兩界線交處必與元戊線相交于牙，稍差即不準也。次從牙作石牙線，次以牙爲心，任作半圜。次循圜從牙石線量極餘度〔一〕于弋。若面南而偏者，如第一、第二圖式，量之從石牙線向牙辛線；面北而偏者，如第三、四圖式，從石牙線向牙辛線量（北）極出地度於弋，即（以）弋與牙相望作線，與子午線交於弓，即以弓與先所定元點相望作線，爲赤道線。若有牙弋線與子午（線）平行，如第四圖式，即從元與子午（線）平行作線，即赤道線。次（以）第一、第二圖式，從極餘度對邊量極出度〔二〕；第三、第四圖式，從極出度對邊量極出餘度於仁，亦與牙相望作線，與子午線交于尺，尺即晷心，衆時刻（線）所聚者也。若有牙仁線與子午（線）平行，如第二

〔一〕即北極出地餘度

〔二〕即北極出地度

圖式，則此晷無尺〔二〕，而時刻（線）皆平行線，爲無心晷矣。次以尺與戊相望作線，爲表線，必與赤道（線）爲直角。若晷無尺（點）者，如第二圖式，則從戊與子午（線）平行作線，爲表線，而亦與赤道（線）爲直角，稍差即不準也。次從戊作一表線之垂線，即以戊己表長爲度，從戊作表線垂線，得勺。次以尺與勺相望作線，名爲地樞線。復從勺作尺勺線之垂線，必與表線及赤道線三相交於力。若晷無尺（點），如第二圖式，則從勺與表線平行作線，而此線與表線之垂線俱即赤道線，且三線相交之力點，亦即表位之戊點，稍差即不準也。次以勺至力爲度，從力循表線或上或下行，得斤，即以斤爲心，任作一圜。次以斤與弓相望作圜徑線，復以斤與元相望作圜徑線，兩線必交爲垂線，而必爲四直角，圜爲四平分。若晷無弓（點）者，如第四圖，則從斤與子午（線）平行作圜徑線，其線與元斤線必亦交爲直角，而圜亦分爲四平分。次復細分圜爲九十六分，即以各分穿斤心對望，每至赤道（線）交處，即作識。次從尺與各識相望俱作斜線，即得衆時刻（線），或如偏晷法，用平晷第一式時（刻）線移用之，以云爲心，任作圜，即以此圜度作之平晷。後依彼圜線移之此圜，而又必以此晷之云

〔二〕即尺點（晷心）

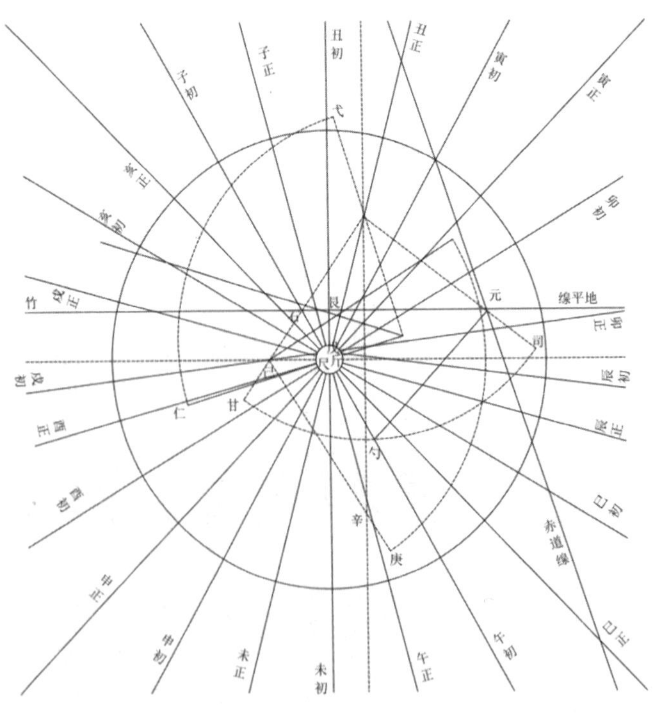

圖六五　偏方向上向下晷第四式

石線當平晷之子午線，以平晷子午線之左右分，作此晷雲石線之左右分。次以雲與圜分相望，每至地平線交處，即作識。次以尺與各識相望（作線），亦得衆時刻線，而更便也。若晷無尺（點），則以石爲心作圜，從子午線起，分爲九十六分，即於子午（線）左右，以圜分兩兩對望，俱作平行線，即得衆時刻（線）矣。晷成而定其時刻，則赤道（線）在晷心下，即晷心下爲午線；赤道（線）在晷心上，即晷心上爲午線。晷面南而人北面視之，則午右皆午後時（刻線）。晷面北而人南面視之，則午右皆午前時（刻線）。若晷無弓（點）者，雖晷心（在）赤道（線）下，而晷心上爲子線，晷心下爲午線。若晷無尺（點）者，雖無子線，而面南則午右亦午後時（刻線），面北則午右亦午前時（刻線）。其分節氣法，俱與偏晷同，若晷無尺（點）者，則與二〔一〕卷〔二〕面東、面西晷同。

〔一〕陸仲玉鈔本與湖北省圖書館鈔本此處均爲『二』，但北大圖書館鈔本中此處爲留空處理。
〔二〕陸仲玉鈔本、湖北省圖書館鈔本與北大圖書館鈔本中此處均爲留空處理。

新製靈臺儀象志

南懷仁撰　姚大勇整理

提要

《新製靈臺儀象志》十六卷，清初來華耶穌會士南懷仁撰。

南懷仁(Ferdinand Verbiest，一六二三—一六八八)，字敦伯，又字勳卿，比利時人，生於比利時首都布魯塞爾。一六四一年入耶穌會，一六五八年奉命來華傳教，一六五九年被派去陝西傳教，一六六〇年調回北京，協助年事已高的湯若望神父主持欽天監的天文測算工作。一六六四年，因受當時反對天主教的中國官員的誣陷，與湯若望等均被下獄，在獄中堅持辯白，終得雪誣，於一六六八年復任職欽天監，並讓天主教重新得以在華傳佈。後官至工部侍郎，一六八八年在北京逝世，卒謚勤敏。南懷仁精於天文曆法，數學測量，亦擅長鑄造武器，興修水利，並曾參與中國與俄國的外交事務，擔任翻譯工作。南懷仁是與利瑪竇(一五五二—一六一〇)、湯若望(一五九二—一六六六)並稱的明清之際著名西方在華傳教士，不僅以其言傳身教，促進了天主教在中國的流傳，也推動了近代科學知識在中國的發展。南懷仁學識淵博，撰述豐富，傳世著作主要有《教要序論》《告解原義》《西方要紀》《測驗紀略》《坤輿圖説》《坤輿外紀》《坤輿格致略説》《新製靈臺儀象志》《歐洲天文學》等。

康熙七年（一六六八）十一月和次年正月，南懷仁兩度奉旨赴欽天監，進行天文曆法測算，並與楊光先等人進行比對，實際證明其所測不誤（見南懷仁《欽定新曆測驗紀略》），南懷仁也由此重獲清廷信任，於康熙八年（一六六九）奉旨修訂舊曆，監造新儀。至康熙十三年（一六七四），新的天文儀器製造、安裝完成，南懷仁撰此《新製靈臺儀象志》上之朝廷。南懷仁在《新製靈臺儀象志序》中，直言天文觀測、曆法修訂中儀器的重要性：「誠以曆必有理與象與數，而儀器即所在首重也。夫儀也者，曆之理由此得精焉，曆之法由此得密焉，度數之學，實範圍於此，而莫可外焉矣。」「故作曆者，舍測候之儀而欲求曆之明效大驗，蔑由也。」此書主要即介紹南懷仁監製的黄道經緯儀、赤道經緯儀、地平經儀、象限儀、紀限儀、天體儀等六種重要天文觀測儀器的製造、安裝、使用之法，並觀測所得各項天文數據。文字與圖表結合，精準詳實，在列舉儀器的各種功能用法時，又常採用問答解題的方式，新警通俗。書中對與天文觀測相關的科學原理與成就也有所介紹，如卷四中《測空際異色並虹霓珥暈諸象》一篇，即認爲日月星辰之異色，多爲空際之所映射而致，從雲氣之厚薄而生，虹霓乃『潤雲被日對照，而成多色之弧』，均合於現在的科學解釋，另《測水法》中介紹用儀器測定兩地的距離，也簡明實用。此書可謂是清初中國和西方在天文觀測、曆法編製等領域先進水準的真實反映。

《新製靈臺儀象志》傳世多有清康熙刻本存十四卷者，日本早稻田大學藏有此書的抄本，兩本相校，多出的兩卷爲《新製靈臺儀象圖》。本次整理卷一至卷四，即以清康熙刻本爲底本，以日本早稻田大學所藏抄本爲參校本，其中卷五至卷十四，因主要爲星表和觀測記録，故不做整理。另因日本藏抄本中所附的《新製靈臺儀象圖》，讀者不僅可以將其與志中所記相參證，以便於理解書中內容，同時也可藉以窺見當時的諸多科學成就。故卷五以後以影印日本抄本形式出版

新製靈臺儀象志序

夫古帝王，憲天出治，未有不以欽若敬授爲兢兢也。皇古以前，可不論已。若夫《堯典》，置閏餘而定四時，紀七政而明天度，必在璿璣玉衡以齊之者。誠以曆必有理與象與數，而儀器，即所在首重也。夫儀也者，曆之理由此得精焉，曆之法由此得密焉，度數之學，實範圍於此，而莫可外焉矣。聞之古人，每遇交食、分至，及五緯凌犯諸變異，乃始静悟於心，繼必詳録於策，而猶恐考驗之無憑也，乃復法象而制爲器，以其次年之所測，較勘於前年之所驗者，推而廣之，接續成書，精確不刊，以貽來世，使後之學者，師其意而不泥其跡。則凡諸曆諸數，靡不可因之，而有所考究焉。且曆者，歷也，言其歷久而常新也。夫歷世愈遠，則其理愈精，而其爲法乃愈密。然非器之有合乎法，又烏從闡微抉奥，使法極其密，而理極其精乎？且夫天距地之遠者幾何，日月五星各列本天，而各天有上下層次及遠近相距一定之度，列宿諸行之細微，與夫七曜各有本道，而諸道各有南北不同之兩極，又各有本道所行，各與地遠近，與其行最低最高之處，皆各有定期，又皆各有本體一定之度分，五緯各有遲疾、順逆，諸行之不同，亦有留而不行之定日。凡此象數萬端，難以測量之際，要皆恃儀象而爲之準則焉。故作曆者，舍測候之儀而欲求曆之明效大驗，蔑由也。是以稽曆者必以儀爲依據，明曆者必以儀爲記録，失推者必以儀而改正，算合者必以儀而參互，較曆者非儀無由而信從，學曆者非儀無由而啓悟。良法得之，以見其長；敝法對之，而形其短。甚哉，儀象之爲用大也！

如康熙四年間，挺險之徒出，而恣騰其邪説，以僭擾乎天常。數年之内，或以《大統》，或以《授時》，或以回回諸家之舊曆，點竄遞更，茫然無措，甚之倒用儀器，强天從人，乃以赤道儀測新法黄道之所推步，而曆典於是大壞矣。康熙七年戊申冬十有二月，洪惟我皇上，乾綱獨運，離炤無私，特下明綸有『曆法關係重大，着議政王、貝勒大臣、九卿科道、掌印不掌印官員，會同確議具奏』之旨。隨蒙會議題請，即奉有『着圖海、李霨、多諾、吴格、塞布顔、明珠、黄機、郝惟納、王熙、索額圖、柯爾科代、董安國、曹申吉、王清、葉木濟、吴國龍、李宗孔、王曰高、田六善、徐越等去測看』之旨。越明年，己酉春正月初三日，是日立春，諸公卿銜命僉同視測，隨蒙議政王大臣會題，疏内有『奉旨差出大臣赴觀象臺，測驗立春、雨水、太陰、火星、木星，南懷仁測驗，與伊所指儀器，逐欵皆符，吴明烜測驗，逐欵皆錯，南懷仁測驗既已相符，應將康熙九年一應曆日，交與南懷仁推算』等語。隨奉有『南懷仁授欽天監何官，着禮部議奏』之旨。是年秋八月，復蒙部議，新造儀器並安設臺基，俱炤南懷仁所指式樣，奉有依議之旨。

仁自受命以來，夙夜祇懼，畢智竭能，務求精乎儀象之有利於用，而以密測天行，貽爲典則，此愚分之所矢素心自盡者也。雖然，儀象之作，蓋以定永遠之明徵，而使後世有以私智自用者，無所騁其臆説，則其事可易言也哉？是何也，夫諸儀有作之法，有安之法，有用之法，三法備而後諸法可次第舉也。況夫測天之儀，貴恰肖乎天本然之象，故其造法亦必以天象爲準，但廣大莫如天也，覆冒無外。輕清莫如天也，健駛難形。堅固微妙莫如天也，運行終古而無虧，經緯秩然而不紊。使非會通而得其全，乃漫云：吾以制器也，則必得此而失彼，掛一而漏萬，竊恐廣大、輕清、堅固、微妙之四者，未有能兼備而無遺者矣。説者曰：儀之體制鉅，則合天爲易，固已。然所謂鉅者，其徑線長、周面闊也，則度數易分，而分秒之微亦易見。然其體鉅，則勢必不能輕巧。而若少用其銅，亦作徑長面闊之形，則又必薄弱而不適於宜矣。故特舉輕重學之數法，並五金堅固之理，以詳其用焉。然諸儀應天道之度，分南北兩樞，又列春秋二分、冬夏二至，先後皆有常期。黄、赤二道，地平、天頂，子午過極、過至、過分諸圈，彼此相交於一點細微之内，而各道各圈之中心，又必同歸於一天體之中心，而不使其毫髮之或謬，斯已也。但儀爲小天之形，未免拘限，要能合符天象，無所過差，此其作儀之難者，一也。

今諸儀已成，界線布星，固稱詳密矣，然又使安置無法，則窺測不靈，而儀亦歸於無用矣，此其安儀之難者，二也。且古來皆重正南之向，然或稍偏東西，則何所取以爲定？如勝國先所營觀象臺，在當時作者，以爲諸儀正對之規模，萬向之標的。由今察之，其正面方向正南北線已多乖違，何論東西與上下左右哉？蓋儀中各道、各圈、各極、各經緯之度分，在天固有相應之元道、元圈、元極、元經緯之度分也，彼此互相照應者也。假有一端之不應，則測候即有不合者矣。

然安定正對之法既得矣，苟用之未能通變，反誣良法有不合天者，此其用儀之難者，三也。世更有未嘗用儀窺測，妄云星緯間有錯行，而不知天度有一定之理，儀象爲證天之器。間嘗出所撰著，已辯其誣而進呈於黼座矣。乃今之所闡者，亦惟明夫諸儀之用法，以及於推測之所施，蓋欲使學者由器而徵象，由象而考數，由數而悟理,有所依據而盡心焉,用以歷久遠而世裨夫羲和,恢恢乎其有餘矣。

嗟乎,自漢迄元,改曆者七十餘次,而創法者十有三家,其間剏造儀象者,指不多屈焉,不可以見其難也哉? 仁不敏,深懼曆學之不明乎世,而敬於昭代新創之諸儀,逐節伸明,演爲解説,精粗兼舉,細大不捐,而復圖之,以互相引喻,總以期乎理精法密,不愧傳流,以無負聖天子欽若敬授垂憲無窮之至意也云爾。予小臣,敢自多其力與? 謹序。

時大清康熙甲寅歲日躔娵訾之次治理曆法極西南懷仁撰

欽天監治理曆法臣南懷仁謹奏,爲恭際欽造之儀象告成,益幸合天之曆法有據,謹按器闡明,著有書表,繕塵御覽,以光國典事。

竊惟古帝王之治曆,所以正天運,定歲功,而節宣和氣,爲布政敷化之基,誠爲邦之首務也。粤稽堯之命羲和也,則曰:「欽若昊天,曆象日月星辰,敬授人時。」而舜於受命之初,在璿璣玉衡以齊七政,蓋以爲治莫大於明時,明時莫先於觀象,觀象莫先於制器,《虞書》之文可考也。迨於後,而其制蕩於秦火。西漢以來,改曆者七十餘次,創法者十有三家,而其中肇造儀象者,不多概見。即間有所創鑄,或適於一時之用，而不能經遠；或合於一事之宜，而無當全用。制器尚象，蓋若斯之難也。我大清聿興定鼎，膺曆數，改正朔，簡用新法，命爲《時憲曆》，頒行天下，事事密合天行。故修政曆法先臣湯若望，屢奉世祖章皇帝恩綸褒美，將所進呈《曆指》諸書，宣付史館。新法之善，於斯概可覩已。然曆法雖已久行，猶未鑄有儀象。於康熙四年內，忽挺險之徒出，而撓亂成憲，妄用弊法，迄于四載，矯誣天常，曆典大壞。幸我皇上，乾綱獨運，洞察臣之所推驗，與天密合者，爲是復用《時憲》新法。續蒙部議，新造儀器並安設儀器臺基，應聽工部，俱照南懷仁所指速造，奉有依議之旨，欽此。以部臣之庀材督造，並臣之指授嘔心，以及監員之畢力供事，今工已次第告竣，業將諸儀安列於觀象臺上。自是諸儀叅互並測，於以順天而求合，當無有弗合者矣。

然曆有理有數，有象有器，蓋曆非明，夫理則舛，而理非數則無以顯其微，數非象則無以通其變，象非器則無以得其精。則今之諸儀是器也，而理與數與象，咸寓焉。故諸儀有作之法，有用之法，有安定與夫一切運動堅固之法。凡此非見諸發揮，精粗具舉，則是惟臣知之，而人不知，豈所以公諸天下，而垂永久之意乎？以故融貫舊聞，抒以心得，覃精研慮，縷析條分，而且推類旁通，繪圖比切，有說有表，次爲一十六卷，名曰《新製靈臺儀象志》，要使肄業之官生，服習心喻，不致扞格而難操，傳之後世，亦得憑是而有所考究焉。此臣之所爲，仰答皇上委畀以典曆之命，而盡愚分之所當然也。洪惟我皇上，聰明天縱，聖學日新，則此象數之言，實有切于治曆明時之學，以之敷陳黼座，而備乙夜之觀，其於皇上欽若授時之治，未必無補高深於萬一也。

謹兹繕寫，編次成帙，恭進御覽。抑臣更有請焉。是書理數兼明，圖表備載，樊然其不齊也，鈔謄不易，繪畫爲艱，使非版行，勢難盡人而給，且無以遺久。仰祈勅部鏤版一副，交臣印刷，以資給發官生，則守是業者，皆手習一編，而無闕如之憾矣。至於與事諸員，皆急公勤慎，克底有成，伏望我皇上，憫其微勞，量加優叙，以鼓後效，則亦國家酬庸激勸之典也。臣從曆法起見，字多逾額，如果芻蕘可採，伏乞睿鑒施行。臣謹將所著書表，稽首進呈，臣無任悚仄屏營之至，爲此具本親齎，具奏以聞。

康熙十三年正月二十九日具奏，二月初三日奉旨：『曆法天文，關係大典，據奏儀象告成，製造精密，南懷仁殫心料理，勤勞可嘉，着從優議叙具奏，餘着一併議奏，該部知道，書圖併發。』

新製靈臺儀象志卷之一

治理曆法極西南懷仁　纂著

右監副劉蘊德　筆受
春官正孫有本
秋官正徐　瑚　詳受

新製六儀

夫儀者，曆法合天與不合天之明徵也。故測驗天行，儀愈多愈精，而測驗乃愈密。蓋凡天上一星所歷時刻，雖躔有一定之度分，然以儀相對而測之，則必與天上東西南北之各道，有上下左右遠近之分焉。故測驗其星所躔之度分，必依各道之經緯度分而推測之，始無所戾。是則欲爲密合天行之曆法，而非有備具密合天行各道之儀，厥道無由也。如康熙己酉八年正月初三日，是日立春，内院大學士圖海、李霨諸鉅公名卿，奉旨同視測驗立春一節於本日午正。仁測得太陽依象限儀，在地平上三十三度四十二分。依紀限大儀，離天頂正南五十六度十八分。依黄道經緯儀，在黄道綫正中，在冬至後四十五度零六分，在春分前四十四度五十四分。依赤道經緯儀，在冬至後四十七度三十四分，在春分前四十二度二十六分，在赤道南十六度二十一分。依天體儀，於立春度分所立直表，則表對太陽而全無影。依地平所立八尺零五寸表，則太陽之影長一丈三尺七寸四分五厘。六儀並用而參互之，而立春一節，皆合於預推定各儀之度分。如此，則曆凡所推之節氣，其合於天行無疑矣。然非籍有合法之儀，又何從測而得之？夫所謂儀之合法者，抑豈憑臆而强就之也哉？要皆法其本然之象耳。蓋混天之體，原有赤道，有黄道，而居乎渾天之半者，曰地平，經緯分焉。故因其本然之象，崇而效之，制有三規，一曰黄道經緯儀，一曰赤道經緯儀，一曰地平經緯儀。地平儀又分爲二，一曰經儀，一曰緯儀，即象限儀，便用故也。凡日月、五星、二十八宿之行，以及所躔之度分，總於此三規而推定焉。四儀之外又有百游之紀限儀，旋轉盡變，以對乎天。凡有或正交，或斜交於三規錯綜之行，以定諸星東西南北相離遠近之度分，不差纍黍。總之，天行七政於本圈所列之經緯，各道之宫次度分，諸星先後相連之序，與夫東西南北相距之遠近，皆從天體而見，瞭如指掌焉。故製六尺徑之天體儀，以爲諸儀之統。且此六儀，相須並用，則凡礙之於彼者，而有此以通之，則亦何求不得哉？故欲密測以求分秒無差，則必六儀互用相參，要以製器精良，安置如式，測驗得法，而無有不合者矣。其有不合者，則即推其所以不合之端何在，而更爲釐正之，使釐正之後，測復參差，則於於諸儀中擇其所測之同者而用之，如此而不密合乎天行者，未之有也。使止據一儀以求盡乎天，如舊法之簡儀，是何可信其爲必然也哉？蓋舊法黄赤儀，膠柱而不運動，况止可謂赤道儀，無黄極，無緯圈，無黄表，無測黄道經緯之正法。其天頂立圈，太近於地平，其窺表，不能測在地平相近之星。夫天球而既無星距，無黄道等圈，無宫次之分，其地平無度數，則器總歸於無用矣。考古圭表之法，其圭原偏而向地平，其表更偏而離天頂，又離正南北之線，故仁以勾股之法修正之，庶幾可免夫乖舛也已。

黄道經緯全儀

諸儀通用之法，已詳於前説矣，今更以諸儀所需全法而分論之。夫儀之設有諸圈，所爲相須而互用之者也。然圈少則不雜而儀清，其象更爲昭顯，而儀之用爲愈便焉。如黄道經緯全儀之圈有四,各圈之四面分三百六十度,每一度細分六十分。其外大圈恒定而不移者,名天元子午圈。其外徑六尺,其規面厚一寸三分,其側面寬二寸五分。此圈之内,包括諸圈,其衡天頂之下半,加寬一寸五分,而夾入於雲座仰載之半圈。見第一圖。欲其不薄弱而失圓形故耳。其圈之側面,從天頂起算,南北各去頂一象限,即爲地平線。又從地平線起算,上下安定京師南北兩極之高度分,於兩極各安鋼軸,而各軸之心與圈側面爲一點,側面爲下半圓而合之,加伏兔上之半圓以收之。蓋因度分之界,指線所切,窺表所及,皆在側面故也。南北兩軸相向,左右上下,纖毫不謬。子午圈内,次有過極至圈,南北赤道兩極,各以鋼軸相貫之。兩極在規面之中心,而中心内外有鋼孔、鋼軸入鋼樞,免致銅樞磨寬。其北鋼樞,則安於内規面,用小鐵條以貫之而過極圈,不致垂下而失圓形矣。其南鋼樞,則安於外面,不令銅面轉磨而離於儀之中心焉。又從南北赤極起算,各去二十三度三十一分零三十秒,定黄道極,去極九十度,横置次三圈,名黄道圈,與過極圈相交。過極圈,亦名帶黄道圈。兩交處,各陷其中以相入,令兩圈爲一體,旋轉相從黄道交,一在冬至,一在夏至。黄道圈内,安次四圈,名黄道緯圈,結於黄道南北之兩極。其鋼軸、鋼樞之安法,皆與帶黄道圈無異。夫子午圈内共三圈,各規面之寬約二寸五分,便於刻度分秒，其厚約一寸三分。緯圈南北兩極，各有獸面，以銜圓軸，其圓徑約一寸，以爲徑表。軸之兩端，有螺柱定之。若欲不用圓軸，即開螺柱而安徑線以代表，任意用之。其軸之中心，立圓柱作緯表，表之縱徑與黄道中線正對，下與緯圈側面恒定爲直角。而黄道經圈、緯圈，各有游表數具於各弧之上，游移用之。又當天頂，設極細銅絲爲垂線，下置垂球，至下圓孔之内。全儀下有雙龍，於南北兩邊而承之，龍之後足安置於兩交梁。兩梁則以斜角相交而收斂之，令其地寬裕而便於測驗。又交梁之四角有四獅，以頂承之，而上則有螺柱定之。

黄道圈，其一側面，分刻十二宫，每宫三十度；其一側面，分刻二十四節氣，每節十五度。内外規面，宫度、節氣分相應之，但規面比側面寬大，便於刻度分秒。其每度之所容者，以縱横線界之，而成長方形。每一方又分六小長方，即一度分六分也。方上下横線短小，難容細分，因用其對角長線而十分之。蓋規面上平行十圈線，與對角線縱横相交，每小方分十格，六方六十格，因以六對角線十分之比例，每一度分六十分矣。諸圈内外規面之度分皆如此。今游表之指線，平分十分，與對角線之分，各有相當之比例。每一分又四細分，而每一細分當度分之十五秒，因而一分分六十秒，一度共有二百四十細分云。

過極至圈，内外規面從赤道線起算，向南北之兩極，則赤道線爲初度所從起，而兩極各爲九十度。其兩側面之度數，則以兩極各爲初度所從起，而赤道線爲九十度焉。緯圈之度數亦然。内外規面，以黄道中線爲初度所從起，而南北兩黄極，則爲九十度焉。其兩側面之度數，則與過至圈兩側面所起之度數同也。

赤道經緯全儀

赤道儀之有三圈。外大圈者，天元子午圈也。其徑線，其四面寬厚，其分劃度分之法，並堅固其下週之小半，而夾入於雲座半圈之内，皆與黄道儀之外圈同。又從圈之側面，南北極定度起算，各去九十度，定爲赤道經圈。見第二圖。與子午圈相交之處，兩處各以十字直角相交，其圈之内面與外面，各陷其中以相入，令縱横於兩内規面皆平面，則兩圈皆爲一體，而恒定不移也。次兩圈内之赤道緯圈，管於赤道兩極，而東西游轉，横相切於赤道之經圈也。經緯兩圈之規面，其寬各二寸五分，側面厚一寸三分。而南北兩極安定緯圈，其内外之規面上下，安以鋼軸、鋼樞諸項，皆與黄道同法焉。又南北兩極，各有獸面，安定於緯圈内規面之中，而獸吻銜其圓軸，以代赤道經表。軸之中心，立有圓柱，以代緯表。又軸及柱之徑，各一寸一分。若欲以兩極之徑線而代爲經表用之，亦無不可者。緯表縱横有兩徑線，其縱徑與赤道圈之中線正對，其横徑與緯圈之側面恒平行。又赤道内之規面，并上側面，刻有二十四小時，以「初」「正」兩字别之。每小時均分四刻，二十四小時共九十六刻。規面每一刻平分三長方形，每一方平分五分，一刻共十五分。每一分以對角線之比例，又分十二細分，則一刻共一百八十細分，每一分則當五秒。今游表之指線亦平分，而每分與對角線之十二分，各有相當之比例，又各細分五秒，則一刻每分六十秒，十五分共九百秒矣。如此而分之法，可不謂微矣乎？又子午圈向東之正面，爲子午線所從起，而南與北兩軸之中心，正與此面相對，以爲分界。至若軸樞之半在於此面，而半在於伏兔，則兩合螺柱以定之，而并如一體焉。又赤道之上側面，於子午圈之正南交，劃有「午正初刻」，其内規面劃有「子正初刻」。而於正北交，則側面劃有「子正初刻」，其内規面劃有「午正初刻」，其餘時刻皆從之而定焉。且上則用緯圈，下則用表景，隨便可以測定時刻也。若夫赤道圈之外規面，分三百六十經度，從規内面卯正相對之線起算，自西而東，隨諸天行，每一度依上法作長方形，每一方又另分六小方形，每一分以對角線之比例，又分十小分，即一度共六十分。今游表之指線，亦分十空之界線，而每一分空内，開爲四格小空，每一格當十五秒，則四格共六十秒也。其赤道之下側面，分象限而四之，而子、午、卯、酉爲各象限之初度。至於緯圈四面列度分秒之法，與赤道經圈無異。蓋各面四分象限，而内與外規面之象限各度數，則從赤道線起算，向南北兩極而止焉。其上下側面之度數，則從兩極起算，向赤道中線而止焉。又經緯圈，各有游表者四，與黄道儀正同。而全儀則下有一龍以爲座，向正南而負之，其前後兩爪安於兩交梁，而兩梁又以斜角相交。其四角則有四獅以相負，而又各有螺柱以定之。諸類皆詳於《黄道儀解》内，兹不復贅。其安對之法，則以天頂之垂線爲定也。

地平經儀

地平經圈之全徑長六尺，而周弧之平面則寬二寸五分，厚一寸二分。東西南北劃象限而四分之，每一象限則爲九十度，每一度依前法六十分。度數之字，以南北界線，各左右起算，爲初度之界，以東西界線爲九十度之界，從東西向南起算，北反是。夫地平圈之四面，各有一龍，以頂承之。見第三圖。而四龍安於十字交梁之四角，而每角加螺旋轉一具，可以準儀而取平。又十字交梁中有立柱，與地平圈高等，其中心爲地平圈之中心。從圈之東西二方地平之圈上，又各另加一立柱，高約四尺。柱之周圍，各有一龍蜿蜒於其上，乃從柱之上端中，各出其前一爪，而互捧火珠。蓋珠之心爲天頂，而正對地平圈之中心，則從地平之中心至天頂有立軸，而立軸之中，開有長方孔，其中從上至下有一直線，爲立軸之長徑線，并爲天頂之垂線，過地平之中心，加有平方尺表，如窺衡然。自横表之兩端，各出一線而過天頂，與立軸之長徑左右各作三角形，三線互相參直，共在過天頂圈之平面上，而與窺衡之指線準合。夫立軸左右旋轉，則人窺測之目及某星，并過天頂三角形線參直，而窺衡之指線，指定地平之經度矣。此儀之細微，不止於地平之分法，而更在乎地平中心所出立軸之徑線，準合於天頂之垂線，毫末不離也。故依勾股法之理，先自地平之中心，劃地平大圈，然後以立軸中天頂線爲股，以大圈半徑爲勾，而自本圈相對之四處，斜立一堅硬界方至天頂線之一點，以爲勾股之弦。若四處之弦長皆一而纖毫不差，則立軸之中線，必合於天頂之垂線矣，其説詳載《幾何原本》第一卷第四題。又儀之輕巧，在於四方螺旋之用法，詳於《儀器安法》。又在於地平方尺之横表。蓋此横表，須厚一寸，而寬一寸五分，以免致於垂下，而不合乎儀之本徑也。但既厚且寬，則必過重而難以轉動，又轉動時則沉重，而壓磨於地平上所劃度數之細分。故特用螺柱管其中心，與地平之中心，少起横表之兩端，使之空懸於中，而不令其磨損地平之面云。

象限儀

象限儀者，蓋用之以測高度者也，亦名地平緯儀。然式雖不一，惟取其有適於用焉，斯得矣。見第四圖。夫象限爲立運之儀，其製法，直角爲心，六尺爲半徑，用規器劃圈四分之一分，則爲九十度。每一度爲長方形，每一方又分十二小方形，而各小方之底，以對角線之比例，上下五分，則一度共六十分。又對角線之五分，每以窺表指線之細分十分之，則一度共六百分，而每一分則當六秒也。夫所劃之度數之字，其從上起算以至下，而鐫於弧之内邊上者，即指星之在地平上若干度分也。其從下起算以至上，而鐫於弧之外邊上者，即指星之離天頂若干度分也。故八十正數與一十倒數，七十與二十，六十與三十等，向上向下，正倒之數，俱爲同線鐫識之。弧以内象限空餘之地，爲匾龍以充其内，而左右上下皆固已。然全儀須立軸以運之，其安立軸之法，其要有二：其一，儀形必依權衡之理分之，即軸之周圍輕重相等，而取其運動之便，蓋儀形之中心，與其重心不同故也；其一，須立軸之中線，與儀之立邊平行，以免致離於天頂之垂線也。又於儀之縱横兩邊相遇之處，即過天頂圈之中心，定有圓柱爲表，加窺衡。而衡之下端，依法另加長方孔之表，與上表相等相對。其指線於弧之正面指定所測之度分，任意上下進退之，而於弧之背面，用螺柱以定之。若用象限全圈之徑以爲衡，而衡之兩端立圓柱以爲表，則可得負圈之角，而倍加度數之細分也。蓋此二度相併，歸於一度，而此一度，共有一千二百分焉。立運儀左右有兩立柱，其兩柱之上有雲弧，下横一梁相連，如樓閣然。又立軸之兩邊，有雙龍扶拱，以爲座架。立軸之兩端，加以鋼樞，上下各以鋼孔受之。其在下横梁中，有銅環以承立軸。樞環之徑，四倍於樞之徑。環之三面，各加螺柱，横入於環，出入展縮，以進退樞，令就合於垂線也。座架四傍上下，無所隔礙，窺測者從立軸以左右旋轉，甚便周視也。

紀限儀

紀限儀之全圈，則六分之一，即六十度之弧也，亦名距度儀。全儀分之爲二，一幹一弧。見第五圖。幹之長，與弧之半徑，及弧之通弦，皆相等，即皆六尺也。弧之寬二寸五分。此儀之難製，在於其幹，何也？蓋用儀之時，其幹大概離天頂，而左右上下移動之。衡斜向地平，故幹愈長愈軟而愈垂下，不合於儀之半徑。欲令堅固，恐銅加厚，而儀不便於用。故用三稜角形之法，而左右上下之，既堅固，亦復輕巧，則用以合天，使之彼此不相反也。幹之上端有小衡，以十字直角相交於弧之半徑線，下端入弧之中。夫幹及弧，并小衡之上面，皆在一平面，令儀合於本圈而便測驗故耳。又左右皆有細雲，彼此相連，蓋藉之以堅固全儀者也。若夫儀之中心，及小衡左右之兩端，各定有一表，皆圓柱。左右各表之徑線，相距中幹之徑線，本弧之十度。弧之度分，從其中線起算，左右各三十度，每度則六十分，每一分又十細分，則一度共六百細分，而每細分則當六秒，蓋與象限儀之分法無殊也。其弧上有游表者三，其表之平面有三界線長孔，孔内之方形，依本法與圓柱表相等焉。夫儀之全體，則用權衡之理以定之，蓋取其重心以爲儀心耳。至如儀之座架有兩端，一爲三運之樞軸，一爲承儀之臺。夫三運之器，加於儀之背面，定於儀之重心，以左之右之，高之下之，平之側之，無所施而不可，故又名百游之紀限儀焉。其三運之器，所以成之者有三：其一圓管，内有圓軸横入之，便於高下運用也；其一半周圈，其中心與横軸之中心正同，便於平側運用也；其一立軸，則便於左右運用焉。以圓管定於儀之重心，而半周圈與横軸之心，并立軸之上端，有小圓柱以爲平側運之軸。而立軸所容半周之處，則内有山口以容之，外有螺柱以定之，此輕小之儀之最便法也。今製紀限儀甚重大，側運之則必下垂，而螺柱恐難以定，故於半周弧外規加齒，而立軸旁則加小輪，其徑約二寸，其圓面稜齒與半周齒相入。又小輪同軸，而另加全輪，其全徑與小輪之徑，如五與一，與半周之徑，如一與二，蓋依舉重學之理轉運之，而輕五倍也。用此法，則全儀不勞力而可側運矣。定之，則於立軸下端，深入臺上端之圓孔。因儀左右旋轉而窺測之，目可無所不至矣。臺約高四尺，其座約寬三（大）〔尺〕，從下至上，有游龍蜿蜒以繞之，而紀限儀之制，於斯全焉。

天體儀

諸儀之中，其最象乎渾天，而爲用甚大者，莫天體儀若也。蓋天體儀，乃渾天之全象。而其爲用，則又諸儀之用之所統宗也。然諸儀中最爲難製者，亦莫若天體儀，爲夫畢肖乎天形，且便於用之爲難也。其難於畢肖天形者，難以取圓故也。其難便於用者，難於周圍均輕而無偏垂故也。其取圓，則以子午圈或地平圈爲準，先應分子午圈，劃爲四象限。見第六圖。次定兩相對之界，以爲南北二極。每一象限，則分爲九十度，而兩極各爲九十度之界，子午圈則以兩面度及字，彼此準對。每一度，以對角線之比例，而另以六十細分。又每一分，更細而四分之，而每四分之一，則當十五秒也，則以游表識之焉。又子午立圈，以向東之規面爲正面，而儀之中心，乃正對於斯。其南北兩極，各作圓半孔，以受儀之半軸。其他半以伏兔圓半孔受之。兩半圓相合，以螺旋轉定之。而兩極上下，以圓鋼樞而受儀之全軸焉。夫欲儀之旋轉齊圓，而畢肖乎天之形體，則必以子午圈内規面之齊圓爲準也。欲其均輕而便於用者，則又必以權衡之理爲準也。蓋權衡之爲義，本乎天行之平耳。夫惟渾天之恒平行，是以左右上下無或有輕重之偏焉，而天體儀之所爲最象乎渾天者，大端正在於此。輕重學有云：平衡之梁，其心在中，其兩端加重各等，一端扶之以手，手離自不動矣。則天體儀亦然，任意旋轉，手離則儀不動矣。其圓形之心及徑，與重之心及徑，同在一所故也。安儀於子午圈之中，行令其輕，而形令其圓，其象天也如此。此製器尚象之爲第一義也。次之，令其準合於地平圈。地平圈，其座架約高四尺七寸，而座之上下有兩圈，上圈爲地平之面，寬八寸，於子午正對處各闕其口，深與子午圈側面，寬與其規面相等，總以恰容子午圈，不寬而亦不隘，爲當其可焉。至兩圈内規面平合，而左右上下環抱乎儀周圍，則須留五分之縫，爲便於安高弧。而進退游表，隨用規器，於地平上面，多作平行圈線，以别度與字之間處，必於劃度處展之，於劃字處縮之，便以長方對角之線細分宫度。地平之上面，共分内外中三層。内層劃有地平經度，分四象限，而各爲九十度。其經度之上下，則劃有度數字，平距圈線内外界之。上所刻字，以正南正北各爲初度，以正東正西各爲九十度界。下所刻字反是，以爲測驗時便於用故耳。内層則以周渠爲限界，渠之深寬相等，即五分内，堪容高弧之足，即地平經度表也。自周渠以外，則地平中層矣。其上下平距圈線者，即限界京師地平日晷時刻也。每一時分八刻，而每一刻則十五分，午正初刻，即自子午圈正面南邊交地平而起。子正初刻，相對於兩圈北邊相交處。日晷源表者，即天體過南北之軸也。但本軸在儀體之中，不見故儀面上，過南北兩極，不拘何圈，俱可以代表也。

地平面上，其外層圈線者，即分定三十二方之線也。此外圈，亦分四象限，各有八方之線，亦名風線。蓋地平周圍，從三十二方風之有名者而起，凡定方向，及細心觀候天象者，必應分別之。夫地平及子午兩圈，因在天體面之外，係外圈，此兩圈全備如此，則儀面上之諸圈，可定以爲内圈。前南北兩極，當其中而劃赤道圈，以四象限分之，令各象界線，與子、午、卯、酉四正正對。次則另用規器，而以各象限初度爲心，以末度爲界，劃四半圈，正對各兩半，相遇於南北兩極，而成兩全圈。其一定春、秋二分，名爲過極分圈，一定冬、夏二至，名爲過極至圈。二分在黄、赤二道相交之界，二至爲黄道緯南、緯北至遠二界，即二十三度三十一分三十秒也。故過極至圈上，自赤道緯北之二十三度三十一分三十秒爲界，而以一象限末度爲心。即黄道極。用規器作圈，而定黄道以二分、二至、四象限分之，每象限則三宫，每宫則三十度，而每度依對角線之比例，分六十分，此爲黄道之經度也。至於赤道，則自西而東，分三百六十度，以春分界爲初度，此赤道經度也。兩道緯度，依過分、過至兩圈而定焉。

次又以赤道南、北二極爲心，相距三十九度五十五分爲界，而用規器作京師恒見界圈。又以黄道南、北二極爲心，而黄道南北，各作兩圈，兩圈互相距三十度。各圈所分之宫度數，與黄道圈之宫度數相對。次於黄、赤二極，及於天頂，即地平之極，加匾圈四分之一，以定黄、赤及地平各圈之緯度，總命之曰緯弧。以九十度分之，每一度依對角線之比例，以六十細分之。故緯弧之寬以對角線之長方形，及所刻度數字爲定則。其劃度分，從下而上，即從黄、赤地平各圈之經度，界定初度而起，緯弧各有横表，上下任意轉移之，以定緯度之分。黄、赤二道之緯弧，上端有圓孔，以安之於本極。下端有一匾弧，以十字直角形横交之，以密合於本道之經度線焉。蓋緯弧必以直角，交本道之經圈。横條之長，約緯弧之二十度，其寬與緯弧等。若地平之緯弧，亦名高弧。另有製法。蓋高弧及天頂，悉依北極出地度安置，故子午圈上，抱合天頂。另有游表，中開一長方口，以入子午圈，下出小螺柱，安貫高弧上端不脱。表正面另有螺旋轉，可以任游移而定之於天頂。高弧下端，則另有表，如平足，與地平上面平行。足底有如突起之形，入地平上周渠，如坳入之形，而以直角交地平經圈，以定其度分也。其黄赤二道、經緯之度，全備如此，則二十八宿星座等天象，有定位矣，有次第矣。

夫星宿,依黄、赤等各道之經緯度,布刻儀面之上,以本象線聯之,以大小六等印記別識之,以黄道十二宫次界線,各於本宫次總歸之。蓋黄道每一宫界爲心,相去三宫爲界,用規器作過黄極各大圈。凡天上諸星諸點,在一宫兩界線中者,即命其在某宫之度分也。從來曆家造星球、星圖、星表,必以測驗爲據,而定其經緯。測驗愈久愈密,古人但以目之所見,略定星象,以東西南北總別之。後代歸之於黄、赤兩道之宫次,又復歸之於宫度,今世猶爲加密,而定其經緯度分秒矣。蓋歷年愈久,則測驗愈合也。夫先代如元明之儀,頗爲粗略,用以測天,往往不能定諸星經緯之細微。今新製之六儀,則渾天大小諸星,俱可攷測而定,此近古所未有也。仁照現在之星表、星圖,新儀面上普列一天之星,過此以往,以六儀互用而攷測之,則於數年攷測之後,而更加精詳矣。夫星球最爲合天象之儀,星宿列其上,與列在天者無異,則一舉目而識之矣。若舊法之圖,星球所布列星天上所無者,或不分別其大小之等第,則儀殊不象於天,而觀天者之目,反混亂而失據矣。如星球上,凡有密點象者,如天漢積尸氣,傳説牛宿第四第八星等,皆密合微小之星,止用遠鏡窺測,可分別之。舊法疑其非星,因稱爲氣耳。又子午圈外規面上,安有時圈,其全徑二尺,以北極爲心。其上側面,分二十四小時,每時四刻,共九十六刻,每刻十五分,每一分以對角線之比例，又以六分之，則每一分當十秒也。其指時刻之表，以螺柱定於北極樞，因能隨天體而轉，又能隨本螺柱左右自轉，以便對於各時刻分。

前代，如元明以來所造星球，止可於一地北極之高度用之。今此一天體儀，可通用以測普天之下之天象也。蓋子午圈下，制有鋼象限弧，其寬二寸五分，厚一寸，釘於子午圈之西側面。其外規面有齒規，齒底之下，另有長齒之小輪，下齒與上相入。小輪之同軸，另有大輪。其外規面之齒，與柄軸上小輪之齒相入，而大輪與柄軸小輪之比例，爲四分之一焉。故兩輪互相爲用，一人左右轉柄軸，則天體隨之進退，其北極任上下於地平圈，而依各省之本度也。夫地平圈切用之處，在於平分天體之兩半，而天體左右，不拘何以旋轉，而其周面上所劃在黄、赤等大圈者，半必在地平之上，半必在地平之下，而分秒無差。故其承儀之座架，南北二方，有二螺旋轉以便用，任天體上下於地平若干之度分，無不可以對照焉。外此，著有《黄赤二道南北兩總星圖》，並《簡平規總星圖解》，蓋互相發也。

窺表

儀之所爲合天者，端在於分之法，與窺之法也。蓋分之務極於細，又務極於均；窺之務極於密，又務極於確。此二者，造儀之大要也。分法詳見後篇，今就諸儀通用之窺法而言之。蓋窺法所用之具，則不離乎窺衡與窺表而已。夫窺衡，即古之窺管、窺簫之類是也，有指線，有度指。見十二圖。指線者何？衡中指儀之經線也。度指者何？衡之杪，而即指儀之弧上之線，以指定度分者也。蓋儀之中心，當天之中心；儀之經線，當天之經線。凡測天之法，必從天之中心，以天之經線，爲窺目之視線，指定夫在天之度分也。窺表者，窺衡兩端直立之表也。有上有下，下表於窺目近，而上表則於窺目遠也。凡過儀之中心圓柱，或兩極相連之圓軸，或儀之經線，皆可代上表。下表有方形，有圓形；有恒定表，有轉表，有游表。凡兩表，須相等相向，而其上下左右之窺線，須與儀之指線互相平行。蓋平行，則各以相等角，交儀之經線角等，則度分亦等，而無所差忒矣。

地平儀之用法

測日或測星，須於地平圈内旋轉中心表，向於本點。凡謂點者，則日月之中心，衆星之所在也。而令横表上，所立勾股形之兩線，正對之。蓋勾股兩線，如股與弦，或勾與弦，并人目、本星，四者相參直，則横表之度指所在，即本星地平之經度分也。或從東西，或從南北起而數之，皆可。若當日光照灼，難用目視，則於白紙上，以勾股形兩線相參直之影爲準。若日色淡時，則可用目視之。然人之目與太陽正對，亦必射目，須用五彩玻璃鏡以窺之。其餘儀器，測太陽皆用之。若夜間測星，不拘何器，必以兩籠炬之光，照近遠兩線、兩表。所謂近遠者，即於測星之目爲近遠也。其炬光須對照表，而不可以對照測星之目。試將籠炬糊其半，而不使之透明於其後，則人在籠炬之後，於隱暗之地，而目所見，凡光照之物，更爲明顯也。

象限儀之用法

象限儀者,地平之緯儀也。凡測日或星,轉儀向天,低昂窺衡,以取參直。即得地平之高緯度,凡轉動儀時,若其背面之垂線,或有不對於原定之處,則其偏内或偏外若干分秒,必須與其所測得之緯度,或加或減分秒若干。蓋儀偏於内則用減,偏於外則用加也。夫地平而分爲經緯兩儀者,以便於用而窺測爲準故也。其便於用者,蓋謂兩人同時分測,乃并向於一點,以轉動而互用之,則赤道經緯度可推也。並夫日月五星之視差、地半徑差、清蒙氣差等,無不可推也。

紀限儀之用法

紀限儀者,原以測星相距之器也。其測法,先定所測之二星爲何星,乃順其正斜之勢,以儀面對之,而扶之以滑車。一人從衡端之耳表,窺中心柱表,及第一星,務令目與表與星相參直。又一人從游耳表向中心柱表,窺第二星,法亦如之。次視兩耳表間，弧上之距度分，即兩星之距度分也。若兩星相距太近，難容兩人並測，則另加定耳表於中線，或左或右之十度，一人從所定表向同邊之柱表，窺第一星。又一人從游表向中心表，窺第二星。其定表至游表之指線度分若干，即兩星相距度分若干也。

赤道儀之用法

用赤道儀，可以測時刻，亦可以測經緯度分。若測時刻，則赤道經圈上，用時刻游表，即通光耳，而對之於南北軸表。蓋經圈内游表所指，即本時刻分秒也。若經度，用兩通光耳，即兩徑表，在赤道經圈上，一定一游，一人從定耳窺南北軸表，與第一星相參測之。第一星者，即先所得之某星經緯度也。蓋測星赤、黄二道之度，必以顯推隱，顯者爲先得之某星，隱者爲今所求。先得之初星，必用日、月、太白遞求之，法見《恒星曆指》。一人以游耳轉移遷就，而窺本軸表，與第二星相參直。如兩耳間於經圈外之度分，即兩星之經度差也，用加減法，即得某星之經度矣。緯度，亦以通光耳於緯圈上，轉移而遷就焉。若測向北之緯度，即設耳於赤道之南，測向南之緯度。即設耳於赤道之北，務欲其準與夫在本軸中心小表，令目與表與所測之星相參直。次視本耳下緯圈之度分，在赤道之或南或北若干度分，即本星之距赤道南北之度分也。若本星在赤道密近，難以軸中心表對之，則用負圈角表定於緯圈之第十度上，在赤道或南或北，次以通光游表對之。蓋游表距相對之十度若干度分之數，則減其半，即爲某星之緯度分也。

黃道儀之用法

欲求某星之黃道經緯度，須一人於黃道圈上，查先所得某星之黃道經緯度分，見《赤道儀用法》。其上加游表，而過南北軸中柱表，對星定儀。又一人用游表，於緯圈上過柱表，對所測之星，游移取直，則緯圈上游表之指線，定某星之緯度，又定儀。查黃道圈兩表相距之度分，即某星之經度差。若本星在黃道密近，難以軸中心表對之，則用負圈角表，而測其緯度，其法與測赤道緯法同。若夫天體儀之用法，詳見《新法曆書·渾天儀説》中。

新製靈臺儀象志卷之二

治理曆法極西南懷仁　纂著

右監副劉蘊德　筆受
春官正孫有本
秋官正徐　瑚　詳受

諸儀之用條目

曆法之本，在於測驗。而測驗之條目，蓋甚繁也。然得其一，而他可推得其全，而一乃貫。今臚列諸儀之爲用，各有攸當者數十條，使學者有所持循焉。至其理之深微，法之詳密，則有《新法曆指》諸書在，所當畢慮而研究之者也。

地平經緯儀之用：

一、測定南北線。

一、測定極之出入地平度分。

一、測定清蒙氣差。

一、測黄赤二道相距度分。

一、測二十四節氣。

一、不拘何時刻測七政及諸星地平經緯度。

一、測太陽最高之處及兩心相距之差。

一、測日月之視差並日月及諸星離地近遠若干。

一、測諸星赤道緯度。

一、測赤道及地平緯圈於某星互相交角係若干度分。

一、測黄道在天中度係何宫度。

一、測黄道並地平緯圈於太陽中心互相交角係若干度分。

一、測日月諸星出入之廣度。

一、測地平及赤道緯圈於某星出入時互相交角係若干度分。

一、測黄道九十度限在地平高度。

一、測月相距日近遠幾何。

一、測日暈月暈之半徑。

一、測暈高度去離地冬夏春秋近遠不同之處。

紀限儀之用：

一、測不拘何兩星互相距度分若干。

一、測不拘何兩星正昇度差。

一、測某兩星黄道經度差。

一、測不拘何星赤道經緯度。

一、測日月全徑。

一、測日暈月暈半徑。

赤道經緯儀之用：

一、測七政諸星赤道經緯度。

一、測黄赤二道相距度分。

一、測某星高度。

一、測某星黃道經緯度。
一、測黃赤二道緯圈於某星互相交角係度分若干。
一、測赤道緯圈於黃道經圈互相交角係度分若干。
一、測黃道緯圈於赤道經圈互相交角係度分若干。
一、測黃道及天頂圈於太陽中心互相交角係度分若干。
一、測黃道在天之中度係何宫度分。
一、測日月諸星出入之廣度。
一、測地平及赤道緯圈於某星出入時互相交角係若干度分。
一、測黃道昇降度分。
一、測某星同黃道何度分出入地平。
一、測某星同黃道何度分在天中。

黃道經緯儀之用：
一、測七政諸星黃道經緯度。
一、測黃赤二道相距度分。

一、測黄道子午圈互相交角係度分若干。
一、測某星赤道經緯度。
一、測黄赤二道緯圈於某星互相交角係若干度分。
一、測赤道緯圈於黄道經圈互相交角係度分若干。
一、測兩星互相距度分。
一、測黄道緯圈於赤道經圈互相交角係度分若干。
一、測某星同黄道何度分出入地平。
一、測於某時黄赤二道之某度出入度分。
一、測黄道九十度限係何宫度分。

天體儀之用：

天體儀者，諸儀之所統宗者也，其理詳見於《新法·渾天儀説》中，今止列其條目如後。

一、求北極出地度。
一、求太陽躔度。

一、求恒星黃道經緯度。
一、求太陽赤經緯。
一、求恒星赤經緯。
一、求黃道每度赤道緯。
一、求黃道各弧出沒之距時。
一、求兩星出沒之距時。
一、求星出沒與在地平上之時。
一、求黃道昇降度。
一、求黃道見與不見之弧。
一、求星當見之時。
一、求日月諸曜出沒之廣。
一、以出沒之廣求本黃道度及北極高度。
一、求太陽地平經度。
一、求太陽出地平高度。
一、用渾儀成高弧表。

一、求恒星地平經緯度。
一、求星前後合伏之時。
一、求晝夜長短。
一、以晝長時復求北極出地高。
一、求晝時刻。
一、求朦朧時刻。
一、求距太陽出入前後時刻。
一、求七曜時分。
一、求夜時刻。
一、求太陽等曜距午正之弧。
一、求日月食之原。
一、求交食方位。
一、求彗星游星經緯度。
一、求兩星於立象圈上相合之時。
一、求經緯星相照度。

一、求歲旋。
一、〔求〕引照元與增力元相合。
一、求引二元應止黄道何度。
一、依渾儀解圓線三角形。
一、任取一弧一鋭角求餘弧及餘角。
一、解斜角三角形，總爲六題。
一、依比例原法復解圓線三角形。
一、求時圈與地平交角。
一、求地平與黄道交角。
一、求子午圈及黄道交角。
一、求高弧與黄道各度之交角。
一、依渾儀製日晷法。
一、求諸晷方位法。
一、製正球日晷。
一、製斜球正日晷。

一、製斜球單偏日晷。
一、製斜球重偏日晷。
一、界節氣線於正球日晷。
一、界節氣線於斜球日晷。
一、界地平經緯等線於日晷。
一、地球用法。
一、任以一處依經緯度安於球。
一、求海中舟道。
一、以經緯推距度及方位。
一、以經及方向求距與緯。
一、以緯與距度推經及方向。
一、以距及方向推經緯。
一、大小圈度相應表。

新儀之適於用

儀之式有二：一曰内式，一曰外式。内式爲儀之模，而以肖乎本象者也。在天有赤道儀之象，因定本儀爲赤道之儀而用之，則必與在天之赤道經緯圈相似，所謂内式也。若夫外式，則取乎綴飾以美觀，且兼於適用，令彼此不相滯礙，乃爲得耳。然從來創儀者，多用心於綴飾，而罕加意於適用，儀之所以弊也。仁之創制夫儀也，惟務密合乎天行，密合乎本曆之法，爲第一儀，而便用次之，綴飾又次之。

元與明世之儀，不適於用之處有三。其一則不明透。如簡儀、渾儀諸圈，内多有交梁，窺表稠密，其規面、側面皆粗厚，其座架左右上下，俱有銅柱縱横相交，以故東西南北多許之星，窺表不能對照焉。若天頂立運圈，則隱於簡儀之下，一切在南之星，難以窺之。若渾儀，半隱於四面銅箱之内，縱有星象，其在地平下時，一切不見。今六儀之爲制也，上下左右極其明透，而東西南北渾天之星，無不明顯而可以對照焉。觀新儀之圖象，則即了然於心目間矣。其一則難窺測。蓋儀之四維，多粗銅交梁、立柱、座架諸類，非但爲象緯之蔀障，抑且遮蔽人目，甚不便於窺測也。況測天之法，必以多人參同窺測爲準。今新儀備極玲瓏，東西南北無所隔礙，使窺測者之目，上下左右諸圈、諸表，無不豁然而易見，如黄、赤兩儀，其經緯諸圈，虚懸於中，惟南北二角飾以細身之龍，爲之座架，而並無所礙也。地平經儀，從地平周圍至天頂，無所不見。象限儀亦然。若夫百遊紀限儀，較之諸儀，更爲活潑，而易於對照。凡天上正斜横諸道，及諸星之行度，皆可任意以測之焉。至於天體儀之諸星、諸道，較在天之諸星、諸道，明晰無異也。舉地平下，并南極密近之諸星、諸道，舉中夏之人目力所不能至者，而今則有如數指上螺文矣。是何也？諸儀之製，皆靈透而便於測其架座，又細巧而不蔽於儀，此固善矣。且傍各儀之四圍，層級其石以爲階，使窺步者登降從心，有快於目，則尤其法之曲盡也。其一則難對定。蓋簡儀衡表及内圈，必須一二人之力以轉動之。此一轉動也，亦必用力强推之，勢難從容漸次移對夫度分也。至若渾儀，必更藉數人之力以轉動焉，是豈可施之於用也哉？若夫新儀則不然。形製雖較舊儀加大，而運旋則甚靈敏也。如象限儀、黄赤諸儀，一舉手而可以轉動。且元明之儀，每種極其重滯，假使地基傾陷，或地有動時，儀即因之而偏垂矣。若欲安對，非需數十人之力不可也。

夫元之渾儀，縱有可用，然不過如其曆法，用之於燕京，不能通於各省也。原夫南北兩極與子午圈，皆爲一定，而上下不能轉移故耳。若新製之儀，無論地基之有所傾陷，與地動之有所偏垂，一俄頃間，而一人之力，即可以安對而有餘。蓋新儀各依舉重學之法，有螺旋轉左右上下，皆可推移而安對之，雖一分秒之細微，亦不淆也。天體别有輪法以消息之，縱有五千斤之重，而一人用四斤之力，即可旋轉如意，以測夫天下各省北極之高度。總之，用法無不可通。故即此一儀之地平，亦即可以爲天下各省之地平，而用之以測驗渾天之象焉。

新儀體距極分秒之明晰

凡儀之大小，式無一定，必以無過不及之差者爲準則焉。何也？儀大，則分劃詳悉，而分秒畢清；儀小，則分劃簡略，而度分疎漏。夫毫釐之差，謬以千里，創儀用以測天，是烏容草率而爲之？然定儀之大小，以徑線爲準，前代諸儀經線極大，不踰五尺二寸。新儀之徑即小，皆六尺有餘，大則一丈二尺。抑思從來曆家創製儀器，務爲廣大者，無非欲每度寬闊，其地得以細劃分秒而已，然卒未有得法而曲盡其善者也。蓋儀器之貴乎大，非爲其形體之鉅有足觀也，亦在乎每度加廣，使分秒有餘地之可容耳。

今新儀則每度加廣，纖悉畢具，是何也？新儀另用負圈表，因可以得負圈角，故有餘地可容，而分劃得全也。在舊儀，止容其半已耳。然則新儀之小者，全徑六尺，即可當一丈二尺。見十三圖。甲乙丙象限儀，其全徑甲乙丁一丈二尺，若用其全徑甲乙丁以爲負圈表之衡，則甲乙丁爲大圈之半徑，而甲丁戊角爲負圈角。《幾何原本》云，詳見三卷二十題。負圈角與分圈角，所負所分之圈分同，則分圈角必倍大於負圈角。蓋甲乙戊外角，與相對之内兩角，乙戊丁角及乙丁戊相併，必等。今乙戊丁角與乙丁戊角相等，則甲乙戊角倍大於乙丁戊角，明矣。故象限儀甲丁戊負圈角之度分，倍大於甲乙戊分圈角之度分。今按，前所論此圈之度分與彼圈之度分大小若干，則此之徑與彼之徑大小亦若干。此論線之比例也。若論面與體之比例，又不同矣。蓋線與線，如一與二，爲單比例。此面與彼面相比，如一與四，爲再加之比例。此體與彼體相比，如一與八，爲三加之比例。如元之渾天，與今之天體相較，比例之多寡有三焉。蓋渾天之徑線四尺四寸，不及天體之徑線約有六尺，則徑與徑，如四十四與六十，此爲單比例。就徑推儀面，則元儀面與天體儀面，約有四十四與八十二，此爲再加之比例。故天體之所劃星宿、度數之周面，較元之渾天，約大一倍。若就徑而推兩儀之體所容載，則用三加之比例，即元儀之體所容載較新儀如四十四與一百十二云。

新儀分法之細微

儀之務爲覃精者，曷在乎？在於度分之細微也。夫古者之造儀，類必恢宏其制者，豈非欲得以分度之細微哉？然分度之細微，非僅在一度之廣大而已也，要在乎一度之分法焉。如先代元明之儀，有度之數，無度之分。然即有度之分，縱極其細微，不過十分已耳。若夫新儀則有異，蓋每一度爲六十分，而每一分又分爲四細分，則一度爲二百四十分，而每一細分，當十五秒，較之舊儀所爲極細者，細於二十四倍矣。又有每度三百六十細分，每一分當十秒，如用負圈表，加細一倍，而每度可分七百二十分，則比舊儀，細於七十二倍矣。且每度可分六百細分，如象限儀、紀限儀，每一分當六秒，則比舊儀細於六十倍矣。若象限、紀限等儀，用負圈之角，則每二度當算一度，而此一度細分，共一千二百分，每一分當三秒，則細比舊儀百二十倍矣。

夫此細分度之法，原從三角形内平行線之比例而生。蓋三角形每對角之線，任爲若干分，從各分作線與腰腺平行，必分底，而底之分與弦之比例適相等。見十四圖。甲乙丙爲勾股形，甲乙爲弦，弦之對角甲丙乙，甲丙爲股。今將弦，即甲乙線四分之，又從各分至勾上引線與股平行，此線必亦四分勾線甲丙，而甲乙弦線若干分之比例，必與甲丙勾線若干分之比例相等矣。甲丙及丁乙，即方形之長線，爲此一度與彼一度之界線。甲丁及丙乙，即方形之短線，爲一度之所容，并方形上下之底，此形又平分見十四圖。或六或十二小方形，以長線爲界，以短線爲底。而每方形内，作對角之線爲弦，每弦十分之，則六弦共六十分。蓋窺表之指線，恒交每弦之線，見十五圖。又與方形之界線恒平行。以相等之比例，必分每一度之底線，即每一度方形之底，以六十平分矣。夫對角之弦，平分若干分，則窺表之指線平分若干。然指線十分之，每一分又平分或四見十五圖。或六或十等細分，故每一度或有二百四十，或三百六十，或六百等細分，而每細分，當算度分之幾秒焉。此言細分度之法也。如論分時刻之法，前代之儀分晝夜一百刻，每時八刻零有三分刻之一，其爲不合乎天，已詳辨於《不得已辨》。《新曆曉惑》諸書中，雖其所分一刻極細者，止三十六分已耳。今之新儀，分晝夜以九十六刻，每時八刻，並無奇零。又每一刻十五分，見十一圖。每一分以對角線之比例，爲十二分而細分之，則每一分當十秒，而一刻共九百秒。是比之舊儀，細之又細矣。

新儀堅固之理

夫曆之爲學也，其理其法，必有先後之序，漸以及焉。故由易可以入難，而由小可以推大，未有畧形器，而可驟語夫精微之理者也。如《幾何原本》諸書，爲曆學萬理之所從出，然其初，要自一點、一線、一平面之解，及其至也，窮高極遠，而天地莫能外焉。今之學曆者，於凡發明器數之書，忽爲平常而不屑寓目，輒希頓悟於要渺之途，譬之登高而不自卑，何由至也？即有自命博雅，以格物窮理爲學，然而務大而遺小，務貴而畧賤。夫道無往而不在，豈事物之大與貴者理在，而事物之小與賤者，而理即不在乎？殊不知形上之理，不越乎形下之中也。今仁之著測天諸儀説也，不惟論其用法，與夫測天之細微，以及推諸天諸星之奥義，其于製作法、輕重法、堅固法之衆理，亦必詳載而論列之。蓋精粗表裏，互發而益明也。

夫欲儀制之堅固，不在乎尺寸之加廣，銖兩之加重，而徒以粗厚名也。大率在于儀徑長短之尺寸，與儀體輕重之銖兩，相稱而適均，乃爲得耳。蓋儀之徑愈長，則儀愈難承負。儀體既重，若又加銅以圖堅固，則徑反弱而自下垂。如赤道、黄道、經緯諸規，兩端懸于南北兩極之軸，若銖兩加倍，則東西兩半太重，必自下垂而不合乎天上所當之平面圈矣。若竪立之，則上下兩半又下垂，而圓圈又類卵形矣。其長圓之徑表，兩端定處，則中心太重，必自下垂而離南北之徑線。又象限儀之横梁，紀限儀六尺半徑之干等，皆須與地平線平行，而用權衡之理，依據于中心之一點。若過加銖兩，則兩端必下垂而，不合于本圈之徑線。造儀之難，正在於此。而儀之準與否，亦即在于此。

今更取五金所以堅固之理以明之。夫五金等材堅固之力，必從人之所推移而見，又必從壓之以重物而始見之。姑借方圓柱所承之力以類推焉。凡形之長者，必有縱徑，有横徑。其縱徑之力，與横徑不同。儀之中，有方柱、圓柱，有長方各梁柱，有長遠表。其中有竪立者，有與地平線平行者，有横斜用者，縱徑横徑，各有説焉。今先論縱徑之力，以定横徑所承之力。西士嘉理勒之法曰，觀于金銀銅鐵等垂線係起若干斤重，漸次加分兩，至本線不能當而斷。如金及銀之垂線，其横徑一厘，試加斤兩，至二十三斤而斷。又同徑之銅鐵線，試加斤兩，至十八斤而斷。因此法而推論曰，有金銀立柱于此，其横徑有六厘，必得八百二十七斤之分兩能當之。銅鐵柱，必得六百四十七斤之分兩能當之。有同徑之烏木等材料之立柱，約得一百一十八斤之分兩能當之。如十八圈。蓋凡兩柱大小之比例，爲其兩横徑再加之比例，而其堅固之比例，必與之相同。譬如有金線于此，其横徑爲一厘，若能當二十斤，則一分徑之金線，必能當二十斤矣。蓋一厘之徑與一分之徑，如一分之徑與一寸之徑，則一厘之徑與一寸之徑，如二十斤與二千斤，同是再加倍之比例。

從此而推方圓等柱，以其横徑之所當分兩若干。如十九圖。有方柱竪立爲戊己，其縱徑僅足拉斷之斤兩，即辛繫在于己。又有方柱甲乙丙丁，於地平線平行，其大小于竪立之方柱戊己相同。其横徑僅足拉斷之斤兩，即壬繫在於丙。題曰，辛之斤兩，于壬之斤兩，如戊己柱之縱徑，于甲丙柱之横半徑。蓋丙丁線損杆之類，其支磯在丁，其用力在丙。由此論之，試令本柱之横半徑丙庚，有其縱徑甲乙四分之一，而辛之斤兩爲四千斤，則壬之斤兩不過一千斤，而原柱依其横徑必墜斷矣。又有兩長方之柱見二十圖。甲乙、丙丁，而甲乙之厚面，及丙丁之寛面，兩面于地平線平行，與兩柱之一端，各有繫于本力相稱之斤兩，如戊與己。若再加之斤兩，則兩柱必不能當而墜斷矣。題曰，甲乙柱厚面之横徑，於丙丁柱寛面之横徑，加倍之尺寸若干，則戊之斤兩，于己之斤兩，加倍若干。解曰，甲乙柱厚面之横徑，與丙丁柱寛面之横徑，如五與一，因而若己之重一百斤，則戊之重五百斤矣。

有兩柱見二十一圖。甲乙丙丁、戊己庚壬，其長短等，其粗細不等，其粗柱之堅固與細柱之堅固，有己壬之横徑與乙丁之横徑三加之比例。如乙丁有己壬三分之一，而細柱之堅固，能當三千斤，則粗柱之堅固，能當八萬一千斤。因此而推圓柱之長，應加若干之尺寸，以知其不能當本體之重，以知其横繫于空中時，若釘此一端於壁，則彼一端自弱而重垂下，必横斷矣。如甲乙柱，見二十二圖。横懸於空中，其長徑五尺，於地平線平行。其本體之重有六百斤，若再加一千斤之重，繫在于丁，則圓柱墜斷。今球應加若干尺寸，以知其自垂而斷之處。依本法之理以論之，若于本柱加一丈五尺，共得二丈，則本柱不能當本體之重，自垂而横斷矣。

總而論之，甲乙柱之斤兩，與本柱之斤兩，並其所繫於丁斤兩之加倍。如五尺與二丈一尺七寸之比例，今於二丈乙尺七寸，再加本柱之長五尺，而三倍之，其積數共得八丈零乙寸。若此數併五尺之數中，取中比例數，得二丈，即所求甲乙柱之尺寸矣。從圓或方柱之理，可推他類。從五金之柱形，可推他形並材料。又筋繫蔴等繩堅固之力，同一比例之理。以上總論，依勾股之理，方圓等柱堅固之理。今依勾股之弦，斜向之柱，萬變不同，其堅固與否，其自弱而垂下之勢若干，皆照其斜向之勢若干。欲明此理，必須先知方圓等柱，各依勾股各弦之斜向加減，本體之輕重若干，而後可也。詳載《舉重學論》内。

新儀輕重比例之法

夫儀之重輕與其大小，必有一定之比例。因其輕重，可推而知其大小。又因其大小，可推而知其輕重。凡爲輕重者，必以其體形相等爲主。兩物體形相等者，彼此有輕重多寡之比。不相等者，其輕重無相比之定理。如有銅球於此，其徑一尺，不可以爲一定之輕重。若相等形之他球，如同徑之鐵球、木球，斯可以比之而定其輕重。蓋鐵球比銅球爲輕，比木球爲重也。輕重學有云，凡銅色之球，如皆爲銅或鐵等，其輕重之比例，爲其全徑三加之比例。如有兩銅球甲與乙，見二十三圖。甲之徑爲二尺，乙之徑爲一尺，若甲球重三千零四十斤，則乙球之重必三百八十斤。因此比例法，從輕推重，從小推大，又從同色之類，推大小之同類。譬如將黄蠟作球，從此蠟圈、蠟球之輕重，可推金銀銅等項之同徑球之輕重。凡鑄銅儀，先用蠟作各儀之式樣。其法曰，造諸色同徑之體，如球體或立方體，權之，得其輕重之差，以爲比例之根率。如下表，縱横兩行，列諸色之體名。上邊之横行，從最重起至最輕止。傍邊之縱行，從最輕起至最重止。縱横兩行相遇之方位、所得之數，即兩同類異色之體輕重之比例也。

異色之體輕重比例表

	金	水銀	鉛	銀
蠟	十九又二十九分之十九外	十四又一百四十七分之三十二分	十二又二十一分之一分	十又六十三分之五十二分
水	十九	十三又七分之四分	十一又二分之一分	十又三分之一分
蜂蜜	十三又二十九分之三分	九又二百〇三分之七十三分	七又二十九分之二十七分	七又八十七分之十一分
錫蠟	二又三十七分之二十一分	一又二百五十九分之二百一十一分	一又七十四分之四十一分	一又一百十一分之四十四分
鐵	二又八分之三分	一又五十六分之三十九分	一又十六分之七分	一又二十四分之七分
銅	二又九分之一分	一又六十三分之三十二分	一又十八分之五分	一又二十七分之四分
銀	一又三十一分之二十六分	一又二百一十七分之六十八分	一又六十二分之七分	—
鉛	一又二十三分之十五分	一又一百六十一分之二十九分	—	
水銀	一又九十五分之三十八分	—		
金	—			

	銅	鐵	錫	蜜蜂	水	蠟
蠟	九又二十一分之九分	八又二十一分之八分	七又一百〇五分之八十九分	一又二百十分之一百〇九分	一又二十一分之一分	一
水	九	八	七又五分之二分	一又二十分之九分	一	
蜂蜜	六又二十九分之六分	五又二十九分之十五分	五又二十九分之三分	一		
錫蠟	一又三十七分之八分	一又三十七分之三分	一			
鐵	一又八分之一分	一				
銅	一					
銀						
鉛						
水銀						
金						

此表之用法有二：其一，求兩等大異色體之輕重差；其一，求兩異色等重體之大小差。兩法從先所引輕重學之一題而生，若求兩體輕重之差，則以其輕體者當

一，或斤兩等分，若球本體大小之差，則以其重者當一。假如球蠟與銅輕重之差，蠟比銅輕，則蠟當一而蠟銅縱横，兩行相遇之方内，書在九倍又二十一分之九分。解曰：若蠟球有一斤重則同徑之銅球有九斤重，又一斤二十一分之九分。欲觀水與水銀之輕重差，則在卷内之十三分又七分之四分可考也。又如水之重約一斤，則水銀相等，有十三斤，又一斤七分之四。若儀器銅圈應厚一寸，寬二寸，其徑該六尺長，求其銅之斤兩。法曰：先作有一尺徑蠟圈，寬厚與銅大圈相等，因而照前表法，求等大之銅圈。次從一尺之徑圈，因而推六尺之徑圈。看新法測量全儀第五卷，然後看前表。凡銅鑄儀，其座架並方圓各形之柱、表、梁等，先無不用蠟而作大小各式樣，因可推其應作銅鐵元柱表梁等，各輕重之斤兩矣。凡此，係前表之第一用法。今照第二用法，有銅有蠟兩球，輕重相等，求其大小之差，銅球必小當一，而銅蠟縱横兩行相遇之方内，書在九又二十一分之九分。解曰：銅球之大，與蠟球之大，如一與九又二十一分之九分，則蠟球包含銅球之大，約九倍半。其餘比例皆倣此。

新儀之重心向地之中心

凡有重體之論，必以其重心爲主。所謂重心者，即重物内之一點。而其上下左右兩重，彼此相等也，如二十六圖。甲乙體内丙點是也。但每重體，獨有一重心。儀器則有本形之中心，亦有本體之重心。凡儀器中心，必當天之中，即地之中心也。蓋凡推算日月、五星、二十八宿等在天所行之度分，必以天之中心爲主，從天之中心，出線至天上各星，則定某星在本天大圈之某度分。乃從儀之小圈，以測驗之而準其度分，必儀之小圈之度分，與在天大圈之度分相應相合。然在天之大圈與儀之小圈之度分，上下既一一相應相合，則在天之大圈與儀之小圈所向之中心，必爲一無二矣。

今人用儀之時，雖在於地面之上，而離地之中心，即天之中心，約一萬五千裏。其從地面所測天上之度分，即如從地中心測驗之無二。蓋地半徑之差，與天之最高最遠無比，惟月、天晷有可比之理，因有數分地半徑之差而生也。夫儀之重心，以地之中心亦爲定向。蓋凡重物之體，自上直下，必欲至地心而止者是也。試觀二十四圖，甲爲地球之中心，乙、丙、戊皆重物各體，皆直下向地心而方止。蓋重性就下，而地心乃其本所故耳。譬如磁石吸鐵，鐵性就石，不論石之在上在下，在左在右，而鐵必就之者，其性使然也。何況地之中心，六合内最下之所，物離其中心，不得爲下，必爲上也，此地道寧静而永不動之故也。蓋凡謂下者，必遠於天而就地心；凡謂上者，必就天而遠于地心。而地一圜球，懸于空際，居中無著，常得安然。而四方土物，皆降而就于地心之本所。東降欲就其心，而遇西就者不得不止。南降欲就其心，而遇北就者亦不得不止。

凡物之欲就者皆然，故凡物相遇之際，皆能相衝相逆。故凝結於地之中心，即不相及者，以欲就故，亦附麗不脱，致令大地懸居空際也。如二十五圖，丙爲地中心，甲乙兩分各爲之半球。甲東降就其心，乙西亦降就其心。兩半球又各有本體之重心，如丁如戊。甲東降必欲令本體之重心丁，至丙中心然後止。乙西降必欲其本體之重心戊，至丙中必然後止。故兩半球相遇于丙中心，甲不令乙得東，乙不令甲得西，一衝一逆，勢力均平，遂兩不進。亦兩不能退而懸居空際，安然永奠矣。譬有一門于此，二人出入，在外者衝欲開之，在内者逆欲閉之。一衝一逆，爲力均平，門必不動。甲乙半球，其理同也。至四方八面，一塵一土，莫不皆然，隤然下凝，職此之由也。

諸儀座架之法

座架者，所以託載重體而免致于傾仆者也。座架之式有二：一直一斜。皆以垂線分別，垂線于座架爲直角者，即直座也；爲斜角者，即斜座也。凡座架，以重徑線爲平穩之則。夫重徑者，徑過重心之垂線也，其周圍銖兩輕重相均。兹姑舉二題以見例。

第一題

凡物之重徑，在其直座架内，則其物必托載平穩，而無傾仆也。假如重物甲乙，見二十七圖。托於直座架丙丁，而重徑爲戊己，故重物甲乙，自不傾仆矣。蓋甲戊、戊乙，輕重均平，因而甲壬小半，比壬乙大半必輕矣。凡重徑在直座之外，則重物未有不傾仆者。

第二題

於重體，或左右加減，或那移銖兩，則其重心必那而改移。重心一移，則重徑必隨之而移，猶人體及禽獸行動之勢，可明而推之于他類也。人體當竚立之時，全托於兩足，其兩足所立之地愈大而寬，則其身體愈穩矣。人體與獸體之所爲托載者，與儀之架座，正同一理。故架座愈寬，則其所托之重物愈穩也。蓋物重徑如丙丁，在架座之中，四方離座邊愈遠，則重物愈難仆矣。見二十八圖。夫人以至於獸，行動之時，其身體之重心，左右那離不斷，則其重徑亦因之那移而不斷。假如提起右足之時，其身體必偏於左，而獨托於左足。故其重徑丙丁，徑過左足。提起左足之時，其身體偏右，而獨托于右足。設使人竚立時，而提起右足，若不偏身於左，必不能立而仆矣。見二十九圖。又如人坐之時，見三十圖。其胸與股，其股與足，皆爲直角。又若人欲起而立，必身體之直角形，變爲鋭角之形，即胸並手那移向前，而足向後，見三十一圖。自令本體之輕重，均分於重徑丙丁之周圍。若不變通其力，使之輕重適均，則如三十圖之形，而人之身必不能立矣。

又如人從地掀翻，不拘何物，其兩足必分開，一前一後，自令重徑線丙丁，徑過本體之中。如飛禽之上躍斜坡，張翼而前；下躍斜坡，斂翼而後。而重徑線丙丁，前後均平，分本體之輕重，乃不致于身仆爾。見三十二圖。飛禽之頸長者，足必長也。當禽于空中飛翔之時，引頸而前若干，必伸足于後若干。而重徑丙丁，正在本體之中。見三十三圖。又如山坡所栽之樹，未嘗隨斜坡之形而斜長，蓋必依中徑垂線丙丁，竪立而長。見三十四圖。令其根，其幹，其枝，全依之而立，以免夫傾仆焉。故山坡之斜線甲乙，比山底之平線丙乙雖長，其所容之樹木麥穗等，必相等矣。夫物之生成者，依重徑線之理如此，故能保其本體，以免於偏仆也。則凡造成之物，必法之，而以重心、重徑爲座架也，固宜。

制儀之器與法

凡測天之儀，必極其精良靈巧，以準合乎天行之細微，而轉動以適於用，則其事乃善已。是故制儀者，欲善其事，則必備諸精妙之利器，而隨其式變通以作之，以務合乎其宜焉，則製器之能事畢矣。今姑舉其作法之次第如左云。

凡儀之大圈，必依其大小之尺寸鑄造之後，則以十字架粗木定其中心，而照第三十五圖，以爲立飛輪之形，安于架上轉動之，去其模，而大約歸于圓。其圈愈大而重，既懸于中心之軸，則其轉動愈易而且疾矣，蓋重物之勢使然耳。其次，則置圈于別架之上，務與地面相平，而照圈圓形，左右作榆木圈于弧内，安定刮刀約二十許，見三十六圖。刮刀架以重石，緊壓銅圈面上，用騾馬之力以轉動刮刀之輪，而圈之上下兩面，務爲刮平。又騾馬周圍轉動，自行有大圈之路。以其大圈之半徑，與銅圈半徑之比例若干，則知騾馬用力于刮刀重壓之斤兩若干矣。又刮刀輪，必須預備磨刀輪法。見三十七圖。其作法，其轉動之勢，並其所用力之比例，與刮刀輪之理無二。但刮刀架之下安磨石，而上安壓石，于壓石之上，又安自漏水筩，以便于磨平之用。見三十八圖。如刮刀輪與平磨輪之功已畢，則銅圈内再定中心，此中心應定于鋼片上，而鋼片則穩釘重大之木上，而在銅圈之正中。見三十九圖。其木之兩端，不可抵于圈，須稍離一間，否則失其圓形矣。次用兩螺旋轉，展縮其定規，見四十圖。甲乙其前後兩端。螺柱之下定心，並畫圈線之表，皆爲鋼尖表，一表定中心，一表循鋼圈周圍内外過不及之中邊，而内外劃兩界線之圈。此面已定，則又于本圈之下面，亦劃兩界線圈，而與上面之圈正相對。若不正對，則内外銅圈邊必斜，其上下兩面之圈及度數，不出於一圈之同心，而以之測天，則大舛矣。

故圜圈應竪立而用上下對面線之比例。見四十一圖。下而之上，定内外邊界線，與上下之界線正對，然後照前法畫内外邊之界線。次本圈又竪立而用細齒之鋼鋸，照内外之界線，鋸解其粗模。見四十二圖。又次用粗細各銼，以銼圈之内外邊爲平圓，至内外界線而止。次本圈又横置與地面相平，而用極細之銼，四面平磋之，令上下各相對之面，平合于内細微之線。又次以細微之徑線爲準，則從兩相對處緊合之，令其相交于圈之中心。見四十三圖。四面皆準合於此，則本圈各兩相對弧，可代測天之表，而可準對于分秒之細微。至天體之球，則必鏇之而後得圓。其鏇之之法，與他圈同。見四十四圖。諸圈類此，皆須于上下横竪，反覆而經百手，則其工之大端得矣。乃于其四面上，依法劃圈線、度數、分秒，然後諸圈榫對，令其中心相合，歸于一點，即天體之中心。而上下左右各分秒，總歸于全儀之一心。見四十五圖。務令各圈四面相對之半徑，皆出于一球之中心。此作儀之難也，然而儀之合天之細微，亦即在此。如天球黄赤各儀，安于子午圈南北兩軸，若其軸纖毫不對於子午圈之中心，則球必偏于東西。蓋照子午圈正面，於球面上下相對處畫線而轉球，令上變下，則上相對時，下必有過不及之差。欲正之，必須那移南北之軸。子午圈向内向外，以其過不及之差若干爲主。法曰，依此全差四分之一而那軸，則得其宜。其畫圈、度數、分秒等綫之規短，並取直、取平、取方、取圓等比例尺甚繁，一並繪圖，見於别卷。

新儀運用莫便於滑車

用滑車之法而運動儀器，其便有二：省人力，一也；儀器不致于損傷，二也。其省人力者何？蓋凡人之起重，必力與其重相等，如一百斤之重，必須一百斤之力，始足以當之。今法止用一輪之滑車，而力之半能起重之全，則五十斤之力，能當一百斤之重。若用二輪之滑車，則是以力之四分之一，而能當全重，即二十五斤之力，能起百斤之重也。三四等輪之比例，皆倣此。假如用一對滑車，又須用兩絞架，而一近一遠置之，其近者傍于所動之重物，而遠者離于重物也。今論一對滑車，以定其加力之比例，則以近架爲主。蓋近架内小輪若干，則力必加倍若干也。但比例有二：其一平分者，以平分之數解之，如四、六、八等；其一不平分者，以不平分之數解之，如三、五、七等。依二法安定滑車，則各有不同矣。如依平分之比例，安定倍力之滑車，見七十一圖。其所倍力之數若干平分。而以其數之半若干，於近架内安定小輪若干,而其繩之一端,則必繫于遠架。若依不平分之比例,安定倍力之滑車,于倍之數減一,而餘數之半,即爲近架小輪之數。而其繩之一端,則必繫於近架也。見七十二圖。如上滑車近遠兩架,通用一繩,而其一端止繫于一處,其倍力之比例皆如此。若其小輪,則每一輪各用別繩,而各繩之一端,又各有安定之處,則其倍力之比例爲更大焉。見七十三圖。假如重物在庚,滑車各繩,定于甲乙丙丁,人力在戊,則加十六倍,蓋依滑車之力也。若人力在己,則與重物相等。在辛,則加二倍。在壬,則加辛之力二倍,己之力四倍。在癸,則又加壬之力二倍,即己之力八倍。蓋遞加新輪,則遞加倍力有如此,此滑車之輪法。假若倒用,而以重物之所在,爲人力之所在,則重物之斤兩加倍若干,而起之速亦加倍若干。見七十四圖。假如用爲水筩,乙爲人力,按此輪法,人手拉繩至五尺以下,則盈水之筩,即起有四十尺之高。而手動五尺之時,水筩已去四丈之遠,可知其速已。

其儀器不致于傷損者何?夫儀器愈廣大,則用以測天愈精微。但其廣大若干,而其重之斤兩亦若干。若無法以運動之,則未有不崩墜而觸損者矣。故紀限儀之大弧、象限儀之長大表等運動之,皆用滑車之法。見七十五圖。蓋滑車輪多,近遠置以兩架,用一繩以多繞而相連之,雖其重大而有垂壓之勢,然因其繩繞之糾纏,而勢不能驟開，必有先後漸次焉。故儀器用滑車以絞動，設縱偶有脱手，其繩必不能驟開而致有崩墜觸損之患矣。蓋滑車之理，小輪兩架繩，繩若干，則其用力加倍亦若干。又拉重者，比其所拉之重行動之，捷若干，則其力亦必加倍若干。故滑車之繩一端，若繫於近架拉重，則更加其力矣。

又用多輪之滑車一對，不如用單輪之滑車兩對，其所倍之力更大。假如一對滑車，其近遠兩架各四輪，則共八輪，其力之加大，爲十倍。今有兩對相連之滑車，其近遠兩架，各有二輪，則共八輪，與前同，而其力之加倍爲二十五倍，與前大不同也。凡用滑車運動最重之物，必須絞架，所以倍加其力也。假有相連兩對之滑車于此，各有四輪，而有人在内，用四十斤之力，則能動一千斤之重。若又添絞架，其絞柄于其絞柱之徑，如十與一，則以四十斤之力，能動二萬五千斤之重。故絞架與滑車，互相爲用也。若獨用絞架，則其所繞絞柱之一單繩，不足以當二萬五千斤之重。若獨用滑車，則其諸繩雖足當乎重物，而其倍力之比例，實不及矣。若用絞架連用滑車，則合力當之而有餘焉。又其所繞絞柱，雖仍有一單繩，而此一繩，則能當雙繩相連八繩之力也。凡此倍力之所以然，詳見《舉重學》内，兹不具載。

新儀用輪相連以便運動

天體紀限諸儀，皆宜用輪相連法以便運動之。蓋天體儀之廣大，重四千斤，其妙用，在可對乎天下各省北極之高度。夫人之目，雖不離於京師觀象臺之一處，然究其可見者，則在各省之天象，與在一處無異也。故特用大小輪法，以便運動而對於各處北極之高度。用此輪法，則用四斤之力，而能運四千斤之天體也。若紀限儀，原爲百遊之儀，亦用此輪法，以便對於天之正斜、左右、上下，百遊之方向而轉動之。所爲輕便者，在大小輪相連一定之比例。蓋大輪之徑，比小輪之徑（天）［尺］寸有若干，見八十四圖。則即省轉動之力有若干。如有輪架五對，每一對有大小兩輪，同在一軸，每大輪與其小輪之比例，如五與一，五對輪相連大撥小而同爲五倍相連之比例。今推算其力，如有一孺子于此，止能用一斤之力。若用此輪法，則能起二百九十八萬五千九百八十四斤之重。曾照此法，造小輪架，以爲引重，其長不及二尺，其闊深不及一尺，内有三等輪與三軸，彼此相通相撥，獨用一絲繩以轉動之，而拉重物，勝于數十人之力焉。其所以然之故，則詳見所論重學諸題。

新儀用螺旋轉以便起動

諸儀中最有力者，螺旋轉也。其作法之巧妙，與用法之廣大，及其運動省力之理甚微，故新造之諸儀俱用之。螺旋轉上端，用絞柄開之，旋之，緊鬆之，其絞柄之尺寸，比螺旋轉之半徑若干，則其省力亦若干。如新儀並座架，共有四五千斤之重。今用一寸徑之螺旋轉，又加一尺之絞柄，則雖一孺子用數斤之力，而即能起動之。若照比例相連之法，用螺旋轉彼此相撥之法，則用一斤之力者，而可以起數萬斤之重也。蓋此相撥之器具一動，而有無所不動之勢，故其力爲甚大也。其螺旋所以省力之故，則在勾股形之弦與股一定之比例，見八十七圖。並詳于《舉重學》內，則其本論爲甚明也。

新製靈臺儀象志卷之三

治理曆法極西南懷仁 纂著

右監副劉蘊德 筆受
春官正孫有本 詳受
秋官正徐 瑚

新儀安置之法並摘羅經之誤

凡測天之儀，蓋本乎曆象自然之法，而造爲精微之器者也。故儀與天合象之規，使安之而失其正，則儀必不合乎天矣。不知者歸咎于曆法之不合天，或以爲儀之不合于法，又因不知其舛錯之處而究其本源，妄意修改，反以良法爲弊法目之，此曆法之亂所由始也。夫安儀之法，一以四方向，一以北極高度，此爲兩大端。苟有纖毫之差，則儀不合于天矣。測定本極之高度，詳載《日躔曆指》二卷諸法中。若定安儀之方向，斷乎不可以羅經爲主。蓋羅經，或偏東，或偏西，天下各省多寡不同向，正南正北者絶少。

京師偏東四度有餘，故京師内外，凡房舍墳地、山向，俱依羅經所定者，率多有偏，未有一向正南者。仁數載京華，凡所閱歷，安定日晷諸儀，多所測試，每有南北之墻，四五丈内，偏三尺餘者。夫觀象臺，原屬安諸儀以測天，定諸星、諸天象，正方向之所，究之四面之方向大謬也。仁於康熙十年，以正法考之，其東西墻五丈内，離正東西二尺有餘。古之管窺象緯者，何誤一至此也？定正向之原所，已謬如此，將何施而可哉？夫差之毫厘，謬以千里，今四五丈内，有二三尺之差，則四五里内，即有數丈之差。如九十一圖。甲乙爲舊臺東西墻，己丁爲正東西線，兩線引長至四五里遠，愈遠愈多，相離五里，既有數丈之差，則引長而至於天上元地平圈線，豈不有數千里之差乎？凡定方向，必以天上元地平線爲主，而羅經之中心，當元地平之中心。今羅經之所定，既差至數千里，如此，豈可用以定安儀之方向乎？

大地之方向並方向之所以然

凡定方向，必以地球之方向爲準。地球之方向定，則凡方向，遂無不可定矣。

夫地虛懸於天之中，備静專之德，本體凝固，而爲萬有方向之根底，一曰天兩極之向，一曰天中心之向。所謂天兩極之向者，即地球南北之極，正對天上南北之極，永遠而不離者也，並無動之之理。即使地有偶然之變，因動而離于極，則地亦必即自具轉動之能，以復歸於本極與元所，向天上南北之兩極焉。夫地球兩極，正對天上兩極，振古如斯，未之或變也。故天下萬國，從古各有所測本地北極之高度，與今日所測者無異，可知矣。所謂地自能轉動，以歸向天上兩極者，舉三端之理以推之。

其一，地所生之鐵，及土所成之舊磚等，其性禀受於地，故具能自轉動向南北兩極之力。如燒紅之鐵，以銅絲懸之空中，既復原冷，則兩端自轉而向南北兩極。再如舊墻内生鐵鏽之磚等，照前法懸之空中，亦然。假使地之本性，無南北之向，何能使所生之物，而自具轉動向南北兩極之理乎？

其一，地之全體，相爲葆合，有脈絡以聯貫于其間。嘗考天下萬國名山，及地内五金礦、大石深礦，其南北陡衺面上，明視每層之脈絡，皆從下至上，而向南北之兩極焉。仁等從遠西至中夏，歷九萬里而遥，縱心流覽。凡于瀕海陡衺之高山，察其南北面之脈絡，大概皆向南北兩極。其中則另有脈絡與本地所交地平線之斜角，正合本地北極在地平上之斜角。五金、石礦等，地内深洞之脈絡亦然。凡此脈絡，内多有吸鐵石之氣。生夫吸鐵石之氣者無他，即向南北兩極之氣也。夫吸鐵石，原爲地内純土之類，其本性之氣，與地之本性之氣無異故耳。又稽夫講五金諸書，皆以鐵性爲純土之性，即五金中鐵之體爲最近純土之體，如鐵之有鏽也。原其所從生，則亦類乎土之渣滓，此可以推其理也。其餘四金之體，皆爲雜體，則離純土之性更遠矣。所謂純土者，即四元行之一行，並無他行以雜之也。夫地上之淺土雜土，爲日月諸星所照臨，以爲五穀、百果、草木、萬彙化育之功。純土則在地之至深，如山之中央，如石鐵等礦是也。審此，則鐵及吸鐵石，並純土同類，而其氣皆爲向南北兩極之氣，自具各能轉動本體之兩極，而正對夫天上南北之兩極。此皆本乎地之脈絡者然也。夫地之兩極，原自正對夫天上南北之兩極，猶之草木之脈絡，皆自達其氣而上生焉。蓋天下萬物之體，莫不有其本性，則未有不順本性之行，以全乎其爲本體者也。又嘗考天下萬國堪輿諸（書）〔畫〕圖，五大洲，凡名山大川，皆互相綿亘，至幾千萬里之遥，自南而北，逶迤繡錯，其列于地者，顯而可見也。其内之脈絡，蟬聯索貫，即何殊乎人身之脈絡骨節，縱横通貫，而成其爲全體也哉？

其一，天下各地萬物生長變化之功，皆原太陽及諸星，循四時之序，照臨而成也。在各國之地平，上下高卑若干，因而剛柔燥濕隨之，而萬物各得其所宜耳。今使地之兩極，不必其爲向天上之兩極而離之，或於上下，或於左右，則是天下萬國，必隨之而紛擾動摇，將衆在乎赤道之北者，忽易而爲赤道之南。赤道之南者，忽易而爲赤道之北，近者變遠，遠者變近，夏之熱忽變乎冬之寒，則四序顛倒，生長變化之功，因之大亂，而萬物滅絶矣。審乎此，則地之南北兩極，恒向乎天之兩極，亘萬古而不移也，夫何惑焉？

指南針之偏于東西而不合于南北之正向

夫指南針，而謂可以定南北之真向者，鮮矣。以其或偏東，或偏西也。遠西從數百年以來，知天文地理博學之名士，閲歷偏于萬國，跡之所至，必究心焉。是以知指南針之偏，而記録各地之偏若干度分，所以定地之經度，而因以推知海洋之路。仁等西儒末學，自遠西接踵而至中華，蓋由舫海曲折以歷乎東西南北之境，約九萬里而遥。每于日出入時，依本法測驗指南針之偏，而較古人之所記録者，遂照大地之經緯度，隨地計指南鍼所偏之度分。今試舉其所以然者言之。夫吸鐵石，一交切于鐵鍼，則必將其本性之轉動，而向于南北之力以傳之，如火所煉之鐵等物，必傳其本性之熱焉。又凡鐵針及吸鐵石，彼此必互相向故，即使有針向正南正北者，而或左右或上下，有他鐵以感之，則針必離南北而偏東西向焉。今夫吸鐵之經絡，自向南北二極而行，但未免少偏，而恰合正南正北者少。故各地所對之鐵針，未免隨之而偏矣。試觀水盤内照南北之各線，按定大小各吸鐵石，而於水面各以鐵針對之，則明見多針，或偏西之與偏東若干。若照盤底内，其所對之吸鐵石，偏東西又若干矣。今繪大海之圖以明之。吸鐵之筋脈在水面下者，比在水面上者，其氣更全，以其爲諸星照臨之所不到，無有傷之故也。東西南北爲地球，見九十二圖。甲乙丙丁，繞地面之大海。從南至北，抱大地之曲線者，即大地向南北吸鐵之筋脈也。夫行海者所爲定南北之針，多偏東偏西者，因其海底吸鐵之經脈偏東西若干也，陸地之針亦然。審乎此，則指南針多偏之故，並其所以不可定南北之正向，明矣。

真正南北向之線

欲定南北之線，觀《日躔曆指》諸法可得矣。然欲精審乎所定之線，正合南北，使無毫髮之差，則更有三法以詳之。其一，用地平經緯儀。於冬夏二至相近之日，將向所定南北線之東西近遠相同者，各取若干度分，以太陽於午之前後一交某經度分，測其高度。若午前後同爲一高度分，則向所定之線，正向南北無疑矣。若午前之高度多，則先所定南北之線，未可以爲準，而其向南之一端，必改移于東矣。應移若干度分，則詳見後篇。其一，天晴時，不拘何夜，照前所測太陽之法，于南北線之東西，測定不拘何名星之高度，其南北之線應改與否，則以某星午前後之高度異同，照前法爲定。其一，用定時刻分秒之垂球。見第四卷《垂球儀用法》第一題。而晴夜測名星向東之高度，又從某一定之高度起，數垂球之分秒，至某星正對於向所定南北之線。又從星對南北之線起，數垂球之分秒，至某星西方之高度，與東方之高度相同。蓋午前後分秒，若彼此相同，則向所定南北之線正矣。若午前分秒比午後多，則其所差刻數之分秒，應變赤道之分秒，而取其半，以改南北之線。蓋此一半之分秒若干，則南北之線應移于東分秒若干。若午後分秒多，則南北之線，照上法應移於西。以上諸法，改移南北線，或東或西若干分秒。詳見九十三圖。庚午戊子，爲應改南北之線，即子午圈也。子午爲地平，戊爲天頂，甲丁庚爲赤道，癸爲赤極，戊辛爲高弧，壬爲某星午前所測之高度，己爲其午後之高度。今依三角形法，應推兩角，即戊癸壬角，並戊癸己角。戊壬癸形，有壬癸弧，即星赤道緯之餘弧。有壬戊癸角，即星地平經度角之餘角。有戊癸弧，即北極高度之餘弧，故依法推知戊癸壬角。又戊己癸形，有某星赤道緯度之餘弧，有己戊癸角，如前法。並戊己弧，即星高度之餘弧，因而推知己癸戊角。兩角之大減于小，而餘數平分，隨筆記之。次於原南北之線爲心，而用窺儀東西作大圈之弧，兩弧以對角線之法，細分度數分秒。然後將上所筆記分秒，而加於南北線之東西，以爲原移改之界。蓋若某星向所測午前之高弧大，則從本圈之中心，引線至東方界。若午後之高弧大，則引線至西方界。以此較定分界之線，而比正南北之線，則必合而無疑矣。

黄赤二儀安定之法

黄赤二儀安定之法畧同，以東西南北地平三圈，並北極之高度爲定，先竪子午圈，而左右以六尺之垂線準之，使其兩面正合過天頂圈，即以直角交地平也。以後凡説垂線者，必須細微銅絲，用斤半重之垂球，四方之筒以避風。蓋絲絹等線，左右轉動，難以定準。見九十四圖。次照前法，依南北之線安定之。次於本圈之頂極安垂線，至其底極安垂球，用座架四角之螺旋轉高下本圈，使其北極正對天上之北極，即使垂線正合于本圈之底極度。凡垂線于底極左右所切度分，應爲本度分之半耳。因垂線之角，負圈之角故也。其理詳見前章。次用赤道緯圈，若用黄道儀，則以過極之圈爲赤道緯圈。而午前午後，累測恒星赤道之緯度。蓋使午前後兩測之緯度分相同無差，則南北東西諸圈，正合于天而無差，明矣。

地平經緯儀並天體儀安定之法

曆家欲精測天象之地平經緯度，則必分地平之經儀與緯儀而兩測之。如使並測于一儀，恐未可以爲準也。今先論夫安經儀之法，其要端有二。其一，地平圈，必務合于天元地平線。而從本圈之中心所離之直線，必須合于天元頂線。故儀之頂線，置窺筒内，筒之外，有垂線。見九十五圖。次四面之螺旋轉柱，上下進退，使垂線不倚窺筒，而四面正合筒底所刻爲準之記。其一，地平圈上南北之線，必須合于天元地平上南北之線。其法與向所論真正南北向之線諸法無異。又可用赤道之儀，以考測其差與否。蓋冬夏二至相近日，太陽在已位時，測其離正午往東若干，或度數分，或刻數分，而于其時又以地平圈表對之，並本圈上與其所對之度分記識之。

又太陽在未位時，測其離正午往西，與其在午前相同之度數分，或刻數分，而彼時又即以地平表對之，又記識之。次從午前所對設至午後兩所，測相距之度數，以本地平之表平分之。此表平分之線，爲本地平圈上正南北之線。若依恒星爲據，則不拘何夜候測名星，在巳申兩位之時，與候測太陽同法同理也。

若夫地平緯儀，即象限儀其安法，以天頂之垂線爲定。蓋象限儀背面有垂線球，其線必須與本儀之半徑線正對，與本儀之立柱須常平行。故立柱下端四面，有螺旋轉柱，進退螺柱。見九十六圖。東西南北，務求垂線準合于背面之所記識，則安法得宜，而全儀合于天元頂圈矣。夫天體之安法，以子午並地平兩圈爲定。其法，以地平下所安之輪，進退子午圈，或南或北，使之齊北極高度，準合于本地應天之北極之高度。次地平圈上面，以垂線爲準。其定四面方向之法，大約似地平經儀之安法。若欲取天體之便而定之，則本儀上于某時刻太陽所躔之度分，立直表。次用前所安赤道之經緯儀，而于本時刻測太陽離正午或東或西若干度分，並所值時刻，轉儀至先所立表無射影處。見〔九〕十七圖。若儀上北極周圍所安時圈之刻分數，準合于赤道儀上刻分數，則本儀方向必正矣。若欲依恒星定方向，則照前法。必須兩人同測，一人用赤道圈表，于某時刻，測某星相去午正或東或西若干刻分。一人用天體上時圈表,于本時刻,對齊于某星。若兩圈上相去午正之刻分相同,則儀之方向又正矣。夫紀限儀,能應天上東西、南北、正斜諸圈,自無不定之方向。其安法,以座架正竪立不偏爲準也。

測地半徑之法

地半徑者,凡測天及諸星大小近遠之共度。蓋地經緯度,與天經緯度相應也。其測里數之法實繁,故另繡有東西二輿圖,剖渾天之半,以約定其經緯焉。兹姑舉其一端如後。

假如乙丙爲海水面,甲乙爲高山。見九十八圖。在海邊上,求其高于海之水平面丈尺幾何。先用象限儀而測定之,次又用象限儀,從山頂甲窺水面盡處丙。則甲丙線切圓形于丙,而于地半徑戊丙,作甲丙戊直角。見《幾何原本》第三卷第十八題。次從乙引長切線,交甲丙線于己,而同丁戊線相遇于丁。蓋甲乙己三角形内,己甲乙角,係若干度分,從象限儀窺衡表明見之。而甲乙己角爲直角,則依勾股法而推知甲己並乙己線丈尺幾何。然丙己線與己乙線相等,則甲丙全線之丈尺,可得而推也。又甲丙戊三角形内，既得其三角，並甲丙線之丈尺，則依勾股法，戊丙地半徑之丈尺，亦可得而推也。

測地面上高庳近遠表

測近遠高庳之法，如山嶽與塔閣等，其説詳載於《新法測量全儀》諸書中。今以測地半徑之法，並其度數，演而成表，以爲測量法。特更舉數題，以明其表之用法如後。

第一題

有人目在地平上之高度若干，求地平或水面上見地平界線，相距步里遠若干。

法曰：查高度表内目高度，則遠度表正對之方内，得幾丈幾尺，即見遠之之丈里也。如人在高阜，目向東方之地平，窺地平界線，而目在本地平上高八丈三尺三寸，則其所見東方之地平，爲三十七里乙百零八丈遠也。見九十九圖。

第二題

有兩人相距里數若干，求各從本地空際所能見之天象應高若干。

法曰：相距里數平分兩半，而其一半之數，查遠度表内，則高度表相對之方内，可得天象應高之度數。假如算此省之道里，相距彼省之道里，有四千里，則其一半，即二千里。見一百圖。查遠度表内第八方，則高度表内第八方，一百七十三里零三丈五尺，即本天象高度也。若表中所查之高遠數，比本表數，或多或少，則用兩相近數之比例，而依三率法以推定之。

又於京師所測有空際之雲氣異象，以求天下何省何地之所見。

法曰：先測定本象離地高若干，見空際測氣之諸法。次照前法查表，即了然矣。

地平上以高測遠以遠測高表

地平上以高測遠以遠測高表

高里	百	十	度丈	尺	寸	表分
					九	八
				四	九	○
				九	八	○
			一	六	六	六
			二	六	四	六
			三	六	二	六
			五	○	九	六
			六	五	六	六
			八	三	三	○
		一	○	二	九	○
		一	四	八	九	六
		二	○	二	八	六
		三	六	四	六	○
		四	三	五	一	六
		六	一	三	五	六
		九	一	七	四	○
		九	三	二	九	六
	一	六	五	八	一	六
二	○	四	三	二	一	○
一	一	五	七	○	八	六

逆度表

百	十	里	百	十	丈
		四	〇	三	六
		八	〇	七	二
	一	二	一	〇	八
	一	六	一	四	四
	二	〇	一	八	〇
	二	五	〇	〇	〇
	二	九	〇	三	六
	三	三	〇	七	二
	三	七	一	〇	八
	四	一	一	四	四
	五	〇	〇	七	〇
	五	八	一	四	二
	六	六	〇	〇	四
	七	五	〇	七	〇
	八	三	〇	三	二
一	〇	四	〇	〇	六
一	二	五	一	四	〇
一	六	六	一	四	四
二	〇	八	〇	七	二
二	五	〇	〇	〇	〇

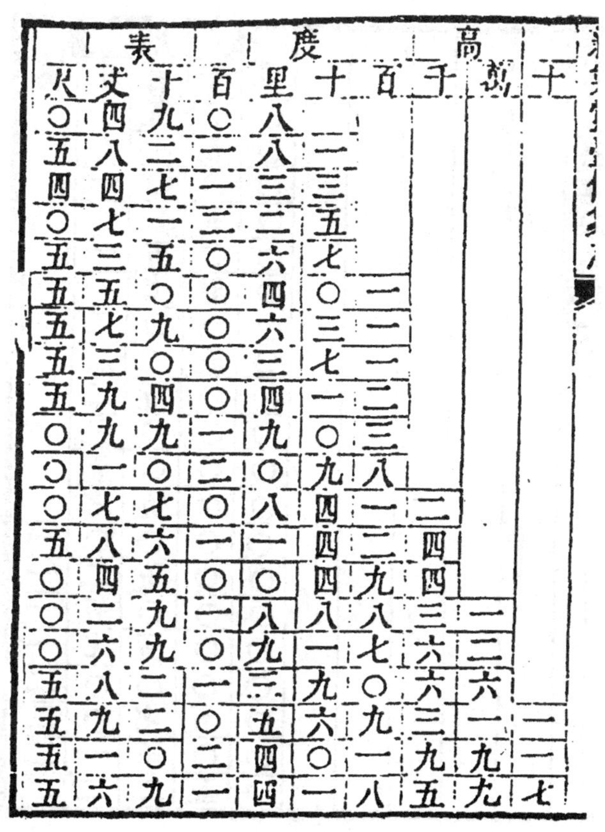

		表		度			高		
尺	丈	十	百	里	十	百	千	萬	十
○	四	九	○	八	一				
五	八	二	一	八	一				
四	四	七	一	三	三				
○	七	一	二	二	五				
五	三	五	○	六	七				
五	五	○	○	四	○	一			
五	七	九	○	六	三	一			
五	三	○	○	三	七	一			
五	九	四	○	四	一	二			
○	九	九	一	九	○	三			
○	一	○	二	○	九	八			
○	七	七	○	八	四	一	二		
五	八	六	一	一	四	二	四		
○	四	五	○	○	四	九	四		
○	二	九	一	八	八	八	三	一	
○	六	九	○	九	一	七	六	二	
五	八	二	一	三	九	○	六	六	
五	九	二	○	五	六	九	三	一	一
五	一	○	二	四	○	一	九	九	一
五	六	九	一	四	一	八	五	九	七

遠度表

萬	千	百	十	里
		五	〇	〇
		七	五	〇
	一	〇	〇	〇
	一	二	五	〇
	一	五	〇	〇
	一	七	五	〇
	二	〇	〇	〇
	二	二	五	〇
	二	五	〇	〇
	三	〇	〇	〇
	五	〇	〇	〇
	七	五	〇	〇
一	〇	〇	〇	〇
一	二	五	〇	〇
一	五	〇	〇	〇
一	七	五	〇	〇
二	〇	〇	〇	〇
二	〇	七	五	〇
二	一	五	〇	〇
二	二	二	五	〇

地面及水面上測經緯度法

地水球週圍，亦分三百六十度，以東西爲經，以南北爲緯，與天球不異。見《全地圖》。泛海陸行者，悉依指南針之向。蓋此有定理，有定法，并有定器。定器者，即指南鍼盤，所謂地平經儀。其盤分向三十有二，如正南、北、東、西，乃四正向也。如東南、東北、西南、西北，乃四角向也。又有在正與角之中各三向，各相距十一度十五分，共爲地平四分之一也。自南、北徂東、西起數，而各方向線，乃其過頂極交地平之大圈也。其鍼愈長而輕，則所定方向愈準。但其長短，勿令有過不及之差。而製法，務須合於吸鐵石之有力者，則自準耳。見一百零一圖。指南針及吸鐵石之性，另有本論。此所謂定器也。定法者，凡人之遠行，或陸或海，皆依鍼盤之向線而行，其道列有三等。凡正南、正北行者，則以地緯度而定其里數之遠近焉。凡正東、正西赤道下行者，則以地經度而推其里數之遠近焉。其或行於赤道之外，而但與赤道圈平行者，則以大小圈度相應表，而可以推其里數之遠近焉。此兩所推近遠之法易明也。但正南、北、東、西之外，皆爲斜行，其爲里數甚繁，推步不易，或以經緯推距度及方位，或以經及方向推其距與緯，又或以緯與距度推經度及方向，或以方向及距推經緯度。凡此，即勾股法有所不能求也，要惟依地水球之圓形，用曲線之三角形法，斯得其解也。又或有用銅鐵木等大圓球，其法最簡。但遠行者率用鍼盤向線爲便，而大球等器，則難爲攜帶也。又推曲線三角形之法，其理更爲難明，熟於其法者，蓋亦鮮矣。故特照三角形法推算，而爲測路者立有幾度數三等之表，名曰《地經緯方向表》，乃用簡法而爲便於測路者，詳見於後篇。今姑舉數題以明其用法。

第一題

有某兩處地緯度及方向，求其相距。假如從甲處起行，依鍼盤第三方之向往丙處，見一百零二圖。而甲處緯度即本極高度。爲二十八度，丙處之緯度三十六度，求兩處相距度分。

法曰：以大緯減小緯，即得八度。次查地經緯，及方向表内第三向正對緯之八度，即縱横兩列相遇之方内，得九度三十七分。變之爲里，見《度變里數表》。則兩處相距爲二千四百零四里又三十六丈也。若緯度外另有緯分，即照前法入表而得其相應之度分。假如丙丁兩處緯度之差爲十度四十五分，而海上有舟，依第五向從丙至丁，則第五向對緯之十度，縱橫相遇方内，得距之十八度。又本方對緯之四十分，而相應得七十二分。皆度數之分也。又對緯之五分，而於相應方内得九分。總計之，即得十九度二十一分之相距。變爲里數，共得四千八百三十七里一百零八丈。

第二題

有兩處相距及方向，求其緯差。假如有舟於此，依鍼盤第五方之向，從北極高五十三度十二分，行過二千二百五十里，變之爲度，相應九度，求本舟見在北極之高度幾何。

法曰：第五向下查九度相對有何緯度，即得五度。次以五十三度十二分減五度，餘四十八度十二分，即本舟所見在北極之高度分也。自北之南，則緯差度減；自南之北，則緯差度加。

第三題

有兩處經度差及方向，求其緯度。假如甲處在第三十度之子午圈下，本極在地平高二十三度，從此地徂東北，依鍼盤第四方之向，舟發而至丁處，即四十五度子午圈之下，兩處經差爲十五度，求丁處本極在地平上度數幾何。

法曰：查第二表右直行内兩處經差，即十五度，而第四向下縱横相遇方，得十四度四十九分，即爲兩處緯差。徂北緯度加，即丁處之本極，必在地平上三十七度四十九分也。

若兩處經差度外，另有分數，則用三率法以推其緯度。假如甲丁兩處經差爲七度二十分，而從甲處依第二方向徂東北至丁處，求丁處緯度幾何。

法曰：查第二表右直行内七度，而第二向下，相應得十六度三十九分。又本行内查第八度，而第二向下相應有十八度五十七分，以大減小，得差一百三十九分。與四十分相乘，而所得數與六十分歸之，即得一度三十二分。加於甲處緯度，即十六度三十九分，共得十八度十一分，爲丁處緯度也。

第四題

有兩處緯差及方向，求其經差。假如從緯之五十度，依鍼盤第二向徂東南，至緯之三十四度，求兩緯度之地經度差幾何。

法曰：第二向下，查緯之三十四度第一直行内，相應得經之十五度。又本向下，查緯之五十度，而相應得經之二十四度。以大減小，得九度，爲兩緯度之經差。若本向下，所差之緯度有過與不及，則照上法，應用比例以推之。

第五題

以正南北東西度，求其里數，正東西在赤道下，與正南北度，皆大圈之度。其每一度，當二百五十里。若在赤道外，而與赤道平行，則以大小圈度相應表，推其里數，其大小圈皆依三百六十平行爲度。但各圈之度不等，必隨其圈之大小爲則。又小圈距中大圈愈遠，得度愈狹，故必以《南北緯算表》乃可也。於初行載諸緯度，次二行載諸緯小圈所應一度之分秒，因而緯圈分秒漸小，其所量小度亦更小，以至近極之一小度，得對大圈度之一分耳。

大小圈度相應表

推小圈之里數，罕譬以明之海中有舟於此，在五十三緯圈下，正東行一千二百五十里，即相應赤道大圈之五度，求其五十三小圈，相應之度分幾何。

法曰：五十三小圈，一度相應赤道大圈三十六分六秒，則一度即六十分，與五度即三百分。相乘，與三十六分六秒歸之，即得八度一十一分，爲五十三小圈相應之度分也。

又以小圈下所行之度分，求赤道大圈相應之度分與里數。假如五十三小圈下，正東行八度一十一分，求其赤道大圈相應之度分與里數。

法曰：本小圈一度，相應赤道大圈三十六分六秒。則三十六分六秒，與八度一十一分相乘，與六十分歸之，即得相應赤道之五度，即一千二百五十里也。凡南北小圈，俱倣此。

大小圈度相應表

大小圈度相應表

緯度	應分	應秒	緯度	應分	應秒	緯度	應分	應秒
一	五九	五九	二一	五六	○	四一	四五	一七
二	五九	五七	二二	五五	三七	四二	四四	三五
三	五九	五八	二三	五五	一三	四三	四三	五二
四	五九	五一	二四	五四	四八	四四	四三	○八
五	五九	四六	二五	五四	二二	四五	四二	二四
六	五九	四○	二六	五三	五五	四六	四一	四○
七	五九	三三	二七	五三	二七	四七	四○	五五
八	五九	二五	二八	五二	五八	四八	四○	○九
九	五九	一五	二九	五二	二八	四九	三九	二二
一○	五九	○五	三○	五一	五七	五○	三八	三四
一一	五八	五三	三一	五一	二五	五一	三七	四六
一二	五八	四一	三二	五○	五二	五二	三六	五六
一三	五八	二七	三三	五○	一八	五三	三六	○六
一四	五八	一三	三四	四九	四四	五四	三五	一六
一五	五七	五七	三五	四九	○八	五五	三四	二四
一六	五七	四○	三六	四八	三二	五六	三三	三二
一七	五七	二二	三七	四七	五五	五七	三二	四○
一八	五七	○三	三八	四七	一七	五八	三一	四七
一九	五六	四三	三九	四六	三八	五九	三○	五三
二○	五六	二二	四○	四五	五八	六○	二九	五九

緯度	應分	應秒
六一	二九	○五
六二	二八	一○
六三	二七	一四
六四	二六	一八
六五	二五	二二
六六	二四	二四
六七	二三	二六
六八	二二	二八
六九	二一	三○
七○	二○	三一
七一	一九	三一
七二	一八	三一
七三	一七	三一
七四	一六	三一
七五	一五	三○
七六	一四	二八
七七	一三	二六
七八	一二	二四
七九	一一	二二
八○	一○	二○
八一	○九	一八
八二	○八	一六
八三	○七	一四
八四	○六	一二
八五	○五	一○
八六	○四	○八
八七	○三	○六
八八	○二	○四
八九	○一	○二
九○	○	○

測地經緯及方向表

測地經緯及方向表

緯度	第一度	向分	第二度	向分	第三度	向分	第四度	向分
一	一	〇一	一	〇五	一	一二	一	二五
二	二	〇二	二	一〇	二	二四	二	五〇
三	三	〇三	三	一五	三	三七	四	一五
四	四	〇五	四	二〇	四	四九	五	三九
五	五	〇六	五	二五	六	〇一	七	〇四
六	六	〇七	六	三〇	七	一三	八	二九
七	七	〇八	七	三五	八	二五	九	五四
八	八	〇九	八	四〇	九	三七	一一	一九
九	九	一一	九	四五	一〇	五〇	一二	四四
一〇	一〇	一二	一〇	四九	一二	〇二	一四	〇九
一一	一一	一三	一一	五四	一三	一四	一五	三四
一二	一二	一四	一二	五九	一四	二六	一六	五九
一三	一三	一五	一四	〇四	一五	三八	一八	二四
一四	一四	一六	一五	〇九	一六	五〇	一九	四九
一五	一五	一七	一六	一四	一八	〇二	二一	一四
一六	一六	一九	一七	一九	一九	一五	二二	三八
一七	一七	二〇	一八	二四	二〇	二七	二四	〇三
分	分	秒	分	秒	分	秒	分	秒

緯度	第五向度分 分	第五向度分 秒	第六向度分 分	第六向度分 秒	第七向度分 分	第七向度分 秒
一	一	四八	二	三七	五	〇八
二	三	三六	五	四一	一〇	一五
三	五	二四	七	五〇	一五	二三
四	七	一二	一〇	二七	二〇	三〇
五	九	〇〇	一三	〇四	二五	三八
六	一一	四八	一五	四一	三〇	四五
七	一二	三六	一八	一七	三五	五三
八	一四	二四	二〇	五四	四一	〇〇
九	一六	一二	二三	三一	四六	〇八
一〇	一八	〇〇	二六	〇八	五一	一五
一一	一九	四八	二八	四五	五六	二三
一二	二一	三六	三一	二一	六一	三〇
一三	二三	二四	三三	五八	六六	三八
一四	二五	一二	三六	三五	七一	四五
一五	二七	〇〇	三九	一二	七六	五三
一六	二八	四八	四一	四九	八二	〇〇
一七	三〇	三六	四四	二五	八七	〇八

緯度	第一向度	第一向分	第二向度	第二向分	第三向度	第三向分	第四向度	第四向分
一八	一八	二一	一九	二九	二一	三九	二五	二八
一九	一九	二二	二〇	三四	二二	五一	二六	五三
二〇	二〇	二三	二一	三九	二四	〇三	二八	一八
二一	二一	二四	二二	四四	二五	一六	二九	四三
二二	二二	二六	二三	四九	二六	二八	三一	〇八
二三	二三	二七	二四	五四	二七	四〇	三二	三四
二四	二四	二八	二五	五九	二八	五二	三三	五七
二五	二五	二九	二七	〇三	三〇	〇四	三五	二二
二六	二六	三一	二八	〇八	三一	一六	三六	四七
二七	二七	三一	二九	一三	三二	二八	三八	一二
二八	二八	三三	三〇	一八	三三	四一	三九	三七
二九	二九	三四	三一	二三	三四	五三	四一	〇二
三〇	三〇	三四	三二	二八	三六	〇五	四二	二七
四〇	四〇	四七	四三	一九	四八	〇六	五六	三六
五〇	五〇	五八	五四	〇八	六〇	〇八	七〇	四四
六〇	六一	一〇	六四	五八	七二	一〇	八四	五三
七〇	七一	二二	七五	四七	八四	一二	九〇	〇二
分	分	秒	分	秒	分	秒	分	秒

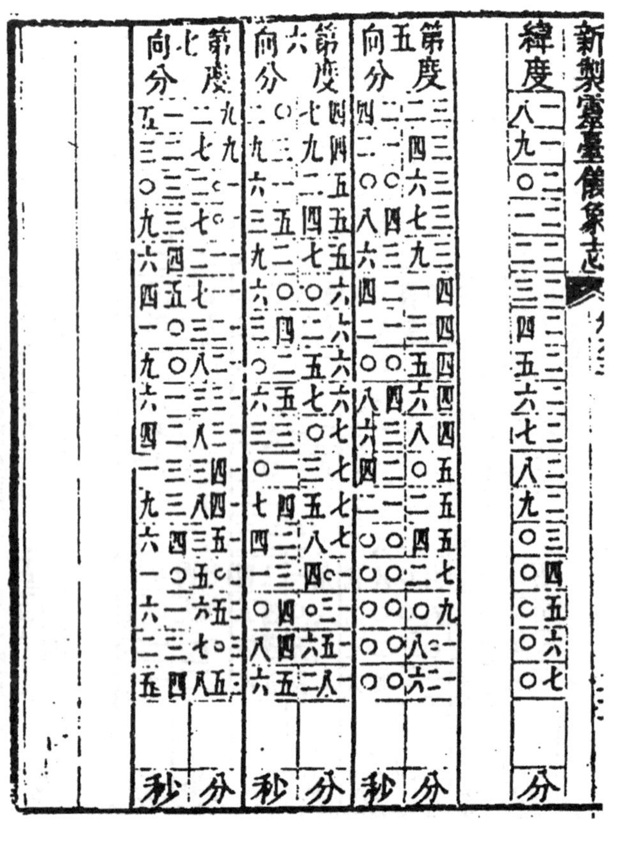

緯度	第五向 度	第五向 分	第六向 度	第六向 分	第七向 度	第七向 分
一八	三二	二四	四七	〇二	九二	一五
一九	三四	一二	四九	三九	九七	二三
二〇	三六	〇〇	五一	一六	一〇二	三〇
二一	三七	四八	五四	五三	一〇七	三九
二二	三九	三六	五七	二九	一一二	四六
二三	四一	二四	六〇	〇六	一一七	五四
二四	四三	一二	六二	四三	一二三	〇一
二五	四五	〇〇	六五	二〇	一二八	〇九
二六	四六	四八	六七	五六	一三三	一六
二七	四八	三六	七〇	三三	一三八	二四
二八	五〇	二四	七三	一〇	一四三	三一
二九	五二	一二	七五	四七	一四八	三九
三〇	五四	〇〇	七八	二四	一五三	四六
四〇	七二	〇〇	一〇四	三一	二〇五	〇一
五〇	九〇	〇〇	一三〇	四〇	二五六	一六
六〇	一〇八	〇〇	一五六	四八	三〇七	三二
七〇	一二六	〇〇	一八二	五六	三五八	四五
分	分	秒	分	秒	分	秒

經度	第一度	向分	第二度	向分	第三度	向分	第四度	向分
一	五	〇一	二	二四	一	二九	〇	五九
二	一〇	〇〇	四	四九	三	五九	一	五九
三	一四	五四	七	一三	四	二九	二	五九
四	一九	四二	九	三六	五	五八	三	五九
五	二四	二三	一一	五八	七	二七	四	五九
六	二八	五一	一四	二〇	八	五六	五	五九
七	三三	一〇	一六	三九	一〇	二五	六	五八
八	三七	一六	一八	五七	一一	五三	七	五八
九	四一	〇九	二一	一三	一三	二〇	八	五七
一〇	四四	五〇	二三	二七	一四	四七	九	五六
一一	四八	一七	二五	三九	一六	一四	一〇	五五
一二	五一	三一	二七	四八	一七	四〇	一一	五四
一三	五四	三二	二九	五五	一九	〇五	一二	五三
一四	五七	二一	三一	五九	二〇	三〇	一三	五二
一五	五九	五八	三四	〇一	二一	五三	一四	四九
一六	六二	一三	三五	五九	二三	一六	一五	四七
一七	六四	三八	三七	五五	二四	三八	一六	四五

新製靈臺儀象志 卷之三 三十二

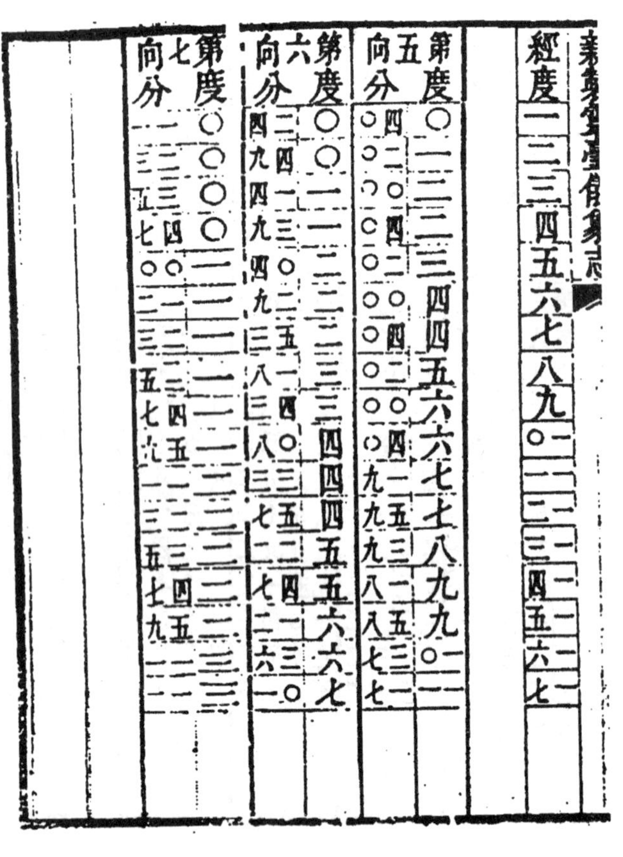

經度	第五向度	分	第六向度	分	第七向度	分
一	〇	四〇	〇	二四	〇	一一
二	一	二〇	〇	四九	〇	二三
三	二	〇〇	一	一四	〇	三五
四	二	四〇	一	三九	〇	四七
五	三	二〇	二	〇四	一	〇〇
六	四	〇〇	二	二九	一	一二
七	四	四〇	二	五三	一	二三
八	五	二〇	三	一八	一	三五
九	六	〇〇	三	四三	一	四七
一〇	六	四〇	四	〇八	一	五九
一一	七	一九	四	三三	二	一一
一二	七	五九	四	五七	二	二三
一三	八	三九	五	二二	二	三五
一四	九	一八	五	四七	二	四七
一五	九	五八	六	一二	二	五九
一六	一〇	三七	六	三六	三	一一
一七	一一	一七	七	〇一	三	一一

經度	第一度	向分	第二度	向分	第三度	向分	第四度	向分
一八	六六	四二	三九	四八	二五	五九	一七	四二
一九	六八	三六	四一	三七	二七	二○	一八	三九
二○	七○	二二	四三	二四	二八	三九	一九	三六
二一	七一	五九	四五	○八	二九	五七	二○	三二
二二	七三	二九	四六	四九	三一	一四	二一	二八
二三	七四	五一	四八	二六	三二	三一	二二	二四
二四			五○	○一	三三	四六	二三	一九
二五			五一	三二	三五	○○	二四	一四
二六			五三	○一	三六	一三	二五	○九
二七			五四	二七	三七	二五	二六	○三
二八			五五	四九	三八	三六	二六	五六
二九			五七	○九	三九	四五	二七	五○
三○			五八	二六	四○	五五	二八	四二
三一			五九	四一	四二	○一	二九	三五
三二			六○	五三	四三	○七	三○	二七
三三			六二	○二	四四	一二	三一	一八
三四			六三	○八	四五	一六	三二	○九

經度	第五度	向分	第六度	向分	第七度	向分
一八	一一	五六	七	二六	三	三四
一九	一二	三五	七	五〇	三	四六
二〇	一三	一四	八	一五	三	五八
二一	一三	五三	八	三九	四	一〇
二二	一四	三二	九	〇四	四	二二
二三	一五	一一	九	二九	四	三四
二四	一五	四九	九	五三	四	四六
二五	一六	二八	一〇	一七	四	五八
二六	一七	〇六	一〇	四二	五	〇九
二七	一七	四五	一一	〇六	五	二一
二八	一八	〇二	一一	三一	五	三三
二九	一九	〇一	一一	五五	五	四五
三〇	一九	五八	一二	一九	五	五七
三一	二〇	一六	一二	四四	六	〇九
三二	二〇	五四	一三	〇八	六	二一
三三	二一	三一	一三	三二	六	三三
三四	二二	〇八	一三	五六	六	四四

經度	二度	向分	三度	向分	四度	向分	五度	向分
三五	六四	一三	四六	一八	三三	〇〇	二二	四五
三六	六五	一四	四七	二〇	三三	五〇	二三	二二
三七	六六	一四	四八	二〇	三四	四〇	二三	五九
三八	六七	一一	四九	一七	三五	二九	二四	三五
三九	六八	〇六	五〇	一七	三六	一七	二五	一二
四〇	六八	五九	五一	一四	三七	〇五	二五	四八
四一	六九	五〇	五二	一〇	三七	五三	二六	二四
四二	七〇	三九	五三	〇四	三八	四〇	二七	〇〇
四三	七一	二六	五三	五七	三九	二七	二七	三五
四四	七二	一一	五四	五〇	四〇	一三	二八	一一
四五	七二	五五	五五	四一	四〇	五八	二八	四六
四六	七三	三六	五六	三一	四一	四三	二九	二一
四七	七四	一六	五七	二〇	四二	二八	二九	五六
四八	七四	五五	五八	〇八	四三	一七	三〇	三一
四九	七五	三二	五八	五五	四三	五八	三一	〇五
五〇			五九	四〇	四四	二一	三一	三九
五一			六〇	二五	四五	二一	三二	一三

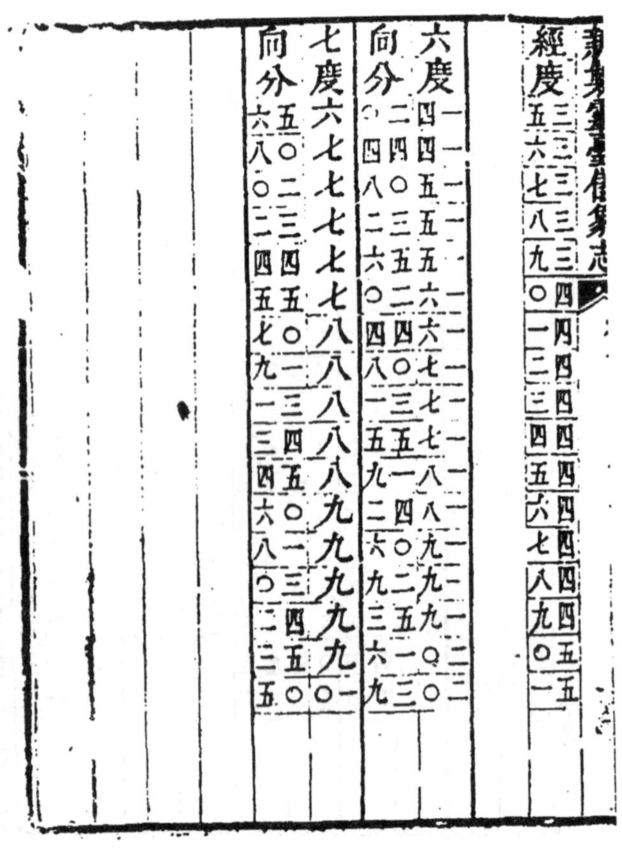

經度	六度	向分	七度	向分
三五	一四	二〇	六	五六
三六	一四	四四	七	〇八
三七	一五	〇八	七	二〇
三八	一五	三二	七	三二
三九	一五	五六	七	四四
四〇	一六	二〇	七	五五
四一	一六	四四	八	〇七
四二	一七	〇八	八	一九
四三	一七	三一	八	三一
四四	一七	五五	八	四三
四五	一八	一九	八	五四
四六	一八	四二	九	〇六
四七	一九	〇六	九	一八
四八	一九	二九	九	三〇
四九	一九	五三	九	四二
五〇	二〇	一六	九	五三
五一	二〇	三九	一〇	〇五

經度	二度	向分	三度	向分	四度	向分	五度	向分
五二			六一	〇九	四六	〇三	三二	四七
五三			六一	五二	四六	四四	三三	二一
五四			六二	三四	四七	二五	三三	五四
五五			六三	一五	四八	〇五	三四	二七
五六			六三	五五	四八	四五	三五	〇〇
五七			六四	三四	四九	二四	三五	三三
五八			六五	一二	五〇	〇三	三六	〇五
五九			六五	四九	五〇	四一	三六	三八
六〇			六六	二五	五一	一九	三七	一〇
六一			六七	〇一	五一	五六	三七	四二
六二			六七	三五	五二	三三	三八	一三
六三			六八	〇九	五三	〇八	三八	四四
六四			六八	四二	五三	四五	三九	一六
六五			六九	一四	五四	二〇	三九	四七
六六			六九	四六	五四	五五	四〇	一七
六七			七〇	一六	五五	二九	四〇	四八
六八			七〇	四六	五六	〇三	四一	一八
一								

經度	六度	向分	七度	向分
五二	二一	○二	一○	一七
五三	二一	二六	一○	二九
五四	二一	四九	一○	四○
五五	二二	一二	一○	五二
五六	二二	三六	一一	○四
五七	二二	五八	一一	一五
五八	二三	二○	一一	二七
五九	二三	四三	一一	三九
六○	二四	○六	一一	五○
六一	二四	二九	一二	○二
六二	二四	五二	一二	一四
六三	二五	一四	一二	二五
六四	二五	三六	一二	三七
六五	二五	五一	一二	四九
六六	二六	二一	一三	○○
六七	二六	四四	一三	一二
六八	二七	○五	一三	二四

經度	五度	向分	六度	向分	七度	向分
六九	四二	四八	二七	二七	一三	三五
七○	四[illegible]	一八	二七	四七	一三	四七
七一	四[illegible]	五七	二八	一一	一三	五八
七二	四三	一七	二八	三三	一四	一○
七三	四三	[illegible]六	二八	五五	一四	二二
七四	四[illegible]	一四	二九	一七	一四	三三
七五	四[illegible]	[illegible]三	二九	三八	一四	四五
七六	四[illegible]	一[illegible]	三○	○○	一四	五六
七七	四五	[illegible]	三○	二一	一五	○八
七八	四六	[illegible]○	三○	四一	一五	一九
七九	四六	三九	三一	○四	一五	三一
八○	四七	○三	三一	二五	一五	四二
八一	四七	三○	三一	四六	一五	五四
八二	四七	五七	三二	○八	一六	○五
八三	四八	二三	三二	二九	一六	一七
八四	四[illegible]	[illegible]○	三二	五○	一六	二八
八五	四九	一六	三三	[illegible]○	一六	四○

新製靈臺儀象志　卷之三　三十六

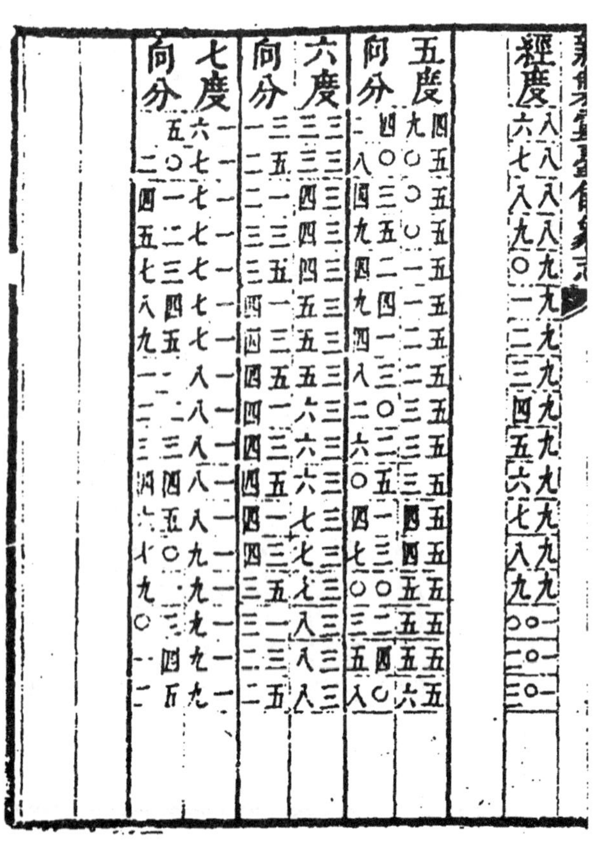

經度	五度	向分	六度	向分	七度	向分
八六	四九	四二	三三	三一	一六	五
八七	五〇	〇八	三三	五二	一七	〇二
八八	五〇	三四	三四	一二	一七	一四
八九	五〇	五九	三四	三三	一七	二五
九〇	五一	二四	三四	五三	一七	三七
九一	五一	四九	三五	一四	一七	四八
九二	五二	一四	三五	三四	一七	五九
九三	五二	三八	三五	五四	一八	一一
九四	五三	〇二	三六	一四	一八	二二
九五	五三	二六	三六	三四	一八	三三
九六	五三	五〇	三六	五四	一八	四四
九七	五四	一四	三七	一四	一八	五六
九八	五四	三七	三七	三四	一九	〇七
九九	五五	〇〇	三七	五三	一九	九
一〇〇	五五	二三	三八	一三	一九	三〇
一〇二	五五	四五	三八	三二	一九	四一
一〇三	五六	〇八	三八	五二	一九	五二

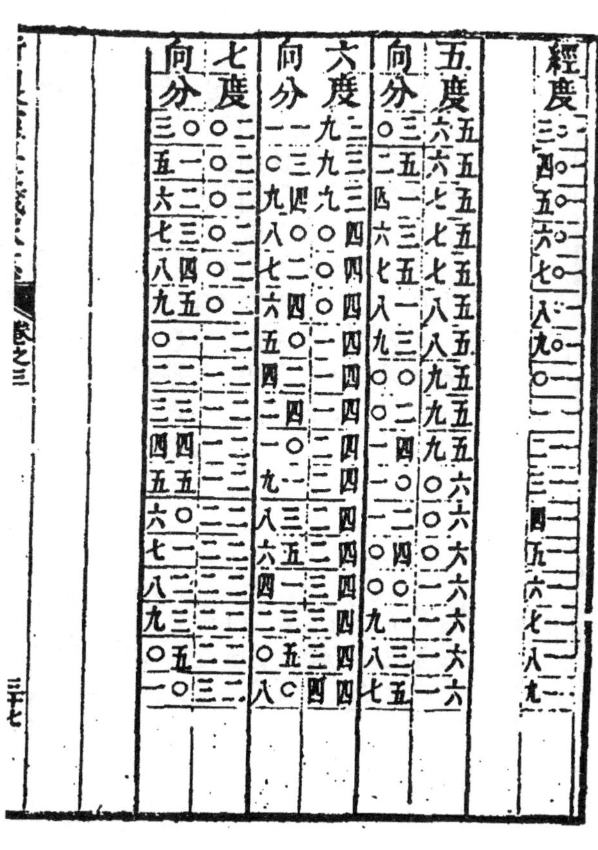

經度	五度	向分	六度	向分	七度	向分
一〇三	五六	三〇	三九	一一	二〇	〇三
一〇四	五六	五二	三九	三〇	二〇	一五
一〇五	五七	一四	三九	四九	二〇	二六
一〇六	五七	三六	四〇	〇八	二〇	三七
一〇七	五七	五七	四〇	二七	二〇	四八
一〇八	五八	一八	四〇	四六	二〇	五九
一〇九	五八	三九	四一	〇五	二一	一〇
一一〇	五九	〇〇	四一	二四	二一	二二
一一一	五九	二〇	四一	四二	二一	三三
一一二	五九	四一	四二	〇一	二一	四四
一一三	六〇	〇一	四二	一九	二一	五五
一一四	六〇	二一	四二	三八	二二	〇六
一一五	六〇	四〇	四二	五六	二二	一七
一一六	六一	〇〇	四三	一四	二二	二八
一一七	六一	一九	四三	三二	二二	三九
一一八	六一	三八	四三	五〇	二二	五〇
一一九	六一	五七	四四	〇八	二三	〇一

卷之三

三十七

經度	五度	向分	六度	向分	七度	向分
二一○	六二	一六	四四	二六	二三	一二
二一一	六二	三五	四四	四三	二三	二三
二一二	六二	五三	四五	○一	二三	三四
二一三	六三	一一	四五	一八	二三	四五
二一四	六三	二九	四五	三六	二三	五六
二一五	六三	四七	四五	五三	二四	○七
二一六	六四	○五	四六	一○	二四	一八
二一七	六四	二二	四六	二八	二四	二八
二一八	六四	三九	四六	四五	二四	三九
二一九	六四	五六	四七	○二	二四	五○
二二○	六五	一三	四七	一九	二五	○一
二二一	六五	三○	四七	三五	二五	一二
二二二	六五	四六	四七	五二	二五	二二
二二三	六六	○三	四八	○七	二五	三三
二二四	六六	一九	四八	二五	二五	四四
二二五	六六	三五	四八	四二	二五	五五
二二六	六六	五一	四八	五八	二六	○九

經度	五度	向分	六度	向分	七度	向分
一三七	六七	〇六	四九	一四	二六	一六
一三八	六七	二二	四九	三〇	二六	二七
一三九	六七	三七	四九	四七	二六	三八
一四〇	六七	五二	五〇	〇三	二六	四八
一四一	六八	〇七	五〇	一八	二六	五九
一四二	六八	二二	五〇	三四	二七	〇九
一四三	六八	三七	五〇	五〇	二七	二〇
一四四	六八	五二	五一	〇六	二七	三一
一四五	六九	〇六	五一	二一	二七	四一
一四六	六九	二〇	五一	三七	二七	五二
一四七	六九	三四	五一	五二	二八	〇二
一四八	六九	四八	五二	〇七	二八	一三
一四九	七〇	〇二	五二	二三	二八	二三
一五〇	七〇	一五	五二	三八	二八	三四
一五一	七〇	二九	五二	五三	二八	四四
一五二	七〇	四二	五三	〇八	二八	五五
一五三	七〇	五五	五三	二三	二九	〇五

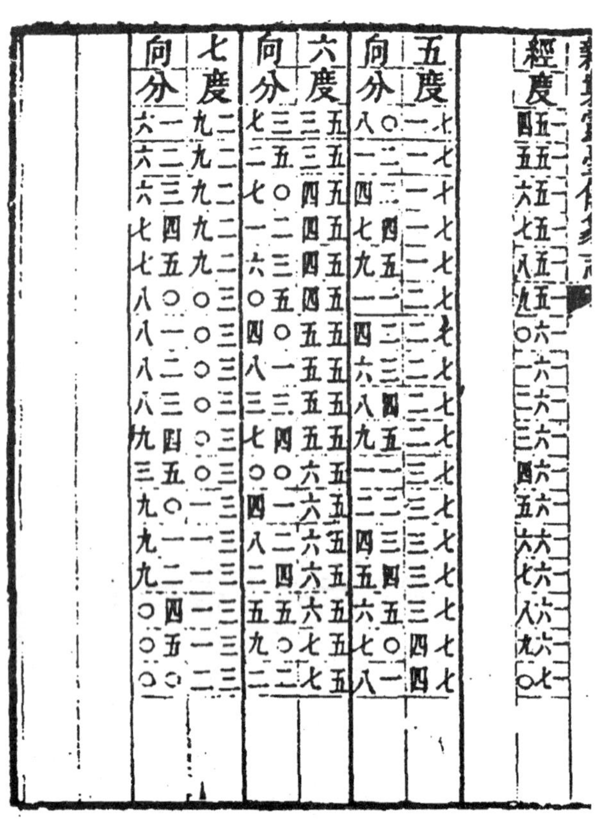

經度	五度	向分	六度	向分	七度	向分
一五四	七一	〇八	五三	三七	二九	一六
一五五	七一	二一	五三	五二	二九	二六
一五六	七一	三四	五四	〇七	二九	三六
一五七	七一	四七	五四	二一	二九	四七
一五八	七一	五九	五四	三六	二九	五七
一五九	七二	一一	五四	五〇	三〇	〇八
一六〇	七二	三四	五五	〇四	三〇	一八
一六一	七二	三六	五五	一八	三〇	二八
一六二	七二	四八	五五	三三	三〇	三八
一六三	七二	五九	五五	四七	三〇	四九
一六四	七三	一一	五六	〇〇	三〇	五三
一六五	七三	二二	五六	一四	三一	〇九
一六六	七三	三四	五六	二八	三一	一九
一六七	七三	四五	五六	四二	三一	二九
一六八	七三	五六	五六	五五	三一	四〇
一六九	七四	〇七	五七	〇九	三一	五〇
一七〇	七四	一八	五七	二二	三二	〇〇

經度	六度	向分	七度	向分	經度	六度	向分	七度	向分
一七一	五七	三六	三二	一○	一八八	六一	一○	三四	五九
一七二	五七	四九	三二	二○	一八九	六一	二二	三五	○九
一七三	五八	○二	三二	三○	一九○	六一	三四	三五	一九
一七四	五八	一五	三二	四○	一九一	六一	四六	三五	二八
一七五	五八	二八	三二	五○	一九二	六一	五八	三五	三八
一七六	五八	四一	三三	○○	一九三	六二	○九	三五	四八
一七七	五八	五四	三三	一○	一九四	六二	二一	三五	五七
一七八	五九	○七	三三	二○	一九五	六二	三二	三六	○七
一七九	五九	二○	三三	三○	一九六	六二	四四	三六	一七
一八○	五九	三二	三三	四○	一九七	六二	五五	三六	二○
一八一	五九	四五	三三	五○	一九八	六三	○七	三六	三○
一八二	五九	五七	三四	○○	一九九	六三	一八	三六	四五
一八三	六○	一○	三四	一○	二○○	六三	二九	三六	五五
一八四	六○	二二	三四	二○	二○一	六三	四○	三七	○四
一八五	六○	三四	三四	三○	二○二	六三	五二	三七	一四
一八六	六○	四六	三四	三九	二○三	六四	○二	三七	二三
一八七	六○	五八	三四	四九	二○四	六四	一三	三七	三三

經度	六度	向分	七度	向分
二〇五	六四	二三	三七	四二
二〇六	六四	三四	三七	五二
二〇七	六四	四五	三八	〇一
二〇八	六四	五五	三八	一一
二〇九	六五	〇六	三八	二〇
二一〇	六五	一六	三八	二九
二一一	六五	二七	三八	三九
二一二	六五	三七	三八	四八
二一三	六五	四七	三八	五七
二一四	六五	五七	三九	〇七
二一五	六六	〇七	三九	一六
二一六	六六	一七	三九	二五
二一七	六六	二七	三九	三四
二一八	六六	三七	三九	四三
二一九	六六	四七	三九	五三
二二〇	六六	五七	四〇	〇二
二二一	六七	〇六	四〇	一一

經度	六度	向分	七度	向分
二二二	六七	一六	四〇	一〇
二二三	六七	二六	四〇	二九
二二四	六七	三五	四〇	三八
二二五	六七	四五	四〇	四七
二二六	六七	五四	四〇	五六
二二七	六八	〇三	四一	〇五
二二八	六八	一三	四一	一四
二二九	六八	二二	四一	二三
二三〇	六八	三一	四一	三二
二三一	六八	四〇	四一	四一
二三二	六八	四九	四一	五〇
二三三	六八	五八	四一	五九
二三四	六九	〇七	四二	〇八
二三五	六九	一六	四二	一六
二三六	六九	二四	四二	二五
二三七	六九	三三	四二	三四
二三八	六九	四二	四二	四三

經度	六度	向分	七度	向分	經度	六度	向分	七度	向分
二三九	六九	五〇	四二	五二	二五六	七二	〇八	四五	一七
二四〇	六九	五九	四三	〇〇	二五七	七二	一五	四五	二六
二四一	七〇	〇七	四三	〇九	二五八	七二	二三	四五	三四
二四二	七〇	一六	四三	一八	二五九	七二	三〇	四五	四二
二四三	七〇	二四	四三	二六	二六〇	七二	三八	四五	五一
二四四	七〇	三二	四三	三五	二六一	七二	四五	四五	五九
二四五	七〇	四一	四三	四四	二六二	七二	五二	四六	〇七
二四六	七〇	四九	四三	五二	二六三	七三	〇〇	四六	一六
二四七	七〇	五七	四四	〇一	二六四	七三	〇七	四六	二四
二四八	七一	〇五	四四	〇九	二六五	七三	一四	四六	三二
二四九	七一	一三	四四	一八	二六六	七三	二一	四六	四〇
二五〇	七一	二一	四四	二七	二六七	七三	二八	四六	四八
二五一	七一	二九	四四	三五	二六八	七三	三五	四六	五七
二五二	七一	三七	四四	四四	二六九	七三	四二	四七	〇五
二五三	七一	四五	四四	五二	二七〇	七三	四九	四七	一三
二五四	七一	五二	四五	〇〇	二七一	七三	五六	四七	二一
二五五	七二	〇〇	四五	〇九	二七二	七四	〇三	四七	二九

新製靈臺儀象志 卷之三 四十

經度	七度	向分
二七三	四七	三七
二七四	四七	四五
二七五	四七	五三
二七六	四八	○一
二七七	四八	○九
二七八	四八	一七
二七九	四八	二五
二八○	四八	三三
二八一	四八	四一
二八二	四八	四九
二八三	四八	五六
二八四	四九	○四
二八五	四九	一二
二八六	四九	二○
二八七	四九	二八
二八八	四九	三五
二八九	四九	四三

經度	七度	向分
二九○	四九	五一
二九一	四九	五八
二九二	五○	○六
二九三	五○	一四
二九四	五○	二一
二九五	五○	二九
二九六	五○	三七
二九七	五○	四四
二九八	五○	五二
二九九	五○	五九
三○○	五一	○七
三○一	五一	一四
三○二	五一	二二
三○三	五一	二九
三○四	五一	三七
三○五	五一	四四
三○六	五一	五二

經度	七度	向分	經度	七度	向分
三〇七	五一	五九	三二四	五四	〇一
三〇八	五二	〇六	三二五	五四	〇八
三〇九	五二	一三	三二六	五四	一五
三一〇	五二	二一	三二七	五四	二二
三一一	五二	二八	三二八	五四	二九
三一二	五二	三五	三二九	五四	三六
三一三	五二	四二	三三〇	五四	四二
三一四	五二	五〇	三三二	五四	五六
三一五	五二	五七	三三四	五五	一〇
三一六	五三	〇七	三三六	五五	二三
三一七	五三	一一	三三八	五五	三七
三一八	五三	一八	三四〇	五五	五〇
三一九	五三	二五	三四二	五六	〇四
三二〇	五三	三二	三四四	五六	一七
三二一	五三	四〇	三四六	五六	三〇
三二二	五三	四七	三四八	五六	四三
三二三	五三	五四	三五〇	五六	五六

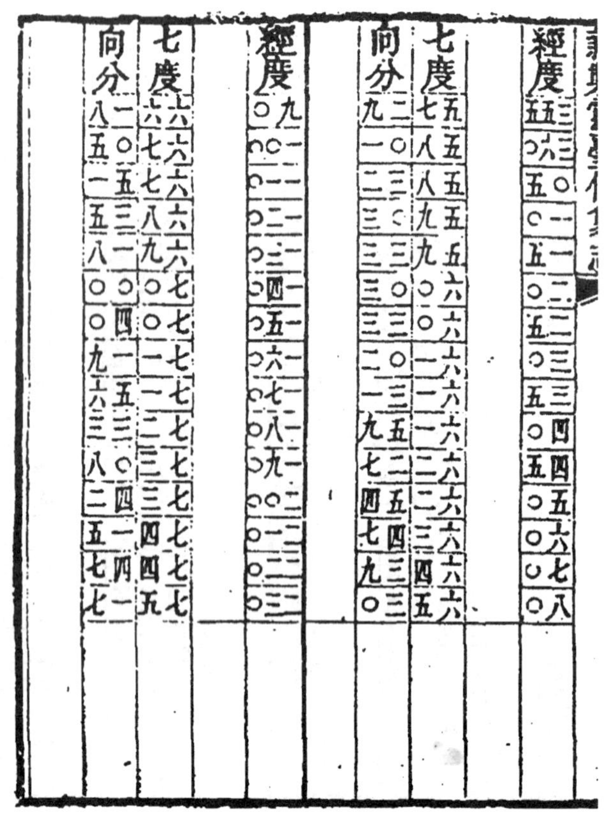

經度	七度	向分
三五五	五七	二九
三六〇	五八	〇一
〇五	五八	三二
一〇	五九	〇三
一五	五九	三三
二〇	六〇	〇三
二五	六〇	三三
三〇	六一	〇二
三五	六一	三一
四〇	六一	五九
四五	六二	二七
五〇	六二	五四
六〇	六三	四七
七〇	六四	三九
八〇	六五	三〇

經度	七度	向分
九〇	六六	二八
一〇〇	六七	〇五
一一〇	六七	五一
一二〇	六八	三五
一三〇	六九	一八
一四〇	七〇	〇〇
一五〇	七〇	四〇
一六〇	七一	一九
一七〇	七一	五六
一八〇	七二	三三
一九〇	七三	〇八
二〇〇	七三	四二
二一〇	七四	一五
二二〇	七四	四七
二三〇	七五	一七

地面上度分秒變爲里數表

地面上度分秒變爲里数表

秒	里	丈	秒	里	丈
一		一五	二一	一	〇九九
二		三〇	二二	一	一一四
三		四五	二三	一	一二九
四		六〇	二四	一	一四四
五		七五	二五	一	一五九
六		九〇	二六	一	一七四
七		一〇五	二七	一	一八九
八		一二〇	二八	一	二〇四
九		一三五	二九	二	〇〇三
一〇		一五〇	三〇	二	〇一八
一一		一六五	三一	二	〇三三
一二		一八〇	三二	二	〇四八
一三		一九五	三三	二	〇六三
一四		二一〇	三四	二	〇七八
一五	一	〇〇九	三五	二	〇九三
一六	一	〇二四	三六	二	一〇八
一七	一	〇三九	三七	二	一二三
一八	一	〇五四	三八	二	一三八
一九	一	〇六九	三九	二	一五三
二〇	一	〇八四	四〇	二	一六八

秒	里	丈
四一	二	一八三
四二	二	一九八
四三	二	二一三
四四	三	〇一二
四五	三	〇二七
四六	三	〇四二
四七	三	〇五七
四八	三	〇七二
四九	三	〇八七
五〇	三	一〇二
五一	三	一一七
五二	三	一三二
五三	三	一四七
五四	三	一六二
五五	三	一七七
五六	三	一九二
五七	三	二〇七
五八	四	〇〇六
五九	四	〇二一
六〇	四	〇三六

分	里	丈
一	四	三六
二	八	七二
三	一二	一〇八
四	一六	一四四
五	二〇	一八〇
六	二五	〇〇〇
七	二九	三六
八	三三	七二
九	三七	一〇八
一〇	四一	一四四
一一	四五	一八〇
一二	五〇	〇〇〇
一三	五四	三六
一四	五八	七二
一五	六二	一〇八
一六	六六	一四四
一七	七〇	一八〇
一八	七五	〇〇〇
一九	七九	三六
二〇	八三	七二

分	里	丈
二一	八七	一〇八
二二	九一	一四四
二三	九五	一八〇
二四	一〇〇	〇〇〇
二五	一〇四	三六
二六	一〇八	七二
二七	一一二	一〇八
二八	一一六	一四四
二九	一二〇	一八〇
三〇	一二五	〇〇〇
三一	一二九	三六
三二	一三三	七二
三三	一三七	一〇八
三四	一四一	一四四
三五	一四五	一八〇
三六	一五〇	〇〇〇
三七	一五四	三六
三八	一五八	七二
三九	一六二	一〇八
四〇	一六六	一四四

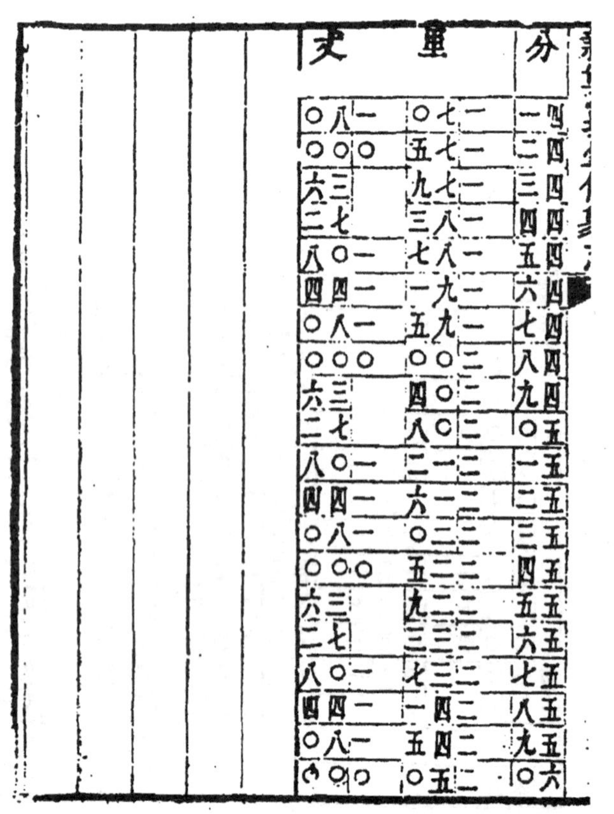

分	里	丈
四一	一七○	一八○
四二	一七五	○○○
四三	一七九	三六
四四	一八三	七二
四五	一八七	一○八
四六	一九一	一四四
四七	一九五	一八○
四八	二○○	○○○
四九	二○四	三六
五○	二○八	七二
五一	二一二	一○八
五二	二一六	一四四
五三	二二○	一八○
五四	二二五	○○○
五五	二二九	三六
五六	二三三	七二
五七	二三七	一○八
五八	二四一	一四四
五九	二四五	一八○
六○	二五○	○○○

度	萬	千	百	十	里	度	萬	千	百	十	里
一			二	五	〇	二一		五	二	五	〇
二			五	〇	〇	二二		五	五	〇	〇
三			七	五	〇	二三		五	七	五	〇
四		一	〇	〇	〇	二四		六	〇	〇	〇
五		一	二	五	〇	二五		六	二	五	〇
六		一	五	〇	〇	二六		六	五	〇	〇
七		一	七	五	〇	二七		六	七	五	〇
八		二	〇	〇	〇	二八		七	〇	〇	〇
九		二	二	五	〇	二九		七	二	五	〇
一〇		二	五	〇	〇	三〇		七	五	〇	〇
一一		二	七	五	〇	三一		七	七	五	〇
一二		三	〇	〇	〇	三二		八	〇	〇	〇
一三		三	二	五	〇	三三		八	二	五	〇
一四		三	五	〇	〇	三四		八	五	〇	〇
一五		三	七	五	〇	三五		八	七	五	〇
一六		四	〇	〇	〇	三六		九	〇	〇	〇
一七		四	二	五	〇	三七		九	二	五	〇
一八		四	五	〇	〇	三八		九	五	〇	〇
一九		四	七	五	〇	三九		九	七	五	〇
二〇		五	〇	〇	〇	四〇	一	〇	〇	〇	〇

度	萬	千	百	十	里
四一	一	○	二	五	○
四二	一	○	五	○	○
四三	一	○	七	五	○
四四	一	一	○	○	○
四五	一	一	二	五	○
四六	一	一	五	○	○
四七	一	一	七	五	○
四八	一	二	○	○	○
四九	一	二	二	五	○
五○	一	二	五	○	○
五一	一	二	七	五	○
五二	一	三	○	○	○
五三	一	三	二	五	○
五四	一	三	五	○	○
五五	一	三	七	五	○
五六	一	四	○	○	○
五七	一	四	二	五	○
五八	一	四	五	○	○
五九	一	四	七	五	○
六○	一	五	○	○	○
六一	一	五	二	五	○
六二	一	五	五	○	○
六三	一	五	七	五	○
六四	一	六	○	○	○
六五	一	六	二	五	○
六六	一	六	五	○	○
六七	一	六	七	五	○
六八	一	七	○	○	○
六九	一	七	二	五	○
七○	一	七	五	○	○
七一	一	七	七	五	○
七二	一	八	○	○	○
七三	一	八	二	五	○
七四	一	八	五	○	○
七五	一	八	七	五	○
七六	一	九	○	○	○
七七	一	九	二	五	○
七八	一	九	五	○	○
七九	一	九	七	五	○
八○	二	○	○	○	○

度	萬	千	百	十	里	度	萬	千	百	十	里
八一	二	〇	二	五	〇	一一〇	二	七	五	〇	〇
八二	二	〇	五	〇	〇	一二〇	三	〇	〇	〇	〇
八三	二	〇	七	五	〇	一三〇	三	二	五	〇	〇
八四	二	一	〇	〇	〇	一四〇	三	五	〇	〇	〇
八五	二	一	二	五	〇	一五〇	三	七	五	〇	〇
八六	二	一	五	〇	〇	一六〇	四	〇	〇	〇	〇
八七	二	一	七	五	〇	一七〇	四	二	五	〇	〇
八八	二	二	〇	〇	〇	一八〇	四	五	〇	〇	〇
八九	二	二	二	五	〇	一九〇	四	七	五	〇	〇
九〇	二	二	五	〇	〇	二〇〇	五	〇	〇	〇	〇
九一	二	二	七	五	〇	二一〇	五	二	五	〇	〇
九二	二	三	〇	〇	〇	二二〇	五	五	〇	〇	〇
九三	二	三	二	五	〇	二三〇	五	七	五	〇	〇
九四	二	三	五	〇	〇	二四〇	六	〇	〇	〇	〇
九五	二	三	七	五	〇	二五〇	六	二	五	〇	〇
九六	二	四	〇	〇	〇	二六〇	六	五	〇	〇	〇
九七	二	四	二	五	〇	二七〇	六	七	五	〇	〇
九八	二	四	五	〇	〇	二八〇	七	〇	〇	〇	〇
九九	二	四	七	五	〇	二九〇	七	二	五	〇	〇
一〇〇	二	五	〇	〇	〇	三〇〇	七	五	〇	〇	〇

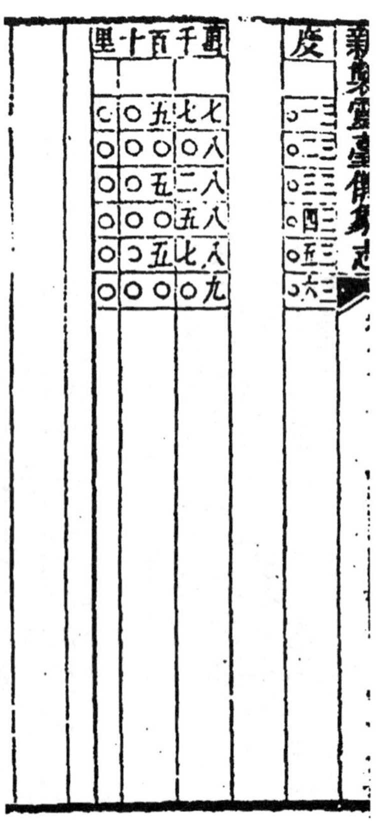

新製靈臺儀象志

度	萬	千	百	十	里
三一○	七	七	五	○	○
三二○	八	○	○	○	○
三三○	八	二	五	○	○
三四○	八	五	○	○	○
三五○	八	七	五	○	○
三六○	九	○	○	○	○

新製靈臺儀象志卷之四

治理曆法極西南懷仁　纂著

右監副劉蘊德　筆受
春官正孫有本
秋官正徐　瑚　詳受

驗氣説

氣者，四元行之一。蓋天之於地，有上中下三域。上域近火，近火常熱。下域近水土，水土常爲太陽所射，故氣煖也。中域上遠於天，下遠於地，故寒也。然則各域之界，由何而分？今姑以極峻之山，畫三界以喻之。山之巔爲上域，風雨之所不至者也，故其氣極清，而人與物不可居焉。其下爲中域，霜雪必爾凝結也。又其下則爲下域，而其寒煖之分，又有輕重厚薄之不同焉。若南北二極之下，因遠太陽，則上下之煖處薄，中之寒處厚。若赤道之下，因近太陽，則上下之煖處厚，中之寒處薄。以是知氣域之不齊也。

四元行之中，惟氣行爲最易變。以氣在天地之間，上依星辰異照，下依土水異情，其星辰各有德性，而資育萬物者也。然各曜又因相會相對之勢，而變異其情。則其效遂因之而亦異。且氣甚微甚順，易受諸天之變，諸效之染也。但其所爲易變者，難以分別，而大槩則自冷熱乾濕而來。然能驗其爲然者，則全賴人觸覺之官。蓋人之五官所司，惟觸司頑鈍，而不能顯証其氣細微之變。其觸司所以能覺者，賴一身脈絡所通之肌膚。何以言之？如有外熱攻伐吾身，而身内之本熱與之相等，則觸司必不之覺也。惟外來之熱，有過不及於吾身之熱，而人之觸司方能辯其熱之强弱也。故仁特造一器，而藉視司，即五司之最靈者，以補足觸司之所不及焉。其器之屬有三：一作法，一用法，一效驗之所以然。所謂作法者，用琉璃器，如甲乙丙丁，置木板架，如一百九圖。上毬甲，與下管乙丙丁相通，大小長短，有一定之則。木架隨管長短分三層，以象天地間元氣之三域。下管之小半，以地水平爲準。其上大半兩邊，各分十度，其所畫之度分，俱不均分，必須與天氣寒熱加減之勢相應。故其度分，離地平線上下近遠若干，則其大小應加減亦若干。假如冬月在本球内之天氣加厚，而其從前所占八寸之地，自收斂而歸於二寸之地，若五日内，如皆八分之冷，則球内之氣，第一日加厚一寸，第二日不及一寸，第三日不過五分，第四、五日加至三分而不動矣。若六日内八分之冷氣與此相同，而其加厚之寸分每日不同，蓋冷熱之驗有所必然者。故候氣之具，自與之相應，而以冷熱之度，大小不平分相對之。

至於用之法頗多，總歸於一，即所謂辯冷熱之分是也。冷熱者，天地萬變之所起，造化之功所由成也。今姑舉其用之有四以驗之：一測天氣，一測地氣，一測人物氣，一測月星等之氣。先以測天氣言之。天之氣，晝夜無間，而無不變易。在卯、酉、子、午時，其氣之升降不同，器内之水亦應之。如卯時，太陽上地平，天氣加熱而升。午時，氣更熱而更昇。氣昇降之理有本論。在乙庚管之水亦然。酉時，太陽下地平，而天氣降。子時更降，在管之水隨之，而歸於地平。如明日較今日，天氣熱冷若干，而在管之水因而昇降亦若干。蓋晝夜如此，而周年每節氣日亦如此。是以冬氣與春氣，又春氣與夏秋等氣，彼此相比，因管之水昇降度分若干，可以推其冷熱若干。又今年之節氣，於次年之節氣，彼此相比亦然。欲辯東西南北等風之氣何如，則以此管對之，風熱則水必昇，風冷則水必降，捷如影響，毫不爽焉。又以測地氣者言之，凡山谷房屋，上下左右之地氣，其清濁、輕重、乾濕諸理，即以冷熱之分，而大略可推焉。蓋凡此諸氣之理，或從冷熱而生，或因他有而起，則冷熱隨之。元行之輕而且微，以其所染外氣易入人物而薰染之。由是推知人物之智愚、强弱、病否諸理，皆感受於其各地之氣，而有所異焉。

今欲辨其各地之氣何如，則置此器於地内，少頃，視水之昇降，可以别其地氣之冷熱矣。又以測人物之氣者言之，譬有兩人於此，其齒同，欲分别其氣質何如，則使之各摩上球甲，至刻之一二分，一分，即六十秒。定分秒之法有本論，大約以脈一至，可當一秒。視水昇降若干，則兩人之氣質分矣。醫者用是法，可定病之輕重進退，亦可以别藥材花草等香味力氣，以定其性之溫熱平冷，其用無窮也。又以測太陰金木等星之情氣者言之。或曰，天星之光下照，必同帶熱氣。今欲辨之，則用此器而對太陰之光，則乙庚之水，必退分數而向地平。若有他物遮隔其光，則水必上地平而歸原數。故知太陰之光，全屬冷氣，測金、木等星之情氣，皆倣此。但星光愈微，則所用測器，必愈大矣。又以昇降之所以然者言之。夫水之昇降，爲熱冷之效固矣，然其故何也？蓋如上球甲，一觸外來熱氣，則内所含之氣稀微舒放，奮力充塞，則球隘既無所容，又無隙漏可出，勢必逼左管之水，從地平而下至丁，右管之水，從地平而上至戊矣。此熱之理所必然也。若冷之理，則反是。蓋冷氣於凡所透之物，收斂凝固，如本球甲，一觸外來之冷氣，則内所含之氣必收斂，左管之水，欲實其虚，故不得不强之而上昇矣。

總之，天下之物，皆貫通聯屬，必相濟而後能相保，此空虛之所以必欲其實也。今甲丁之氣，既被外冷而收斂，則原占之所，較前必小。假如前占甲丁之所，而自收斂之後，不過甲己耳。設丁丙水不上以至己，則己丁之管，盡無氣而空矣。然物性既不容空，則丁丙之水，勢不得不强昇以補之。假使塞管之口，而不使通外氣，則甲丁内氣爲外冷所逼，勢必收斂凝固。雖甲丁之器爲銅鐵所成，必自破裂而受外氣，以補盈其空闕矣。又自外來之氣甚熱，而内氣必欲舒放，無隙可出，則甲丁既無所容，亦必自破裂而奮出矣。

測氣燥濕之分

夫燥氣之性，於凡物之所入，即收斂而固結之。濕氣之性反是。欲察天氣燥濕之變，而萬物中惟鳥獸之筋皮，顯而易見，故借其筋弦以爲測器。見一百九圖。法曰，用新造鹿筋弦，長約二尺，厚一分，以相稱之斤兩墜之。以通氣之明架，空中横收之，上截架内緊夾之，下截以長表穿之。表之下安地平盤，令表中心，即筋弦垂線，正對地平中心。本表以龍魚之形爲飾,驗法曰:天氣燥,則龍表左轉;氣濕,則龍表右轉。氣之燥濕加減若干,則表左右轉,亦加減若干。其加減之度數,則於地平盤上之左右邊明畫之,而其器備矣。其地平盤上面,界分左右,各畫十度,而闊狹不等,爲燥濕之數。左爲燥氣之界,右爲濕氣之界,其度各有闊狹者,蓋天氣收斂其筋弦,有鬆緊之分,故其度有大小以應之。譬如人用力緊紉一物,初用八分之力,其物可旋繞一周;再用八分之力,物繞不及一周;復再用八分之力,而物繞　則僅半周矣。其用力同,而旋繞不同。夫天氣加減燥濕之氣,收斂筋弦之理,亦有然者。凡欲分別東西南北各方之風氣,或上下左右各房屋之氣燥濕何如,以此器驗之,無不可也。夫氣之有厚薄也,疎密也,輕重也,加減而遞相爲焉。何以明其然邪?今以氣自然所在之地,爲七十分之一分,而設言之。假如有氣於此,其自然所在之地,止能盈寸。若用法以强之,則此一寸之氣能放而盈七十寸之地。又有氣於此,其自然所在之地,則盈七十寸,若用法以强之,而即揫斂於一寸之地。此諸氣厚薄輕重之力,與諸測法也。其强之法與器,詳見水法之本論。

測天諸氣之法,於蒙氣之差,所係爲最大。其差加減之於高度,則其所測之合天與否,可定也。其測法并其差表,具載《日躔曆指》諸書中。但蒙氣差細微之處,極繁不過數分秒耳。今姑舉他體通廣之差，並其測法差表，以明其理，而推廣夫儀器之用法。夫通廣之體有二：一光明易爲透徹，一難透徹。皆由本體，各有厚薄之分。厚薄有加減，則其所通光之差，亦因之而有加減。又凡其所差，以天頂線爲主，其頂線則立於光所初入之地。夫日月諸星之光，若從易通光之體，而難入通光之體，則其所透之光，必向頂線而凝聚矣。若從難通光之體，而入易通光之體，則其所透之光，必離頂線而（漁）〔渙〕散矣。見一百十三圖。假如丙丁爲水盈之盤，於其底而置一錢，而錢所昇之象，與太陽之昇光，同一理也。其象交水盤之邊，而初入空明之氣。若立頂線如壬丙己，則明見其象，不依直線而射於乙，必更離於壬丙己頂線而偏射於辛。因從難透之水體，入易透之氣體故也。又試觀空明之地，如辛有光，而以頂線壬丙己，從本盤之底己，至立水面丙，立有直表，而辛光之一道，照至於丙點，其光道與表影，不依直線而射戊地，必依曲線向壬丙己頂線，而偏於甲。因從易透空明之氣體，入難透之水體故也。其測法，用兩象限儀，一在水面上，一正對於水面下，見一百十四圖。而以水中表影所射之度數，對比於水外日高之度數。假如東西壬辛爲半球空影，其東西全徑，於地平線平行。其壬東、辛西兩象限儀，各平分九十度。兩象限儀相對，同穿於壬辛頂線軸上，而任意左右轉移，以對於太陽之高度。

次半球形,用水盈之地平東西之線,令齊,而甲乙窺衡表,對於太陽之高度,則半徑辛乙表端之影,水中所對射之度數,爲氣水高下差之度數矣。若不用日光,則目依窺衡表甲乙線,水中所窺對之度數,爲氣水差之度數也。今照比例法,列爲六等之表,以明三等體所通光之差。各體立氣水等差二表,見於後篇。今約舉數端以解之。

水差者,光既從空明之氣而入透於水,則其水中所射之高度,比在空明氣之高度,所差若干度分也。見一百四圖。假如太陽空明處,距天頂線八十度,而其射光一道,徑過半徑表端甲。若圓球形之器内無水,測其光道與表影在圓器内,依徑線正射八十度矣。若充其水齊邊,測其光道,止射五十度矣。因而通氣通水之光道差三十度,爲其玻璃差者,則光或是物象同一理。從空明之器透玻璃,離於徑線近遠之差也,見上氣水差之圖。而以丁線爲直徑線,以水盈之圓球形,爲玻璃球形也。凡玻璃望遠、顯微等鏡,其所以發現物象近遠、大小、暗明、正斜之衆端,皆可從此差之理而明之,詳見本論。

水氣差者,則光或物象,從水中昇出,而射空明之氣,其所以射光之線,水内氣内各離頂線近遠不同之差也。假如射光之道,其在水内,離頂線五十度。其在空明氣内，離本頂線六十五度。兩差十五度，則此推表之度數，準合於儀器之所測矣。試於大盂内，照氣水差表，製界節氣線日晷，盂中注水，與表端齊，則太陽之光照表，其表影盂底，正對於本日節氣線及時刻，纖毫不爽也。若盂内無水，則表影與本節氣線不對，而大謬矣。其照界節氣線日晷，依常法空明氣中製之，則表端與本節氣線，難免有過不及之差。今依氣水差表製之，豈有表影與其所測之高度不相合者哉？

諸曜出入地平蒙氣廣度差表

諸曜出入地平，必在蒙氣之中，故其出入之廣度，有加分，有減分，北加而南減，多寡不等。依各地北極之高度，多寡不等也。今依蒙氣之高差，最大者三十四分，而推其出入廣度之差分，悉照各方極之出地之高度，列表如左。

極高度	蒙度	氣分	差秒
四	○	○二	二二
六		三	二二
八		四	三四
一○		六	○○
一二		七	一五
一四		八	三三
一六		九	五○
一八		一一	○七
二○		一二	二五
二二		一三	五○
二四		一五	一七
二六		一六	四五
二八		一八	一二
三○		一九	四○
三二		二一	二四
三四		二三	一○
三六		二四	五六

極高度	蒙度	氣分	差秒
三八	○	二六	四三
四○		二八	四三
四二		三○	五三
四四		三三	一七
四六		三五	四四
四八		三八	○八
五○		四○	三二
五一		四二	二二
五二		四四	二二
五三		四六	○二
五四		四七	五二
五五		四九	四三
五六		五一	三二
五七		五三	二二
五八		五五	一二
五九		五七	○三
六○		五八	五五

氣水等差表

氣水差者，即光及物象從氣入水，而斜透水内高度之差也。所謂水氣差者，即光從水入氣而斜透，則氣内高度之差也。氣玻璃差，及水玻璃差等，俱倣此，皆以光離天頂之遠近爲主。假如太陽離天頂線四十度，氣水差表内相對爲三十度，其相差者乃十度也。水氣差表内相對之度爲五十一度，其差則十一度也。氣玻璃差表内相對之度爲二十五度，則所差爲十五度也。其餘倣此。

氣水差全表

氣水差全表

距天頂度	度	分
一	○	四六
二	一	三三
三	二	二○
四	三	七
五	三	五四
六	四	四○
七	五	二七
八	六	一三
九	七	○
一○	七	四六
一一	八	三二
一二	九	一八
一三	一○	四
一四	一○	五○
一五	一一	三六
一六	一二	二二
一七	一三	九
一八	一三	五五
一九	一四	四○
二○	一五	二五

距天頂度	度	分
二一	一六	一一
二二	一六	五七
二三	一七	四二
二四	一八	二七
二五	一九	一二
二六	一九	五六
二七	二○	四○
二八	二一	二五
二九	二二	一○
三○	二二	五○
三一	二三	三八
三二	二四	二一
三三	二五	四
三四	二五	四七
三五	二六	三○
三六	二七	一三
三七	二七	五五
三八	二八	三七
三九	二九	一九
四○	三○	○

距天頂度
四一
四二
四三
四四
四五
四六
四七
四八
四九
五○
五一
五二
五三
五四
五五
五六
五七
五八
五九
六○

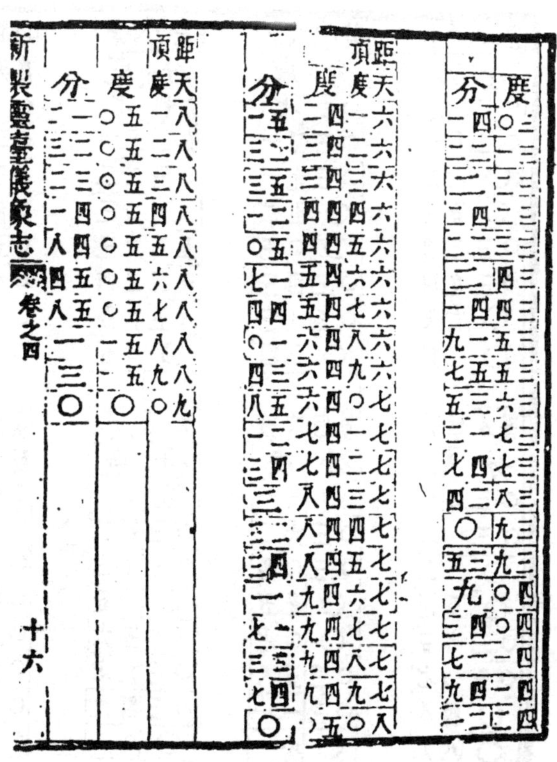

距天頂度	氣水差 度	氣水差 分	氣玻璃差 度	氣玻璃差 分	水玻璃差 度	水玻璃差 分
一○	七	四六	七	○○	九	三八
二○	一五	二五	一三	三○	一八	三○
三○	二二	五○	一九	三○	二七	○
四○	三○	○	二五	○	三五	○
五○	三六	三五	三○	○	四二	三○
六○	四二	二一	三四	三○	四九	三○
七○	四六	五八	三八	三○	五六	○
八○	五○	○	四二	○	六二	○

距天頂度	水氣差 度	水氣差 分	玻璃氣差 度	玻璃氣差 分	玻璃水差 度	玻璃水差 分
一○	一二	五	一三	○	一○	三○
二○	二四	三○	二六	三○	二	三○
三○	三七	三○	四○	三○	三三	○
四○	五一	○	五五	○	四五	○
五○	六五	○	七○	○	五七	三○
六○	七九	三○	八五	三○	七○	三○
七○	九四	三○	一○一	三○	八四	○
八○	一一○	○	一二八	○	九八	○

論飛葭之無合於曆

如前驗氣之法，其微妙如此，且不可以測天上之節氣分也，况葭管飛灰，其術莫驗，又安所用之哉？故凡引鐘律以爲驗節氣法者，不過欲附會欺世，而擾紊曆法耳。天其可欺也哉？今約舉四端以辯之。

一，春分之日，太陽正交赤道之日也，萬國同是此日，故萬國同日皆可以測驗。飛灰候氣，全係地氣。地氣有冷熱、乾濕之不同，萬國有不同之地氣，無不一之春分也。

二，每年太陽一交赤道，便爲春分，則春分萬年如一，永不改變。若地氣至春分時，各國每年改變不同，設欲以地氣測春分，則春分年年不同矣。

三，春分只有一日，春分前後幾日，地氣乾濕、冷熱，大概相同，難以分別。况春分等節氣，只在本日一刻之間。本日自朝至暮，地氣亦大概如一，又難以分別，何可就地氣以測定春分在某日某時刻乎？

四，地氣本乎地勢，或傍山，或近江湖，常有變換。又有風雨雲霧，皆能變易地氣。春分之日，全憑太陽交赤道度，距地甚遠，與地何涉？豈可以多變之地氣，測驗不變之春分也？

測中域雲高度之法

假如空際有雲象，見一百十圖。其一端爲甲，兩人各用象限儀，一從乙處，一從丁處，從丙處更便。測其高度。因於甲乙丁三角形内，得其三角，并乙丁線之步數，故照法推知甲乙線。今以甲戊線，爲從雲而下之垂線。甲乙戊三角形内既得甲乙線，而甲戊乙爲直角，則依勾股法之理，推知甲戊線之步數，而可得雲之高度矣。虹霓諸類之高度，與雲象諸測法，皆倣此。其測彗孛新星等，另有本論。若測雷起處、距地近遠等，則以測時刻分秒之垂球儀，可推而知也，詳見别集。

測空際異色並虹霓珥暈諸象

格物家論色之異有二：一真實，一幻妄。何謂真實？蓋從寒、熱、燥、濕四元行之情相交而生，然必雜體可見，而純體不可見也。何謂幻妄？蓋從光照物體退返之勢而生，雖易顯著，亦易渙散。夫二者亦各分五等，正相反者有二，純白、純黑是也。又中等者有三，黃、紅、青是也。由是五等，彼此相交相變，而各色生矣。見一百十一圖。姑以各色玻璃相交映之勢言之。於一密室中，戶牖皆閉，務令幽暗，或戶或牖，微開一隙，其大小與玻璃相稱，而以通日光隙内，置各色玻璃，用潔白紙對之，其日光透射玻璃，玻璃所映之色，必映於紙上。如隙内並置玻璃兩片，一黃色，一紅色者，則紙上必現黃金之色矣。如並置兩片，一黃一青者，則紙上必現綠色矣。如並置兩片，一紅、一青者，則紙上必現紫色矣。餘倣此。若以銅圓柱鏡，對於通日光之隙，則周圍返照之光，而五彩虹霓之象，俱顯矣。至於各色明麗、深淺、濃淡之加減，則隨其圓柱鏡之光，有斜正返照之勢而生焉。蓋圓柱鏡返照之日光愈斜，則其所映之光愈昏，而其色之變異，遂去日之原光愈遠矣。若夫真實之色，别有闡發，今止就幻妄之色而論之。大凡有形象者，皆由質模作爲四者，而成諸異色也。其質者，即空際之氣也，氣必稍厚而密，方可成色。其模者，即光也。光道愈密，則各色必愈明麗矣。其作者，即太陽與射光之星月也。其爲者，即六合品彙之全，而萬有之美也。其色之異者，或由夫氣質之厚薄，或由夫光輝之進退，或由夫空際之異勢。蓋凡光照空際之體厚，則其所生之色，必深而黑。若體稍薄而濕，則其色必青。若又稍薄，則其色必紅。若體薄甚，則其色青緑。若體精而稍厚，色則爲黄矣。即日月星辰之異色，多爲空際之所映射而致。正如火焰之異色，由烟氣熏灼而成耳。

夫空際彩色之異，從雲氣之厚薄而生。前論已悉之矣，今更借玻璃之五彩以明之。如三稜角玻璃，從每角起，至對角面止，則玻璃之體漸次加厚。見一百十二圖。甲乙戊己爲三稜角玻璃，分三等厚薄之界線，因而所見彩色，約分三等焉，如香圓色、紅花色、天青色是也。其餘諸色，從此三色交映而生。蓋太陽之光，斜透玻璃，必多混雜。其玻璃厚薄若干，則日光混雜亦若干，而其所現彩色濃淡即若干矣。如玻璃上層甲乙，較他層更薄，日光易透，故其所映之光稍混，而彩色與原光相近，其所現之色淺淡，如香圓色是也。玻璃下層戊己，較他層厚甚，日光難透，故其所映之光朦混，而彩色與原光相遠，其所現之色深濃，如天青色是也。玻璃中層在厚薄之間，故人目透視之日光，其彩色乃在青、黄之中，如紅花色是也。然則日光之濃淡昏明，無不從玻璃之厚薄而生也，審此，則玻璃所現之彩色，與虹霓之彩色，其理固無異矣。又虹霓本然之妙，及其所以然之奇，爲衆象首。原夫虹霓，乃潤雲被日對照，而成多色之弧也。蓋雲者，虹之質，而雲之潤。乃所以必成其虹，質之勢也。一被日對照，而虹乃由之以成矣。夫雲非當其化雨，則不能生虹。而雲非承日光，則虹無由而成。又日光非正對，則虹又無由而成。故虹之見也，必朝西而暮東，亦或東北也。曰弧者，虹形之曲也。曰多色者，别虹於諸色他弧他象也。

次曰，同時多虹可成。假如日當於午，東西方各有雲氣，日光照之，遂成虹矣。但因人目限於一方，止見其一，而不能並見其他耳。假使一方而有二雲，日光照之，其一正對者變虹矣。而其迴光照及相近之雲，又二變而爲虹矣。又由此雲所照之日光，退傳至於他雲，又三變而爲虹矣。若論其色之奇，三變不如其二變，二變不如其初變。蓋初所變之虹，則受日光之正照，而二變與三所變之虹，不過受斜退之光已耳。虹色雖多，約分爲三，上如香圓色也，中如青草色也，下如紅花色也。然其所以不同之故，由於雲之厚薄異勢。故雲之上白而且薄，接日之照，則現黄色。中之體厚，則現緑色。其下尤厚，則現紅色矣。至若雲之厚薄之異，由於氣之勢異也。氣之輕且薄者，騰愈高，接日光愈深，其迴光愈弱，所生之色愈輕淡矣。氣之濁且厚者，騰愈下，日光愈淺，其迴光愈强，所生之色愈濃深矣。至言二變之虹，較之初變之虹，色雖同而序相反，上反爲紅，中緑，自若而下者反黄矣。

次曰，日月暈、虹霓等象，皆爲圓形。其所以然者，乃由日光斜透之勢耳。凡現虹霓之時，皆太陽所映彩色，故碧落之雲，無不變現。但人目止見一圓弧之異色，因其斜透圓弧之光道，皆離太陽及離人目，有一定之遠近故耳。如鵓鴿之頸、孔雀之翎向日，空中雖發多色，人目旁見之，必有一定之近遠，若或過或不及，則異色俱不見矣。天文家常測得虹霓之半徑爲四十五度，日暈半徑爲二十二度半。如甲爲日，乙爲人目，丙丁爲日暈，中心爲庚，過中心之光道甲庚乙，爲日暈之軸也。太陽所透周圍之光道，各離日暈之中軸二十二度半。而此度數以内以外之光道，乙目皆不得見其所映之彩色矣。月暈、日珥及日月旁氣之象，其彩其形皆倣此。凡此類通光，並生雜色之雲氣，比之取火之玻璃鏡，如太陽之透玻璃鏡，近遠無不射其光。但其聚光聚火之處，在圓光之中，離玻璃後面有一定之近遠。人目所見雲内彩色之處，亦在過不及之中耳。

凡從原光所生之彩色，皆爲次光之類，比之原光，猶燈光之比日光焉。然燈光白日淡而不顯，夜則大顯，五彩之光亦然。暗地則大顯者，是各發其所以映之異色也。夫太陽在地平之上，終日照耀四方，無不斜透空際之雲氣，而映成多色矣。凡異色，於白日不顯，至晨昏倍覺分明，職此故耳。

測水法

水之周遶於地，同爲圓形，已詳於別集矣。并見《全地圖》。今略舉測水平之器，與其法而言之。夫水平，人人之所知也。然水平之理，及測法之極致，則取水平者，皆有所不知焉。如五六丈之遠以取平，難見其謬。若至數十丈或數里之遠，並其測法，俱窮矣。且測法之準與不準，所係爲甚鉅。蓋國家之大工，如挑濬河渠，爲興利防患計者，不越乎此。夫水之通塞，分於毫末之高庳，其説別詳於《引水法論》。蓋水平之與地平有異，所謂地平者，乃地上一線，與過地中心之垂線爲直角也。其線兩端，距地中心近遠不同，而與地平無礙。見一百三圖。甲丙戊丁爲地水球，甲乙線之兩端，甲與乙，去地中心戊，近遠不同，但其本線，與垂線甲戊作直角，實爲地平線也。所謂地平線者，必其兩端去地中心近遠無二，如上圖内辛壬線是也。今姑舉數題，以明其測法。

第一題

測定兩地，同在水平線上下若干。

法曰：取其平器，安於兩地，互相距度數之中。見一百四圖。假如測戊己兩處，同在戊己水平線中，否則取平儀安於丁，而從本儀左右之兩端表，窺測兩處，從右表窺向左處，從左表窺向右處，若測戊丁兩處，而儀器止安於一端，如丁，則以丁戊線爲水平線，而大誤矣。若照此線，引水從丁至戊，則其水必從戊向丁倒流矣。蓋測定高法，以垂線爲主，而垂線以地平中心爲定向。不拘何物之垂線，在地面上若干，則其本物之爲高底亦若干。今戊癸線，爲戊高之垂線，丁戊兩處所差之高度，則戊癸線也。戊丁兩處，互相距愈遠，其差愈多。古有測山之高，而每有所誤者，多在於此。見一百五圖。乙丙爲高山，在地面上，古用象限儀從遠處戊測其高，以目所窺壬處爲山頂，而以其在地平戊己線上之垂線壬己爲山之高。但山之高，則以其向地中心之垂線乙丙丁爲主，而以其在地面上乙丙垂線，爲本山之高。其測法，在測量山岳之論内詳之。今姑以測地近遠法内所列測高遠表，可推而定焉。夫定水平法，原係細微之法。若儀之安法或窺法，有分秒之差，而以測高低，則大謬矣。假如一處相距百步，而安取平儀，或窺法之誤，不過一分之數厘，而其水平線，遂差至四五尺有餘也。若測兩處高低之差，其兩處相距倘不甚遠，則於其適中處安儀，而依法以測之，即可以取定其平矣。若相距甚遠，須於相距處，均畫數方，而於每方之居中安儀，測定左右各至之高低，然後將所測定各方左右兩處之高低，總歸於一而相比之，則可以定其相距之高低矣。測大海、江河、泉井等水之深淺、輕重、鹹淡若干，各有本法本器，另有本論詳之。

垂線球儀

垂線球何昉乎？蓋近今數十年以來，遠西之曆學名家，特創新意，而曲盡其測驗之法者也。故凡時刻之分秒纖微，天行毫末之差數，靡不於是而可悉焉。不寧惟是，舉天下運動之疾，如空際之雷響諸類也，弓所發之矢也，銃所激之彈也，皆可以測而推之也。其器較諸儀爲最簡，而其爲用則甚便云。

測法三題

第一題，測日月之全徑。見一百十五圖。

此題甚有係於推測曆理。蓋凡定二曜之大小，及交食之分秒，地影之廣狹，與太陽、太陰距地之遠近，四時并每月各有不同，以至日月與本天有最高最卑之處，大約皆用加減表、等算法而定也，今以垂線球可測而定之。法曰：安定三角形線，見一百十五圖。對天正南北之線。測候須以二人。如甲人，測候至日月體之西弧，與南北三角形線及窺目相參直。次乙人，放垂球而數其往來之秒，至本曜之東弧與角線並窺目相參直。彼時若本曜行赤道線，則以本表查時刻之分秒，而變通於天度之分秒，即得本徑之分秒矣。若本曜雜於赤道之内外，則定其緯度與赤道平行圈相距之度分若干，而以本圈之分秒，與相應赤道之分秒相對，則通變之以求其分秒，即得矣，見《大小圈度相應表》。

第二題，測天上不拘何兩星，相距赤道經度之分秒。

法曰：照前題，測候此兩星與上三角形線相參直，而兩中間，凡有垂球往來之分秒。照前法，變度數之分秒。凡二星密近，用他儀測候，難得其相距之分秒。用此垂線儀，則一仰觀而即得矣。

第三題，凡重物隕墜所行之丈尺，并求其所須時刻之分秒。

有再加之比例，其比例以不平分之數而明之。如一、三、五、七、九、十一等。假如有重物於此，自高墜下，若第一秒内下行一丈，則第二秒内行三丈，第三秒内行五丈，第五秒内行七丈。後行前行相並，如第一秒之行一丈，第二秒之行三丈，則並之爲四丈。又第三秒之行五丈，并於第二秒之行四丈，則共得九丈。又有八寸之垂線球於此，其一往一來，而相應則十微也。設有物之重八兩者，自高墜下，則五十微内，下行一丈。其遞加倣此。今依此比例之數，列表如左：

八寸垂 一一二二

線球單行 五〇五〇五

相秒 〇一二三四

應微 五〇 四〇 三〇 二〇 一〇

重物分行丈數 一三五七九

重物總行丈數 一四九 一六 二五

不平分數 一三五七九

秒,六十往來對十秒,三百六十往來對一分。若以之定自鳴鐘,雖歷二三月之久,不調其輪牌,而分秒無差。待此器至中夏之時,自詳言其用法。

第六題,凡求時刻之分秒,如無諸儀參測其細微,則隨時隨處,而以本身之脈息,可推而知也。

蓋人當氣血平和之時,其一息,大率應時刻分之一秒。如當測時,切脈而自數其息,則以其定秒推之,而以球之往來較之。假如球每一往一來爲一秒,而其六十次之往來爲一分,當彼六十次往來之時,若己之脈息亦至六十次,則每一息代秒用之。若有過不及之差,則用比例法。假如球六十次往來之時,數己之脈息,至六十八次,則一次爲比例之共率,因得三十四脈息,相應三十秒。十七脈息,相應十五秒。餘倣此。蓋六十八與三十四,如六十與三十,又六十八與十七,如六十與十五,同一比例之理也。

第七題,擬天以下之疾行,比而推天以上之疾行。

近今有測量名家,依前定秒微諸法,會驗放小銃時,於三秒内,其彈行一百八十二丈之遠。設使此彈,常飛行空中而不斷,則必閲十一年零一百一十八日,而其所行不能盡太陽一日所行之度也。照此推算,則六十秒,即一分内,行三千六百四十第三題，有兩垂線球甲乙，除垂線長短不等，其餘相等。以甲球往來之數，求乙球往來之數。

法曰：甲球往來之方數，與其垂線長之尺寸分厘相乘，而所得之商數，與乙球垂線長之尺寸分厘歸之。又歸除之商數，依開方法，取其根，蓋根數多寡若干，則乙球之往來多寡若干。

第四題，以垂線球之往來，求相應之時刻分秒。

法曰：以其準定分秒之日晷，法如赤道大儀。或以兩星相距定分秒之度數，照前第一題交切南北線。求某垂線球往來之總數，相應天上分秒之總數幾何。然後以三率法推定本球，每一往一來，相應之分秒幾何。依此法會製垂線球，推定其一往一來，相應天上一秒，六十次往來，正對一分。所以一刻內，有九百往來。四刻內，共三千六百往來之數。

第五題，以某垂線球相應之分秒，求他不拘大小垂球相應之分秒纖微等。

法曰：照第三題，用比例法。其一往一來，相應三十微。其往來之雙行，相應一秒。因而上第四題所定之垂球，六十次往來之時，此垂球往來一百二十次，又更加細微。亦曾另製小垂線球推定其一往一來，相應天上十微。所以六次往來對一相同也。又試依正南北，安定三角形線，而晴夜測候，不拘爲何星而交切之，一交切，則放垂球而數其往來，至他星正交之時，則記其數若干。兩星相距愈遠，其測法愈準。次夜，又測候前兩星，交三角形線之時，又放球如前，而記其往來之數。此兩夜中，就其往來之弧，大小各有不同。究之次夜所記之數，必與前一夜所記之數相同也。如法，三夜連測之，其從角宿交切本三角形線，至大角星交切之，則兩間球之往來，皆至三千二百十二之數，蓋莫準於此也。

第二題，有兩垂線球，除垂線長短不等，其餘相等。其短者之尺寸，與長者之尺寸，如長者往來之方數，比短者於相等時刻往來之方數。

假如兩垂線球甲乙，甲球之垂線長一尺，乙球之垂線長二尺，試觀甲球往來八十五次之時，則乙球必往來六十次耳。然六十之方數，即三千六百，與八十五之方數，即七千二百，如一與二。夫八十五之方數，雖本爲七千二百二十五，而其與前方數有微差，原從垂線往來之總數而生。若論其細分，即無差矣。蓋垂線一往一來，各有細分，但難以分別之。又設若乙球之垂線長三尺，甲球之垂線仍一尺，則甲球六十次往來之時，乙球之往來必一百零四次，而其方數，即一萬〇千八百十六，與三千六百，約如三與一也。

用法

手握垂球，不急不緩，任意離之於頂線。見六十四圖。假如甲，自甲至乙乃釋手放之，則球之中心，恒當天頂一圈線之中，自上下往來而離頂線，其左右則作圈線弧，如甲乙丙。而其圈之中心，在於軸之中心，如戊。此圈弧短小，如將盡時，即照前法提球而放之，令往來一日相繼，以定時刻分秒之準則焉。但初放時，其圈弧不可太過，大略在四十五度之内。又從而提之，不可等球往來全盡。如將盡，則又提球而放之，各有定規。學者習而熟之，無所施而不可也。今約舉數題以解之。

第一題，凡垂球一來一往之單行，其相應之時刻分秒皆相等。又凡垂球往來之雙行，其相應之時刻分秒亦相等。所謂單行者，即垂球之一往，或一來也。假若從甲至乙，爲一往之單行。從乙至甲，爲一來之單行。從甲至乙，並從乙回至甲，即往來之雙行也。

解曰：若用測分秒之赤道大儀，或細微沙漏、水漏，或本人脈息之數，而對比之，夫垂球往來之數，必觀其大弧之往來，與小弧之往來。論時刻之分秒，皆相等也。又大弧之往來疾，小弧之往來遲，遲疾不同，而其所歷時刻之秒，大弧小弧，皆丈之遠，而六十分，即四刻内，行二十一萬八千四百丈之遠。若九十六刻，即一日内行五百二十四萬一千六百丈之遠。今以丈數歸之里數，凡一里既爲二百一十六丈，則前所計丈數，共爲二萬四千二百六十六里一百四十丈也。然地球每一度，爲二百五十里算之，則天下週圍，共九萬里。而銃之彈，一日止行二萬四千二百六十七里矣。若行至九萬里之遠，則必須三日零六十八刻有餘。《曆學公論》曰，地球之全徑，其在於太陽天之全徑者，如一與一千一百四十二之比例。今週與週，如徑與徑之比例。則太陽天週圍之里數，包地週圍之里數，一千一百四十二倍也。若照前所擬銃彈行空三日而不斷，則必須四千二百三十三日，即十一年零一百一十八日，始行盡於太陽天一日内，所行一週之里數矣。又恒星天全徑，與太陽天全徑，如十二與一，則恒星天一週，包日天一週，十二倍也。故夫銃彈以行盡太陽天之數推之，則必須一百三十九年零八十四日，始行盡於恒星一日所行之里數矣。然凡此天行之疾，則又有何所比擬哉？

作法，假如六十四圖。庚辛爲銅横條，釘穩於横木梁上，令毫不動摇。壬丁戊己爲粗銅耳，中安銅軸，而軸長徑線丁戊，須與地平線平行。軸中繫垂線球，其球隨本横軸轉動，恒當甲丙過天頂一圈線之中，往來而不離於左右。其軸之長徑，與垂球其垂線之徑相等，以便自此軸中心，至球之中心，比測而定垂線長短之尺寸分厘。其垂線爲小圈相連之銅鎖，其垂線之長短，其重之分兩，又垂球之分兩，皆須預知而準定，使毫不差失，而器於是乎全已。